U0127298

天下雜誌
觀念領先

當 我 們 一 起

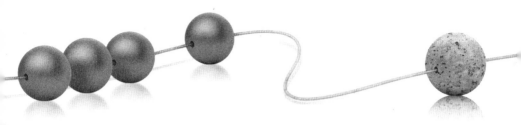

疏離的時代，愛與連結是
弭平傷痕、終結孤獨的最強大復原力量

TOGETHER

The Healing Power of Human Connection in a Sometimes Lonely World

Vivek H. Murthy

維偉克・莫西 著

廖建容 譯

面對當代社會的孤獨現象

財團法人精神健康基金會董事長、臺灣大學醫學院名譽教授　胡海國

　　外在的孤獨生活不盡然不宜，有些人在人生某個時段，喜歡孤獨之挑戰與磨練，力求人生之超越與靈性之體悟。然而，這畢竟是一種階段性、有標的性的生活設計。

　　一般所謂的孤獨生活，是一種與人缺少互動的生活型態，附帶著孤寂感。不論是源自於個性或源自於環境因素，孤寂感不只是一種心理感受，也與種種身體不適相關，更會引發腦功能障礙，引發強烈的負性情緒反應，傾向易怒、憂鬱或不安，嚴重者可能引發種種行為之障礙。

　　此外，孤寂感也與精神健康指數呈明顯負相關，是處於精神不健康之狀態。

　　本書作者莫西，以其敏銳的觀察與豐富的流行病學資訊，在書中述說孤獨現象在當代社會普遍存在之事實，以及對身體與精神健康之危害，並提示當代人如何化解孤獨生活

之道。

　　實觀吾等台灣社會，有孤寂感者亦相當普遍，且亦因此有不良的精神健康狀態，而此與時下層出不窮的社會不安事件，當有不可忽略的相關性。據此，台灣精神健康基金會近年來亦強力推廣厚實鄉親情誼的「三五成群精健家族運動」，以化解台灣社會因孤寂感造成的社會冰山現象。

　　本書之出版有益讀者了解孤獨現象與其意義，有利精神健康之提升，我樂於推薦。

獨立但不孤獨

暢銷書作家　洪雪珍

　　孤獨，我是很有感的。

　　我寫過一本書《要獨立老，不要孤獨老》，因為台灣目前有五十二萬多間房子住的是六十五歲老人，其中近四十萬間是獨居老人，高達 76％，也就是所謂的「孤老宅」。而「孤老」二字，是「孤獨老去」的縮寫，充滿負面意涵，背後代表著台灣社會對「一個人老去」還未準備好，所以我建議大家要有「獨立老」的觀念。

　　但是，孤獨本身依然存在，不能否認。

　　孤獨是一種寂寞的感覺，而「寂寞病」一點都不寂寞。2018 年 1 月，英國當時首相梅伊發表聲明，將成立一個全新的部會：「寂寞部」，認真嚴肅面對「寂寞」這個時代病。英國六千五百六十四萬人口中，逾九百萬人表示總是或經常感到寂寞，其中有二百萬人處於長期寂寞的狀態裡，好幾

天、好幾星期完全沒有與社會互動。

誰會生「寂寞病」？梅伊列舉以下這些人，年長者、照護者、失去所愛之人的人，或是沒有人可以聊天、分享生活的人都可能持續忍受著寂寞。對於這些人來說，寂寞是每天要面對的悲傷現實，梅伊希望英國能夠採取具體的行動。

也因為有這些深刻的認識，我一直寫文章呼籲大家「活到老，做到老」，讓退休這個觀念退休。除了客觀的原因，像是長壽化造成不少人養老金儲存不足，繼續工作能夠讓老人多少賺點養老金，最重要的還是能夠與社會保持連結不致中斷，避免孤獨老去，而活得更有活力、更健康。

因此在看到本書作者有個親身體驗的故事，特別有共鳴。作者曾有個病人詹姆斯為了糖尿病和高血壓來求診，整個人看起來無精打采，似乎覺得人生了無生趣，然後他突然沒頭沒腦冒出這句話：「中樂透，是我人生中最不幸的一件事。」

詹姆斯原來是個麵包師傅，手藝很好，顧客不少，他很喜歡這份工作。當別人告訴他，吃了他做的麵包而感到幸福，他很開心和滿足，這一生從來不知道孤獨是什麼滋味。但是在中樂透、變成有錢人之後，他辭去工作，搬到海邊的高級別墅，過著夢寐以求的生活。在遠離同事與朋友後，原本活潑外向的他變得孤立與退縮，體重也逐漸增加，疾病紛

紛找上他。人生自此走下坡，窮得只剩下錢。

孤獨這個議題，本來應該是沈悶、晦暗，並不好處理，也不容易討好。但是作者說了一個又一個故事，並且引用統計數字、學理根據來支撐，說明這股暗潮來勢洶洶，若是沒做好預防，很多人都會被沖垮或淹沒。

其中，二、三十歲的年輕人最令人擔憂，人生在此時變化最劇烈，必須做出各種抉擇與冒險，面臨的壓力山大，卻是深感孤獨，無人可求助，像是學業與就業、愛情與婚姻、買房與經濟等，罹患憂鬱症是所有年齡層最高，而他們是社會的未來主人翁。

經常有年輕人來跟我諮詢生涯的各項問題，我發現他們看似在網路上熱絡，其實疏離得厲害，彼此不太碰觸內心最柔軟也最脆弱的部分。這其中也包括跟自己的疏離，不太能夠辨識自己的情緒、缺少跟內心的連結。看著他們，我常感慨說：「有一種孤獨，是連自己都不在身邊。」所以學習獨立但不孤獨，必須趁早教育，為年輕人打一劑預防針，幫助他們迎接未來各種未知與挑戰。

孤獨不可怕，但是第一步要做到辨識它、理解它，我推薦本書給每個踽踽於人生道路，時而堅強勇敢，時而茫然無助的你我。

健康的人際關係才是復原的良藥

　　本書主要探討人際連結的重要性、孤獨對健康的潛藏影響，以及社群對社交生活的影響力。過去數十年來，我觀察到，社交疏離對人們造成的身心傷害日益嚴重，身為醫師，我有責任要探討這些議題。然而，我沒有料到的是，就在本書即將出版之際，全人類面臨了前所未見的考驗。

　　2020 年 1 月，「嚴重特殊傳染性肺炎」（新冠肺炎，COVID-19）使人與人的接觸變成潛在的致命威脅。病毒像看不見的追蹤狂四處流竄。幾乎在一夜之間，「近距離相處」成了危險的同義詞。公共衛生政策的當務之急是：為了活命，我們必須拉開彼此的距離。

　　撰寫本文之際，我們仍在對抗新冠病毒的大流行。醫護人員承受巨大風險、醫療設備短缺、死亡率不斷攀升，各國政府紛紛強制推行「社交距離」政策、關閉學校和大多數的

營業場所，要求民眾不要出門。所有必須在工作崗位上保護我們的人，全都冒著生命危險在執行任務。他們提醒了我們，人們對彼此的依賴有多麼深。

我和太太愛麗絲就和其他的家長一樣，取消了孩子們的聚會；安養院謝絕訪客，因為年長者對病毒最沒有抵抗力；為婚禮籌劃已久的新人也被迫延期婚禮。我們視為理所當然的社交活動，像是音樂會、球賽、看電影、約朋友吃飯、辦公室裡的閒聊，以及宗教聚會，突然之間都必須暫停。

我們以為，這個危機勢必將導致社交孤立與實體隔離。假如我們無法見面，要如何互動呢？假如我們不待在同一個地方，要如何互相幫助呢？假如我們無法碰觸彼此，要如何表達情感呢？就連「社交距離」這個詞，似乎都宣告我們必須與孤獨為伴。信任問題也開始浮現。有些人因為擔心受到感染，以及對於可能發生的經濟衝擊心生恐慌，於是無視政府禁令，開始囤積應急物資。在全球金融衰退的陰影籠罩之下，「社交蕭條」（social recession）同樣令人擔憂，我們無法互動的時間愈長，人與人的情感聯繫就愈薄弱。

然而，疫病大流行的延燒卻使我們清楚看見，「社交距離」這個詞其實名不符實。誠然，我們必須保持距離，以防止病毒擴散，卻也因為這個危機，與親友變得更加親密。

我們每天都可以見到人們發揮群體獨特創意的例子。在

疫情慘重的義大利，被關在家中的人們打開窗戶，與鄰居一同合唱，藉此互相安慰。在中國，待在檢疫病房的人藉由跳廣場舞來為彼此打氣。世界各地的人都為親朋好友和陌生人，展開慷慨助人的行動，例如送生活用品到體弱者和年長者的家；打電話給狀況不好的鄰居，分享超市的營業時間，以及哪裡可以買到衛生紙的消息。

所幸，現代科技賜予我們機會，以遠距模式強化彼此的連結。藝術工作者透過在自家拍攝的影片，一同合唱或表演舞蹈。家族成員透過視訊一同慶生。民眾透過網路直播欣賞現場歌劇表演。各級學校的學生透過線上課程聚在一起。當我們學會透過虛擬方式一同遊戲、工作與協作，我們也幫助彼此排解了孤獨，同時互相提醒，我們多麼需要從彼此身上獲得復原力。

更讓我驚訝的是，我在寫書過程中學到的事，現在大多獲得了印證。那就是我們能夠透過強化社交連結，來支持社群與保護彼此。下列四個關鍵策略有助於我們度過危機，修復我們的社交世界，而且影響力可延續到未來：

1. 每天花至少十五分鐘陪伴你愛的人。這不僅限於和你住在一起的人。透過視訊連線與你生命中重要的人聯絡，聽聽對方的聲音，並看見對方的表情。

2. 把焦點放在彼此身上。在與他人互動時，盡可能排

除干擾，不要一心多用，把注意力都放在對方身上，如果可以，盡量做到眼神交流與真正的傾聽。

3. **擁抱獨處時間**。要與其他人建立有力的連結，第一步是先與自己形成更強的連結。獨處有助於我們做到這點，因為它讓我們有機會了解自己的感受和想法、探索創造力、與大自然連結。我們可以透過靜坐、禱告、藝術創作、音樂和戶外活動，獲得獨處帶來的慰藉和喜悅。

4. **幫助他人並接受幫助**。服務是人際連結的一種方式，能使我們想起自己的價值觀和人生目的。給予和接受都能強化社交聯繫，例如關心鄰居的狀況、尋求他人的建議，甚至只是向迎面而來的陌生人微笑，都能使我們更堅強。

我在醫院工作時，曾經跟著一位醫師前輩學習。他每次要進病房之前都會先做個深呼吸，用那幾秒鐘的時間提醒自己，有機會治療別人是一件多麼值得感恩的事。現在，我們每個人都有這樣的機會。健康的人際關係就像疫苗與呼吸器，對於全人類的復原至關重要。

這次的疫情不是人類社交連結面臨的第一次考驗，也不會是最後一次。不過，能讓全世界的人同時面對如此艱鉅的挑戰，著實罕見。儘管我們之間有一些差異，但共同的抗疫經驗把我們聯繫在一起，假如我們從此學會如何與人融洽共處，那麼不僅能安度危機，還能擁有生氣蓬勃的未來。

獻給我的妻子愛麗絲
我夢寐以求的摯友

獻給我的孩子泰嘉斯和香緹
每天，你們讓我明白，愛人是多麼美好的感覺

獻給我的父母和拉希米
你們給了我一切，我對你們滿懷感恩

目　錄　Contents

第一部
孤獨的成因

第二部
孤獨的解方

前言
迫切需要解決的世代問題

　　2014年12月15日，我出任美國第19任公共衛生署長。身為「國家醫師」主管機關的首長，我的關注焦點應該圍繞著肥胖、吸菸相關疾病、心理衛生，以及疫苗相關議題。在參議院同意權聽證會上，我向參議院如此表示。然而，公共衛生署長除了要監督在聯邦政府工作的六千多名同仁，致力於保護、提升與促進全體國人的健康，同時還承擔了各界很高的期待。一百多年來，擔任這個職務的醫師處理過的全國性健康危機包括黃熱病、大規模流感、颶風和龍捲風造成的影響，乃至九一一恐怖攻擊。過去數十年，署長對於吸菸與愛滋病這類公衛議題的看法，也得到全美國人的信賴。被我視為聚焦重點的議題，同樣也是大眾最重視的，這一點對我來說很重要。

　　我的背景與公眾或政治事務其實沒有太多交集。我成長於醫師家庭，童年大多在父母的診所裡度過。父親負責看診，母親打點其他的一切。我跟姊姊放學之後，經常要到診所幫忙整理文件、將病歷歸檔、清掃，以及招呼患者。我看

到患者來的時候往往露出擔心的表情，離開時大多帶著平靜與放心的表情，這讓我深受啟發而產生想要行醫的念頭。對我的父母來說，行醫的重點在於人與人之間的關係，他們藉由傾聽形成這種連結。父親的看診時間經常超過十五分鐘，保險公司對此頗有微詞。但我的父母明白，你必須與患者的情緒狀態和生理狀態連線，才能做到真正的傾聽，不論那要花多少時間。

我一直努力想成為那樣的醫師，成為那種領導者。因此當我上任後，便決定要在設定議題、制定計劃之前，先展開傾聽之旅。那代表我要花時間做這件事，也意味我必須到美國各地拜訪當地人。「我們去和大家談談，看看他們需要什麼，」我這麼對我的新團隊說。

在接下來的幾個月，我們展開了傾聽之旅。從阿拉巴馬州到北卡羅來納州，再從加州到印第安納州，受到各地社區的歡迎。我們與小型團體進行座談，也舉辦市民大會，花時間和家長、老師、牧師、小型企業主、慈善家，及社群領袖詳談。

我們總是問大家：政府能幫什麼忙？有些答案印證了我對主要痛點的猜測：鴉片類藥物的泛濫，以及肥胖、糖尿病和心臟病的罹患率上升。然而民眾反應的某些問題出乎我的意料之外，例如華盛頓州的老師告訴我，有些孩子會在課堂

上吸電子菸。學校不允許學生在教室裡嚼口香糖或是吸菸，但現在沒有任何規定禁止學生吸電子菸。原來各個學校在等地方政府下達規定，而地方政府在等聯邦政府頒布指引。

與大眾的對話成為我重要的參考資料，引導我決定在公共衛生署長任期內該解決哪些議題，而它對於我個人的影響甚至延續到卸任之後。這些對話使我成為第一位將成癮危機列入官方正式報告的衛生署長，也促使我開始推動對抗鴉片類藥物泛濫的全國性運動。那些老師及許多家長、科學家和立法者也啟發我，在 2016 年發表史上第一份以青少年使用電子菸為主題的聯邦政府報告。

孤獨的殺傷力更甚流行病

不過，有個一再出現的主題比較特別。它並不是由第一線人員提出的，甚至不被直接定義為一種疾病。我發現，成癮、暴力、焦慮和憂鬱這些議題背後，大多潛藏著孤獨的陰影。例如，我接觸過的老師、學校行政人員和許多家長表示，他們擔心下一代會愈來愈孤立，尤其是那些花很多時間透過數位裝置使用社交媒體的孩子。對於家中成員有藥物成癮問題的家庭，孤獨也會將他們的痛苦放大。

某個寒冷的早晨，我在奧克拉荷馬州與山姆和席拉夫婦見面。他們的兒子傑森死於用藥過量，而他們的故事使我開

始意識到上述連結。

我和這對夫婦在當地的治療機構見面，當時傑森已過世超過一年。當他們談起兒子時，才說了幾句話眼眶就開始泛淚，喪子之痛依然椎心刺骨。更糟的是，在他們最需要安慰的時候，卻發現多年來一直倚靠的人不見蹤影。

「我們家以前發生事情的時候，」席拉說，「鄰居都會跑過來幫忙，或是表達精神上支持。但是當我們的兒子過世時，沒有任何人出現。他們覺得我們可能會因為兒子的死因而感到羞愧。他們認為傑森死於一種很丟臉的疾病。我們當時非常孤單。」

山姆與席拉體會到的孤獨並非特例。在鳳凰城、安克拉治、巴爾的摩等城市，許多人告訴我，酒精和藥物成癮最難熬的部分是，他們覺得自己好像被家人朋友放棄了，給他們一種深不見底的孤獨感，使治療與康復之路更難走下去。他們告訴我，「物質使用疾患」（substance use disorder）不容易解決，「每個人都需要一些支持。」

密西根州弗林特（Flint）的居民也感受到這種孤獨。我在弗林特發生水資源危機時期到訪，以了解狀況。我拜訪了一個家庭，這個家庭的孩子因為水汙染而鉛中毒，父母非常自責，覺得自己沒有好好保護女兒。然而，市政府遲遲拿不出解決對策。在這段期間，他們覺得政府和國家已經將他們

遺忘。這是一種被遺棄帶來的孤獨感；一種覺得被社會拋棄、放逐、忽略的感受。

有時，孤獨導致了人們的健康問題；有時，孤獨是罹患疾病和遭逢困難造成的結果。我們很難釐清何者為因、何者為果，但很顯然的，人與人的疏離使得生活變得更糟了。

歸屬感能使我們更健康、更強大

在了解孤獨如此普遍的同時，我也明白人際連結具備的療癒力量。例如，我在奧克拉荷馬遇到一群美國原住民青少年，對於自己的身分認同感到茫然，也覺得被外面的世界所遺忘，於是發起了「我是印第安人」計劃，強化同儕間的文化認同和歸屬感，以降低染上酒癮和毒癮的風險。在紐約，我看見成癮青少年的家長形成支持網絡，展現連結的力量。有了這群能夠真正感同身受的家長為後盾，當孩子走上回頭路或是感到自責時，會比較容易度過難關。

在阿拉巴馬州的伯明罕，有肥胖和慢性病問題的人數正在不斷上升。我在那裡遇見一個團體，他們會相約一起慢跑、健走和游泳。有些人原本不敢獨自外出運動，因為有朋友加入了這個團體而改變。在弗林特，人際連結也成為解決問題的利器。當地社區的住戶組織起來，挨家挨戶去教導鄰居如何安裝過濾器，將飲用水中的鉛過濾掉。

　　在這些例子中，我看見了當個人、家庭和社群遇到困難時，社交連結能夠發揮的重要功能。孤獨雖然使人產生絕望感與孤立感，但患難與共的歸屬感可以激起人們的樂觀精神和創造力，生命因此變得更強大、更豐富，也有更多喜樂。

　　然而，現代社會的主流價值觀卻推崇個人主義、自我決定（self-determination）。這些價值觀告訴我們，可以靠個人的力量決定自己的命運。這是否造就了我在美國各地看見的那種拉扯著人心的孤獨感？在巴爾的摩，有一對夫妻表達了養兒育女的喜悅，但同時也說，照顧幼兒占據了他們大部分的時間，使得他們覺得自己彷彿與朋友圈斷了往來。在洛杉磯，一位事業成功的醫院主管告訴我，他不久前才在家裡替自己慶生，因為忙碌的工作使他和朋友逐漸失去了聯絡。人們不會輕易承認自己的孤獨感，在專業領域尤其明顯，像是法律和醫學界，因為這類職業推崇的是自立自強的精神。

　　我在波士頓、田納西州的納許維爾和邁阿密，遇到不少積極投入工作的醫師、護士和醫學院學生。他們對我說，在工作的時候，經常覺得情緒層面處於孤立狀態，但又無法向任何人提起這件事，擔心同事和患者會有不好的反應。有些人甚至認為，若他們承認自己有心理健康方面的隱憂，醫師執照很有可能因此被取消。儘管如此，他們也很清楚，導致身心俱疲與情緒耗竭的罪魁禍首，其實就是孤獨感，只是不

確定該如何解決。

　　其他人則完全沒有意識到，自己感受到的其實就是孤獨。一旦有人承認自己覺得很孤獨，其他人就會開始分享他們的故事，不論是男性、女性，還是孩童。專業人士、生意人、領最低工資的人，不論哪個族群、不論教育程度高低、擁有多少資產或成就，沒有人逃得過。

　　許多人把自己的感受描述成缺乏歸屬感，並試著解決這個情況。或者加入社會團體，或是搬到新的地方居住，在開放式辦公空間工作，到酒吧享受歡樂時光，卻依然感受不到「回到家裡」的安適感。他們體會不到，家的根本要素就是「與他人的真實連結」。

　　回到家裡，是一種「有人懂你」的感覺：有人接納你的真實面貌並愛你，真正關心你。你們有許多共同點，也有相同的興趣、理想和價值觀。我曾在無數個社群中遇見孤獨的人，他們雖然有房子可住，卻覺得自己無家可歸。

人際連結力量大

　　結束了白天與民眾的接觸、回到飯店房間之後，我會在深夜裡以好奇和關切的心情，反思這些關於孤獨的故事。

　　我對孤獨並不陌生，小學低年級的時候，父母每天早晨開車送我到校門口。我一下車，心情就變得沉重無比，就像

是第一天上學的緊張不安，只不過那個情況每天都發生，而且持續一整年。我並不怕考試或作業，我怕的是孤單的感覺。然而我不敢告訴父母，說我覺得很孤單。因為承認這件事，會比告訴他們我沒有朋友更嚴重。它相當於承認我不討人喜歡，或是我不值得被人愛。伴隨孤獨而來的自卑感，使我原本的痛苦更加劇烈。情況持續了好多年，直到我在高中遇到一群真正給我歸屬感的死黨。

儘管深知孤獨的感覺，但我從來不曾把這個議題視為潛在的重要公共衛生議題，當然也不在我向參議院提出的重要議題之列。不過，這個議題在此時卻突然變得清晰無比。

問題在於，我要怎麼處理這個議題。許多人以為我有數十億元的預算、好幾萬個人力可以運用，然而實際數字比他們預期的少了好幾個零。不過，署長的職位給了我一個發言的制高點，我可以從這個位置，呼籲民眾開始對孤獨產生警覺，展開與重要利害關係人的對話，改變研究和政策、公共建設和個人生活方式的發展方向。

當我愈了解孤獨和結伴（togetherness）之間的蹺蹺板關係，我愈相信人際連結的力量能夠發揮強大的作用。現今社會中的許多問題，從成癮和暴力，到員工和學生對所屬組織失去向心力，乃至政治對立，都因為孤獨和人際疏離更加惡化。建立一個連結力更強的社會，是解決當前個人和社會

問題的重要關鍵。

　　社交連結對於希望自己的表現被人看見、獲得賞識的上班族，以及那些想了解員工的執行長來說，都非常重要。社交連結對另外一些人也非常重要，例如正在養育幼兒的父母往往需要朋友提供更多支持，但不知如何開口，或是某些人發現了可以讓社區變得更好的方法，卻不知道有沒有人在乎。此外，有些醫師很想幫助患者恢復健康，但不知道該如何療癒患者內心的孤獨，甚至是自己的孤獨感。對他們來說，社交聯繫顯得至關重要。

　　令我意外的是，在我擔任署長期間，處理的所有議題中，民眾對於與心理幸福感相關的主題，尤其是孤獨，反應最強烈。從極端保守到極端自由派的國會成員，從年輕人到年長者，從都市到鄉村的居民，很少公衛議題能夠引發全民的高度關注。在我向多個城市的市長、醫學會和全球各地的商界領袖做過簡報之後，每個人似乎都想談關於孤獨的話題。我想，這是因為有太多人嘗過孤獨的滋味，或是曾經見過周遭的人為孤獨所苦。

　　意料之外的是，孤獨的解方，也就是人際連結，也普遍存在。事實上，我們天生會與他人形成連結。每當我們有共同的目標或是遇到共同危機時，就會團結起來。例如，2018 年南佛羅里達的帕克蘭高中（Parkland high school）發

生校園槍擊案，奪走了十七條年輕生命，這個事件引發帕克蘭高中以集體行動做出回應。此外，每當全球發生重大的颶風、龍捲風和地震災難之後，我們也可以從志工的熱心援助中看見這種本能。

社群力量最戲劇性的展現，出現在九一一事件發生時。當紐約市的世貿大樓雙塔倒塌時，有數千名在曼哈頓下城區工作的人向南方奔逃，躲避愈來愈危急的情況。他們逃到哈德遜河邊，卻發現過不了河，所有人陷入恐慌。當美國海岸防衛隊發現，他們一時之間無法援助這麼多人，立刻透過無線電請求民間船隻的協助。

民間的反應非常迅速。有數十條船艇穿過濃濃的煙塵，把渾身塵土、飽受驚嚇的民眾運送到安全的地方。在九個小時之內，這個搶運行動救援了近五十萬人，成為人類史上規模最大的船隻救援行動，甚至超越了二戰時期的敦克爾克（Dunkirk）大撤退。

「鰤魚號」（Amberjack）船長文森‧艾多林諾（Vincent Ardolino）說，他聽到求救廣播後，決定要前往曼哈頓參與救援行動，他太太覺得他瘋了，但他知道自己非做不可。

「絕對不要讓人生有任何遺憾，後悔自己沒做某件事，」他回憶自己所做的決定時，如此說道。[1]

事實上，我們的群體本能現在依然活躍。當我們有共同

的目標，當我們感受到為公共事務挺身而出的急迫性，當我們聽見了自己有能力回應的求救呼喚，多數人都會採取行動，團結在一起。

即使卸下了職務，我想聽從這個呼喚的渴望依然存在，與孤獨相關的問題，也從未止息。到底是什麼原因導致社群裡人際關係的淡薄，以致產生如此強烈的孤獨感？我們的健康和社會，還有哪些面向也受到波及？如何克服孤獨帶來的自卑感，並接納每個人其實都很脆弱的事實？如何在自己的生活與社群裡，創造更強大、更持久且更有同情心的連結？如何在社會上凝聚更多患難與共的意識？如何改變現有的生活，使人生動力從恐懼轉變為愛？

這些問題只是催生這本書的部分原因。當我了解，某些研究形塑了我們如何理解孤獨與連結在每個人生命中的影響力，我的心中便生出更多疑問，而這些疑問也是促使我寫這本書的動力。除了事實與資料數據，本書還提到了許多科學家、哲學家、醫師、文化創新者、社群運動參與者等。他們的故事一再提醒，當我們互相為伴，對彼此都比較好。

本書的第一部分聚焦於孤獨和社交連結的基本要素，也就是孤獨為何會在人類這個高度社會化的物種中不斷滋長，以及文化的不同面向如何促進或阻礙我們和其他人產生羈絆，並建立共有的歸屬感。第二部分將說明，我們每個人都

必須經歷的人際連結發展：一開始是我們與自己的關係，接下來是我們與家人和朋友的連結。最後，則是探討如何為後代子孫打造一個人際連結更緊密的世界。

我盼望本書的故事可以幫助你，對於自己在社交領域所在的位置有更深的覺察，同時啟發與激勵你，對於自己在他人生命中扮演的關鍵角色有新的認識，進而向周遭的人伸出援手。你將會發現，一旦我們強化彼此之間的連結，我們會變得更健康，擁有更強的復原力、更高的生產力、更蓬勃旺盛的創造力，同時覺得人生更充實。

在撰寫本書的過程中，我逐漸意識到，社會大眾普遍沒有體認到，社交連結的力量可以解決我們在個人和社會層面所面臨的許多重要問題。克服孤獨並打造一個連結更緊密的未來，是當前迫在眉睫的任務，我們不但能夠一起克服、也必須一起克服它。

第 一 部

孤獨的成因

1　人際連結是生命之鑰

「我的人生信念現在完全押在一個看法上，那就是孤獨是人類存在不可逃避的核心真相；孤獨全然不是罕見且奇特的，對我和一些隱居者來說，它是我們獨有的朋友。」——湯瑪斯・沃爾夫（Thomas Wolfe），《神的孤獨男人》（*God's Lonely Man*）

---

　　6 月的一個晴朗早晨，我踏入波士頓布萊根婦女醫院（Brigham and Women's Hospital）的大門，我的職業生涯就此展開。我穿上最體面的襯衫和領帶，罩著燙得筆挺的白袍，對著警衛和擦身而過的醫院職員微笑。對他們來說，這只是忙碌的一天，但對我而言，這是我永生難忘的一天。

　　我的腦袋裡裝滿了在醫學院學到的正規理論和冷僻知識。口袋裡塞滿各種工類，包括聽診器、眼底鏡、音叉、反射槌、《麻省總醫院內科手冊》（*Pocket Medicine*）、三支黑

筆、記錄患者狀況的卡片、醫院重要單位的電話號碼，還有
一張護貝過的小卡片，上面記載各種小抄，從心肺復甦到糖
尿病酮酸中毒的治療方法都有。然而，那些卡片和手冊都沒
有提到，我後來在患者身上發現的一種普遍症狀。

　　接下來的日子，我開始跟著住院醫師和資深醫師巡房，
把全副精神放在做出正確的診斷，判斷該開什麼藥方、療法
和檢驗。有些日子我會忙得天昏地暗，但幾個月之後，我對
於處理一般疾病已經愈來愈上手，像是糖尿病、癌症，以及
一些只有在教科書上看過的罕見疾病。在我的醫學訓練學習
曲線逐漸上升的過程中，我開始注意到患者的其他面向，包
括社交狀況，或是欠缺社交生活的事實。

　　有些患者永遠有訪客陪伴。當患者的病情急轉直下，或
是即將接近人生終點時，會有來自四面八方的親友圍繞在患
者身邊，一有機會就向醫護人員訴說他們與患者的深厚情
誼。然而，也有些患者在住院期間沒有訪客，也未曾接到一
通電話，沒有人關心他們。有些人最後孤身離開世間，只有
我和醫院的幾位同事見證了他們在世間的最後時刻。

　　我還發現，許多人其實是帶著希望有人作伴的渴求，來
到醫院求診。雖然多數患者急著想出院，回歸日常生活，但
仍有少數人，試圖把醫護當成久違的傾訴對象。只要有人願
意聽，他們便滔滔不絕訴說自己的人生故事。這種情況經常

讓我感到兩難。雖然我很想陪伴那些患者，但我也知道，還有許多患者在等著我。身為醫師，我必須把關注焦點放在醫療上。社交方面的議題雖然也帶來許多痛苦，但似乎不屬於行醫的範圍。直到一位名叫詹姆斯的患者給了我當頭棒喝。

我和詹姆斯只有一面之緣。某天下午，他走進診間，為了他的糖尿病和高血壓來求診。這位中年男子教了我關於孤獨與連結的一堂課，意義深遠，而且令人難忘。

詹姆斯的身材矮胖，一頭棕髮，皮膚因為新英格蘭地區的寒冬而變得粗糙泛紅。他來看診時，表情相當嚴肅，我看了一下他的病歷，以為他的陰沉是健康情況所導致。

「你好，」我說。「我能幫你什麼忙？」

詹姆斯描述了他控制糖尿病、高血壓、體重所面臨的挑戰，也提到這些疾病使他承受了相當大的壓力。他的神情看起來很累，整個人無精打采的，似乎覺得人生了無生趣。

然後，他突然沒頭沒腦冒出一句，「中樂透是我人生中最不幸的一件事。」

「真的嗎？」我的語氣透露了我的困惑。「為什麼？」

詹姆斯立刻一股腦兒全盤托出。原來，他真的中過樂透。他原本是個麵包師傅，手藝很好，擁有不少忠實顧客。他很喜歡這份工作，知道人們因為他做出來的食物感到幸福和開心，也令他相當滿足。他雖然沒有結婚，但有一群他喜

歡的人為伴。這些人和他一起在麵包店工作，所以他從來不覺得孤單。但自從他中了樂透之後，一切都改變了。

突然間，他成了「有錢人」，於是他覺得應該將人生升級。根據他過去從電視、電影、廣告和其他媒體接收到的訊息，他決定進入有錢人的世界，開始過著有錢有閒的生活。他以為這樣可以讓他過得比從前做牛做馬的日子更快樂。他的新身分彷彿逼著他要變成另一個人。

於是，詹姆斯辭掉工作，搬到海邊的高級別墅區。他所有的物質需求都得到了滿足，還有源源不絕的收入進帳，他過著所有人夢寐以求的生活。然而，儘管他擁有最好的物質享受，感覺起來卻像個惡夢。他不但不覺得滿足，反而開始生病，覺得日子過得很悲慘。他原本是個隨和、幽默與外向的人，卻變得退縮、孤立與憤怒。他的體重不斷增加，後來被診斷出糖尿病和高血壓（這是他來找我的原因）。他不再花時間和麵包店的同事與老主顧聊天，現在除了看醫師，就是一個人呆坐在家裡。

一切都太遲了。詹姆斯意識到，他選擇去做他以為樂透獎金得主應該做的事，而不是順從自己的心意，是個天大的錯誤。「我拋棄了我喜愛的朋友和工作，搬到所有人把自己關在豪宅裡不出門的社區。我覺得好寂寞。」

詹姆斯的經驗告訴我們，現代社會最看重的地位、財

富、成就和名聲，不保證能夠帶來幸福。當我們擁有更多錢，可以買到更多隱私，可以住在隱蔽的豪宅裡，搭自己的遊艇或飛機旅行。這些特殊待遇或許很吸引人，卻可能潛藏人生的代價。假如我們沒有警覺性，這種成功可能導致我們與其他人的距離愈來愈遠，使我們覺得愈來愈孤獨。

假如詹姆斯能設法擺脫他的鍍金牢籠，增強人際連結，健康狀況應該會大幅改善，變得更活躍、更投入、更快樂，也更像他自己。畢竟在中樂透之前，他曾經擁有自己的社群和連結。然而，做出改變將意味他要推翻社會對成功的主流假設，並重新定義他在社會層面（而非經濟層面）對人生志向的看法。他似乎明白這個道理，但改變不易，尤其是他的健康狀況已經亮起紅燈。身為他的醫師，我能如何幫他呢？

在那次看診過程中，我認真聆聽他說話，並向他提出問題，調整糖尿病和高血壓用藥劑量，使他的測量數值落入比較健康的範圍內。我也提議將他轉介給醫院的社工人員，協助他與當地社區建立一些連結。除此之外，坦白說，我完全不知道該如何解決他的孤獨感，而孤獨似乎是導致他健康出問題的主因。現在回想起那件事，我仍然感到很難過，但我那時只是個菜鳥醫師。我從詹姆斯身上學到的東西，遠比我對他的幫助更多。

醫學院的教育沒有教我如何辨識社交連結對健康的影

響，當然也沒有給我任何工具，來幫助為孤獨所苦的患者。我受的訓練幾乎完全聚焦於身體狀況。當我們討論情感議題時，主要是為了管理憂鬱症之類的精神疾病，或是為了建立互信的醫病關係，使患者更樂於參與治療過程。

這是完全不夠的。我曾經遇到一名年輕的女性患者，她的心臟瓣膜因為靜脈注射毒品而受到細菌感染。我能夠告訴她，如果她繼續用靜脈注射使用毒品，將會面臨哪些危險，以及她將來應該要做好哪些預防措施。我知道如何和她討論複雜的治療路徑、抗生素療程，以及後續的影像掃瞄判讀時程。我能夠同理她生重病後所承受的壓力和情緒負擔，我也可以傾聽她和家人心中的憂慮。這些都很重要，卻無法解決她最重要的需求：她需要建立更健康的人際連結。她的人際關係狀況是導致她染上毒癮，以及決定她是否會再犯的重要因素。我從來沒有受過任何訓練，來評估或解決孤獨的問題，一旦遇上，根本不知道要從何著手。

「一」不一定是最孤獨的數字

孤獨到底是什麼？這個問題看似簡單，但是當我們仔細檢視時，它卻變得超乎預期的複雜。

許多人認為「孤獨」和「孤立」（isolation）是同一件

事，這兩個概念其實有相當大的差別。孤獨是當你欠缺需要的社交連結時，所產生的主觀感受。那種感覺可能像是束手無策、被人拋棄，或是覺得被所屬的群體排擠——即使你的身邊有其他人在。當你感到孤獨，代表你欠缺親密與信賴的感覺，還有真正的朋友、摯愛的人和社群對你付出的情感。

　　研究者[1][2][3]界定了孤獨的三個「面向」，來反映人們欠缺的是哪種類型的關係。「親密性」或是情感性的孤獨，反映出你渴望擁有可以傾吐心事的好朋友或親密伴侶——這個人和你有很深厚的情感和信任感。「關係性」或是社會性孤獨，則是反映你嚮往優質的友誼和社群的陪伴與支持。「共同性」孤獨反映出你渴求與志同道合的人形成網絡或社群。這三個面向加在一起，所反映的是人類蓬勃發展所需的優質社交連結的完整面貌。若在任何一個面向缺乏人際關係，就有可能會感到孤獨。這有助於解釋，為何我們擁有婚姻伴侶的支持，卻依然渴求擁有朋友和社群。

　　每個人對社交連結的需求程度不同，因此我們無法斷言，一個人需要幾個朋友才不會感到孤獨。這個差異不僅取決於此人所處的人生階段，也取決於個性。外向的人往往迫切需要與他人接觸和社交活動，和陌生人交朋友會讓他們興奮無比。內向的人需要更多獨處，太多的交際活動會讓他們覺得很累，偏好一小群人或是一對一的互動。然而，不論內

向或外向，都有可能感到孤獨，也都需要穩固的人際關係，才能得到歸屬感。重點通常不在於社交接觸的數量或頻率，而是互動的品質，以及我們對這些互動的感受。

孤立和孤獨的主觀感受不同，它指的是獨自一人、與他人不互相聯絡的客觀狀態。孤立之所以被視為孤獨的風險因子，純粹是因為當我們很少與其他人互動時，比較可能感到孤獨，然而獨自一人不必然會導致你產生孤獨的情緒經驗。許多人會長時間獨處，埋首於工作或是從事創造性活動，但完全不覺得孤獨。反之，即使我們被其他人圍繞，仍然可能感到寂寞與孤單。我們是否覺得孤獨，取決於內心有沒有感到安適自在。

這就是孤獨與獨處（solitude）的不同之處。當我們覺得孤獨時，會感到不快樂，渴望逃離這種痛苦的情緒。反之，獨處是單獨一人而內心平靜的狀態，或是刻意為之的孤立狀態。它是我們與自己連結、自我反思而不被分心或打擾的良機，可以增進個人成長、創造力與心理幸福感，使我們能夠反省、復原和充電。數千年來，各種靈修文化的僧侶和修行者會刻意製造獨處狀態，將之視為反省及與神聖世界重新連結的機會。獨處和孤獨不同，它不隱含自卑感，而是一種神聖的狀態。

獨處有時也可能會令人害怕，因為它能夠同時讓正面和

負面的思緒、情感出現在我們的意識層面。有時，我們會因此不小心進入與心魔正面交戰的空間。然而透過那些掙扎，可以解決一些內心的糾結，釐清感受，找到內心深處的自在，這是我們強化自我連結的重要方式，使我們也能與他人形成連結。事實上，獨處反而是預防孤獨的良方。

孤獨的問題

根據亨利・凱澤家庭基金會（Henry J. Kaiser Family Foundation）2018 年度報告，有 22％的美國成年人表示，他們經常或總是感到孤獨、覺得被社會孤立。[4]這相當於超過五千五百萬的人口，遠高於成年吸菸人數，幾乎是糖尿病人口的兩倍。2018 年，美國退休人協會（AARP）提出一份研究報告，這份報告運用了頗具公信力的「加州大學洛杉磯分校孤獨量表」（UCLA loneliness scale）。報告指出，在四十五歲以上的美國成年人當中，有三分之一覺得孤獨。[5]美國康健人壽（Cigna）2018 年進行的全國性調查中，有五分之一的受訪者表示很少或不曾覺得自己與其他人很親近。[6]

其他國家的研究也呼應這些結果。在加拿大的中老年人口中，有接近五分之一的男性和大約四分之一的女性表示，他們感到孤獨的頻率是每周至少一次。[7]此外，也有四分之

一的澳洲成年人表示感到寂寞。[8] 在英國，超過二十萬名年長者與子女、家人和朋友見面或用電話聊天的頻率，一周不到一次。[9] 13％的義大利成年人表示，他們沒有可以求助的對象；[10] 在日本，超過一百萬名成年人符合政府定義的遁世隱居，也就是「繭居」。[11][12]

是什麼原因導致這些人不去加入社團、結交新朋友，或是和家人、老友重聚？簡而言之，就是孤獨本身。

當我們感到孤獨，卻看見其他人聚在一起玩得很開心，我們的自然反應是退縮，而不是靠近。我們害怕被貼標籤、被認定是遭到社會排斥的人。（只要到學校的餐廳或是遊戲場觀察一段時間，你就能夠體會這種擔憂）於是，我們隱藏起真實感受，即使有人試圖與我們互動，仍然不願表露真心。自卑與害怕聯合起來，使孤獨變成自我延續的狀況，引發自我懷疑，繼而降低我們的自信心，使我們不敢向外求援。一段時間之後，這種惡性循環使我們確信，沒有人在乎我們，我們也沒有資格得到愛，這會驅使我們更加退縮，並離我們最需要的人際羈絆愈來愈遠。

這種情緒的螺旋式下行也導致孤獨被汙名化。由於人們傾向於隱藏、否認自己的孤獨，能夠伸出援手的人（包括朋友、家人和醫師）又往往會迴避碰觸這個敏感的情緒議題。於是，當事人就愈來愈可能採取自我毀滅的行為，例如使用

藥物、酒精、食物和性行為，來麻痺孤獨帶來的痛苦。孤獨和汙名化加在一起會形成連鎖效應，影響的不只是個人健康和生產力，還有整個社會。

孤獨的惡性循環看起來棘手，卻是可以被打破的。只要我們學習盡早辨識與處理警訊，就能在孤獨侵襲時用人際連結對抗，而不是任憑它成為生命中的常客。首要之務，便是承認社交連結是每個人生命中不可或缺的要素。

道理很簡單，人際聯繫如同食物和水，對於我們過得好不好至關重要。好比身體透過飢餓和口渴的感覺告訴我們，該去吃點東西、該去喝水了，孤獨也是一種自然產生的信號，它提醒我們，需要去和其他人形成連結。這沒什麼好丟臉的，但是一般人會覺得，承認或討論飢餓、口渴比孤獨容易多了。要對抗這種「沉默效應」（silencing effect），我們需要深入了解孤獨、社交連結與身心健康間的關係，才能消除助長孤獨被汙名化的自卑感、責備和批評。

我們可以透過憂鬱症看見這種做法的效果。長久以來，憂鬱症一直被汙名化，以至於大多數人選擇暗自受苦，不願承認自己有這種狀況。現在，職業運動員像是得過二十三面奧運金牌的「飛魚」麥可・菲爾普斯（Michael Phelps），[13]以及女神卡卡[14]、巨石強森[15]和羅琳（J. K. Rowling）[16]等文化界人士，都公開承認自己有憂鬱症。學校和職場也開始

意識到這個問題的普遍性，許多學校和企業都設置相關計劃，提供協助。成癮問題也有類似的轉變。雖然我們還有很多事情要做，以確保因為憂鬱症與物質使用疾患而受苦的人，不再感到自卑或被歧視，不過社會已經向前邁進了一大步。當我們願意公開談論自己的經驗、了解孤獨的真相（一種幾乎沒有人能倖免的境況），孤獨汙名化的情況也將獲得改善。

攸關生死的事

茱莉安・霍特朗斯達（Julianne Holt-Lunstad）成長於明尼蘇達州的聖保羅，透過親身經驗，她體會了社交連結的力量。她是家中六個孩子的老四，家族以努力工作和團結而自豪。她父親的四個手足全都建立了大家庭，所以她有一大堆親戚。家族每年會安排一次家族聚會，讓大家聯繫感情。這個傳統是在她祖父母的鼓勵下建立的，因為他們堅信家族的重要性。

「在成長過程中，我們總是被親戚圍繞，家人大多是我最親密的朋友，」茱莉安對我這麼說。社交連結的力量決定了她的職涯走向。她在猶他州上大學，大學期間開始對心理健康的生理機制非常感興趣。這促使她後來攻讀健康與社會

心理學博士學位，專攻人際關係對人的影響，大至我們的行為，小至細胞的功能。

她到楊百翰大學（Brigham Young University）任教時，已經掌握了不少科學證據，支持人際關係和健康的關聯性。但是茱莉安發現，許多人對於她的研究仍抱持懷疑態度，認為不夠嚴謹。茱莉安想要改變他們的想法，於是和幾位共同研究者花了超過一年的時間、分析來自全世界的一百四十八個研究，涵蓋超過三十萬名參與者的資料。[17]

團隊仔細研讀細節，寫了大量的電腦程式，全是為了回答一個單純但影響深遠的問題：社交關係是否可以降低人們在平均壽命之前死亡的風險？

2009 年夏天，茱莉安得到了答案。當她在電腦螢幕上看見等待已久的答案時，她驚訝得不敢相信自己的眼睛。「這一定會引起軒然大波，」她對自己說。

研究結果顯示，社交關係深厚者在平均壽命之前死亡的風險，為社交關係薄弱者的一半。令人更驚訝的是，她發現缺乏社交連結對於縮短壽命的影響，相當於每天抽十五根香菸，健康風險比糖尿病、酒精攝取過量及缺乏運動更高。簡言之，薄弱的社交連結可能對我們的健康造成重大危害。

從表面上看，這個結論或許讓人難以信服。有沒有可能，導致心臟病及在平均壽命之前死亡的真正原因，是糖尿

病或生活貧困，而有這些狀況的人恰好很孤獨？另外從統計學的角度來說，有沒有可能孤獨只是干擾因子，而不是主要因素？茱莉安也有這些疑慮，因此她在設計研究時，同時分析了研究對象相關的各種風險因子，包括年紀、性別、最初的健康狀況，以及死亡原因，有助於釐清影響健康的真正因素。分析的結果顯示，社交連結的保護效應不變，而孤獨對於人們在平均壽命之前死亡的影響，也沒有改變。

大眾對於茱莉安的研究結果很快就有了迴響。報社記者開始寫文章探討這個重大發現。電視和廣播節目製作人紛紛邀請她上節目，向觀眾說明這個一直被忽略的現象，而這個現象對於健康的危害可能和吸菸一樣嚴重。英國和澳洲的相關組織在制訂解決孤獨問題的計劃時，也來向她請益。

五年後，茱莉安發表了另一批大量資料的分析結果，再度確認孤獨的人在平均壽命之前死亡的風險比較高。[18] 那時已有愈來愈多研究報告顯示，孤獨與冠狀動脈心臟病、高血壓、中風、失智症、憂鬱症和焦慮有關聯。也有不少研究指出，孤獨的人睡眠品質、免疫功能較差，有比較多的衝動行為與錯誤判斷。[19]

全世界的主流媒體和組織紛紛提出一個相同的問題：孤獨對人類健康的危害，為何如此巨大？

遺失的鏈結

　　同時許多醫師開始注意到患者的孤獨。在英國，2013
年的一項調查顯示，75％的家醫科醫師表示，每天有五分之
一的患者因為孤獨前來求診。[20]

　　其中有位醫師海倫・史托克斯藍帕德（Helen Stokes-
Lampard），在距離伯明罕大約三十二公里的利奇菲爾德
（Lichfield）工作。海倫照顧患者的熱忱，至今仍與剛從醫
學院畢業時一樣。當我們在她的辦公室會面時，她熱情歡迎
我，邊泡茶邊和我說話。海倫毫不做作，富有同情心，非常
聰明，而且極為務實。

　　海倫不只是家醫科醫師，而且是英國皇家家庭醫學會
（Royal College of General Practitioners）主席，那是英國最
大的醫學會之一，會員超過五萬三千人。當她接任主席時，
做了一個出人意表的舉動：在就職演說中提到患者所受的孤
獨之苦。早在三十多年前，就有一系列的研究發現，英國民
眾使用醫療資源的頻率與孤獨之間的關聯，不過當時醫界並
沒有對此採取太多行動。海倫下定決心，這次要讓孤獨成為
皇家家庭醫學會的優先要務之一。

　　她的演說以一位名叫伊妮德的患者為主角。伊妮德在老
年喪夫之後，就被孤獨纏身，無法掙脫。海倫大可以開抗憂

鬱藥給她，但海倫做了一件違反常規的事，在高度傾向照章行事的醫界文化中，這樣的舉動愈來愈少見：她認真聆聽伊妮德說話，讓患者的需求引導整個看診過程。海倫在演說中說道：

「我沒有按照常規走。我和她閒聊，我傾聽。我做了所有優秀的家醫科醫師會做的事——在短短幾分鐘看診時間中，我透過伊妮德的眼光去看世界。我把伊妮德的需求放在看診指南之上……有時候，我會建議她去上課、參加某個團體，或是參與我認為可能適合她、對她的健康和幸福有益的慈善組織。

「後來，伊妮德與一所當地小學結緣，那個小學讓一些年長女性與缺乏娘家支援的年輕媽媽聚在一起。那正是伊妮德需要的。每周兩次、一次花幾個小時的時間，她在那裡找到了人生的意義，感覺到有人需要她、感謝她，而她可以運用累積了一生的經驗來幫助他人。

「伊妮德不再定期看診，也取消了她並不需要的髖關節置換手術，少占用一張醫院病床。她不再吃抗憂鬱劑，事實上，她幾乎不太吃藥了……我注意到，伊妮德又開始化妝了。在丈夫布萊恩過世之後，這是她第一次好好整理頭髮。社交孤立與孤獨對於患者的健康和幸福感的影響，和慢性病

相似……如果我們想要採取以患者為中心的做法，這類問題就必須被重視。」

海倫在這等一流的醫學組織談論孤獨，是很不尋常的做法。「但是聽眾的反應非常熱烈，」海倫對我說，「在場每位聽眾都遇過為孤獨所苦的患者。」

這些醫師要開始面對並處理的是，社交健全性與心理健康之間的關聯，而這個關聯經常反映在患者的身體健康上。倘若忽略這個關聯，孤獨就可能對健康造成長期影響，而且不是靠藥物或療程就能解決。這提醒了我們，每個人都需要同伴的愛、疼惜與陪伴。

海倫遵循的是「社會處方箋」（social prescribing）來幫助伊妮德。臨床醫師向患者推薦（或是「開處方箋」），建議他們善用社區的資源與活動，以幫助自己打造健康的社交連結。這個做法反映出，社會承認了孤獨確實會影響健康，以及所有人都需要與他人連結。

美國的薩晴・金（Sachin Jain）醫師也得出了與海倫相同的結論。他一直試圖設法以大規模的方式，為患者促成社交連結。薩晴是醫療照護服務系統 CareMore 的執行長，主要服務對象是年長者和低收入戶。2017 年，薩晴和他的團隊推出了「彼此陪伴計劃」（Togetherness Program），找出

那些為孤獨所苦的患者，提供協助。在很短的時間之內，就有六百名患者加入。他們提供的服務包括家訪、每周一通關懷電話，以及轉介至社區裡的既有社工計劃。CareMore 有位參與者是即將邁入六十大關的薇塔。

2019 年，我第一次在加州唐尼（Downey）的 CareMore 照護中心見到薇塔。我看得出來，為了與我碰面，薇塔費了很大的功夫。慢性糖尿病導致她必須靠輪椅行動，神經病變使得她的雙腿經常感到劇痛，但薇塔似乎對未來相當樂觀。她告訴我，自己正處於人生的重大轉捩點。

薇塔的父母來自田納西州曼非斯（Memphis），他們在薇塔還是嬰兒的時候，就遷居到加州長灘。高中畢業後，薇塔打過各種零工，後來在長灘港擔任警衛，才穩定下來。她很喜歡這份工作，一做就是十五年。

雖然我才剛認識她，但我看得出來，她年輕的時候一定很有個性，而且社交生活非常活躍。「在我身體還沒出狀況的時候，」她對我說，「你根本看不到我的人影。」她的三餐幾乎都是靠速食與含糖飲料解決，最後得了糖尿病，引發併發症，導致她不良於行，必須長期與疼痛為伍。很快地，她的身體狀況不允許她繼續工作，迫使她被關在家裡。這個變化改變了一切。

「我開始覺得非常寂寞，」她告訴我。「我的身體狀況

太差，無法自行出門，也無法請朋友來家裡玩。」雖然她和已經成年的女兒同住一間公寓，但她們幾乎沒有互動，除了吵架。家族的其他成員也不想和她說話。由於她無法維持人際關係，為生命注入活力，漸漸失去希望。

有一天，她收到 CareMore 的明信片，宣傳「彼此陪伴計劃」所提供的服務，包括諮詢、運動計劃、促進社交參與的活動，以及醫療照護服務。照護中心甚至提供接駁車。她至今還清楚記得那天的情景，「我讀著那張明信片，然後開始掉眼淚，」她說，「我覺得它在對我說話。」

於是薇塔報名參加「彼此陪伴計劃」。幾天後，她接到了計劃「電話好友」打來的電話。對方跟她說，他名叫阿曼多，想了解她的狀況，看看她過得怎麼樣。

「他一直靜靜聽我說，」薇塔告訴我，她覺得阿曼多的聲音聽起來很療癒。他允諾她，下星期會再打電話來，而他也說到做到。有時候，他會把自己孩子的緊湊活動行程說給薇塔聽，以及他女兒前一天參加足球比賽的戰況。很快地，薇塔開始期待接到阿曼多的電話。

不過，薇塔無法工作，加上帳單不斷累積，她開始付不出房租，最後被迫搬出去，住在公有停車場的車子裡。在那種地方過夜是非常可怕的經驗。她的腿持續疼痛，健康狀況也不斷惡化。

　　CareMore 指派了一位名叫露比的社工實習生來輔導薇塔。露比非常想要幫忙，但是南加州的房租根本是低收入戶負擔不起的。有一天，露比在分類廣告網站 Craiglist 上看到，有間套房的房租是每個月七百美元，還包水電，這是個低於市場行情的價錢。「我本來想要沖個澡再出門，」薇塔回憶道，「但是露比說，『不行，現在馬上就去！』」

　　薇塔抵達時，屋主桑亞和恩斯特夫婦正在等她。露比已經把薇塔的處境及她生病的事告訴他們。這對夫妻也很希望事情能談成，他們只想確認一件事，那就是薇塔和他們家的鬥牛犬合不合得來。結果，牙尖齒利且體型壯碩的狗狗一見到薇塔，就跳上她的膝蓋，舔她的臉。「後來，當桑亞打電話告訴我，他們決定把套房租給我時，我高興得哭了。」

　　桑亞和恩斯特把薇塔當成家人，他們的善意幫助薇塔打開心房，再度開啟與他人的交流。阿曼多持續每周打電話給薇塔。他經常問薇塔，她做了哪些事來照顧自己，並鼓勵薇塔可以嘗試走到戶外。

　　因為害怕讓阿曼多失望，薇塔努力讓他知道，她可以愈做愈好。「阿曼多打電話來的時候，我會對他說，『我把家裡收拾乾淨了』或是『我今天化妝打扮自己了』。」她也開始努力減重。

　　這一切都是人際連結創造的成果。當薇塔終於在「彼此

陪伴計劃」的節慶派對上見到阿曼多時，她發現原來阿曼多才三十多歲。「年輕人，你是阿曼多？」薇塔的語氣藏不住驚訝，「你在電話裡聽起來非常老成。」

我和薇塔見面時，她依然每周會接到阿曼多的電話。她還自豪地告訴我，她已經減掉了十八公斤。「如果沒有阿曼多先生的電話關懷，我一定辦不到。」

有個安靜又安全的地方可住，而且離新朋友很近，讓薇塔充滿感恩。她仍然需要努力改善自己的健康狀況，有時候她依然會感到孤單，但她已下定決心要繼續努力找回健康，開始過更充實的生活。她打算向別人伸出援手，與其他人分享連結的力量，因為連結改變了她的人生。

「這世上有太多孤單寂寞的人，」她說，「我想要幫助別人。」

薇塔說得沒錯，世上有太多孤單寂寞的人，而其中某些人有健康問題，但醫療照護體系往往帶給他們更深的孤立感。這個情況在醫院尤其嚴重。患者有時會覺得自己不被當成人，而是被當成某種疾病；他們只是有待解決的問題，等著被診斷、被治療，而不是懷抱希望與渴求、有時也會擔心害怕，而且迫切需要即刻安慰的有血有肉的人。這種不被當成人的痛苦，也可能外溢到家屬身上。

麥雪兒在丈夫人生的最後一年，大部分的時間是在雷根

醫學中心（Ronald Reagan UCLA Medical Center）度過。她的丈夫文森得了白血病。罹患這種疾病的人，骨髓無法製造延續生命的紅血球。文森做過化療，經常需要輸血，也曾做過幹細胞移植（幹細胞來自他的兄弟）。2017 年聖誕節前夕，文森被送進加護病房，似乎已經藥石罔效了。麥雪兒這輩子從來不曾感到如此孤單。

　　兩年後，我有機會與麥雪兒聊天。她回憶起文森時，說他是「最有愛、胸懷最開闊的人。他是一個高大的薩摩亞人，他愛每一個人。」文森被診斷出白血病時，正在美國海軍服役，那年聖誕節，他在加護病房待了一個多月。他的臉有一半被氧氣罩遮住，四周全是各種維生設備，與當初結婚時的模樣判若兩人。

　　麥雪兒知道情況很糟，非常害怕會失去文森。醫療人員專注於即刻的醫療處置，對麥雪兒來說，他們顯得毫無人情味。因為文森失去行為能力，麥雪兒成為了他的醫療決定代理人，但麥雪兒得不到太多外界的指引，她感到害怕、沮喪，不知道該向誰求援。直到她遇見譚恩・納維爾（Thanh Neville）醫師。

　　譚恩是一位胸腔暨重症加護科醫師，許多人都知道，她心心念念的就是幫助患者達成心願。譚恩最近啟動了一項計劃，以加拿大醫師黛博拉・庫克（Deborah Cook）的志業為

範本。「三個願望計劃」（3 Wishes Project）的主旨，是幫加護病房的臨終患者完成心願，以改變疏遠且缺乏人情味的住院經驗，把焦點放在臨終患者與家屬身上。

麥雪兒還記得，譚恩和她的團隊在聖誕節當天來找她時，她一開始充滿疑慮。「因為處境的關係，我當時的想法非常負面。她向我說明計劃的內容，我直視她的眼睛並對她說，『我想要知道真相，而且現在就要得到答案。他快死了嗎？』她握住我的手並說，『我會對你實話實說。你的醫療團隊告訴我，如同他們已經告訴你的，他們認為他應該出不了院了。我們來到這裡，是為了向他僅剩的生命致敬，並且幫助你做好心理準備。』」文森的確在垂死邊緣掙扎，他的醫療團隊已經束手無策。「一開始，我很生氣，也很沒禮貌。『你又不認識我。參與這個計劃要花我多少錢？』我花了一點時間，才真正相信她的出現純粹是出於關心。」而關懷正是這項計劃的主旨。

當麥雪兒明白這件事之後，就完全卸下心防。「我含著眼淚對譚恩說，『我害怕孤伶伶一個人』。她抱著我說，『我們不會讓你一個人的』。她的同事眼眶泛淚、握住我的手說，『我們會陪你直到最後』。」

麥雪兒停頓了一會兒。「老實說，當我意識到自己不必獨自經歷一切時，我感覺被接納了，而且心懷感激，因為我

不必一個人看著機器被關掉。」

在文森生命的最後三天，譚恩的團隊實現了諾言。文森要求搬到癌症病房，因為他和那裡的護士很熟，甚至幫許多人取了綽號。他希望妻子能被這群在過去一年來陪伴他們的人圍繞。癌症病房無法照顧需要呼吸設備的患者，但譚恩的團隊設法取得醫院許可，破例讓文森完成心願。

麥雪兒回憶道，「他們甚至連問都沒問我，就帶了鮮花來病房。我是夏威夷人，我先生是玻里尼西亞人，鮮花對我們來說非常重要。他們盡可能找來市面上所有的玻里尼西亞島嶼的鮮花。這份細心令我們非常感動。」

該讓文森離開的時候來臨時，譚恩的團隊陪在他們身邊。「直到今天我還是很驚訝，」麥雪兒說，「在我決定何時幫我先生拔管的那半個小時，居然有人願意陪在我身邊。當我們關掉我先生的維生設備時，有個人坐在旁邊陪我，對我來說意義不凡，而那並不是醫師的職責。」

對譚恩來說，「三個願望」計劃的基本前提與力量很單純：「三個願望的目標是，不再問『患者有什麼問題』，而是開始問『對患者來說什麼最重要』。」

不到兩年，這項計劃幫助了兩百多名患者與他們的家人。他們舉辦了兩場婚禮；設計了一個最後的約會晚餐（使用鋪了桌巾的邊桌，再加上一部 Netflix 電影）；情商一所

藝術學校到病房為患者表演一齣她最喜愛的音樂劇;在一位女性患者的病房擺滿夏威夷的照片,因為那是她最喜歡的度假景點;為家屬製作了無數的紀念品,包括夫妻最後一次緊握雙手的手模。

這項計劃也會在患者離世幾周之後,寄一張慰問卡給家屬,上面有加護病房醫護團隊成員的簽名。家屬的反應總是讓譚恩感到意外:「家屬對這張卡片的反應讓我非常驚訝。有非常多的家屬在訪談時表示,那張卡片顯示『我們沒有被遺忘,我們的存在是有意義的。』有一位家屬寫信給我們說道,『我媽過世之後,我以為我失去了一切,但你們的卡片讓我知道還有人關心我。』」

醫學與科技可能會令我們失望,然而以愛與同情為出發點的人類連結,永遠能療癒我們。我們或許無法完全避免親人離世伴隨而來的孤獨,以及失去連結的感覺,但可以設法減輕一些負面情緒。幫助患者和他們的家人覺得自己被理解、被看見和被愛,或許是這世上威力最強大的良藥。

我很好奇,像「三個願望」這樣的計劃到底有多少價值?在患者和家屬面臨一生中壓力最大的時刻,帶給他們滿足、平靜和連結,這個舉動其實很難被定出一個價碼。事實上,「三個願望」計劃每位患者的平均成本為三十美元,這個事實使得這項計劃更加令人刮目相看。不是三萬美元,只

要三十美元。當你考慮到這對參與計劃的醫師、護士和工作人員所產生的額外影響，你會發現，它的投資報酬率高得驚人。例如，麥雪兒現在想要推動一項計劃，支持那些在醫院裡照顧病人的家屬。許多病患家屬一刻也不敢離開病房，原因之一正是擔心錯過主治醫師的查房。因此麥雪兒想要做的事情是，代替家屬陪伴患者，一旦發現醫師來查房，就打電話通知家屬回病房，讓照顧者有個喘息的機會。這些舉動是無價的禮物，能把人們的心牽在一起，同時帶給我們安慰，知道自己並不孤單。

上述故事加上我在這些年來遇到的其他故事，一再告訴我，孤獨可能對我們的身心造成巨大傷害。但反過來說，這些故事也使我深信，社交連結才是更值得重視的議題。每個人都有一個永遠不變的深層需求，希望別人能看見我們的真實面貌——我們都是多面向、複雜且脆弱的人類；我們都需要知道，自己的存在是有意義的，而且有人愛我們。只有穩固的人際關係，能滿足這些埋藏在人類內心深處的需求，讓我們活出更健康、更有生產力、更加心滿意足的人生。否則就會受苦。

當我們正在承受這種痛苦時，很難想像這是演化的一部分。顯然，孤獨發揮了一個關鍵的功能，當我們缺乏某個生存不可或缺的東西（社交連結）時，它會向我們發出警訊。

最早發現這個關鍵功能的統計學家認為，假如我們能學會對孤獨做出反應（就像我們對飢餓和口渴做出反應），而不是默默承受孤單寂寞，或許能夠縮減它影響我們的時間，以及負面影響，改善生活品質。因此，我們需要做的第一步是，研究社交連結與孤獨的串連演化。

2　孤獨的演化史

「全世界和平所仰賴的基礎，透過每個真正的友誼，被我們打造得更穩固了。」──聖雄甘地

「假如我們得不到安寧，是因為已經遺忘我們其實彼此相屬。」──德蕾莎修女

2017 年秋天的某個溫暖下午，我在邁阿密老家與愛荷華公共廣播電台電話連線，接受民眾電話提問，我們談論的主題是孤獨。連線時，我光著腳丫在家裡的車道上來回踱步，那是我在兒時養成的習慣。小時候，每當我在院子裡奔跑時，我喜歡腳趾頭陷入泥土的感覺。此刻，我在老家光著腳丫，談論孤獨這個主題，突然讓我想起中小學階段與孤獨奮戰的往事。

我們全家剛搬到這個社區時，是當地唯一的移民家庭。

當然我們早有心理準備，但我仍然花了很長的時間，才覺得自己屬於這裡。

電台之所以找我上節目，是因為幾個月前我曾在《哈佛商業評論》（*Harvard Business Review*）發表一篇關於孤獨的文章。說實話，讀者對那篇文章的反應讓我相當驚訝。我沒料到，這個商管期刊的許多讀者會對社交連結這個主題感興趣，接連幾個星期，我不斷得到來自世界各地的熱烈迴響。有些來自記者，他們想知道，為何卸任的署長談論的是孤獨，而不是傳統的抽菸、肥胖等話題。不過，更多迴響來自經歷過孤獨的人，當他們發現，自己並不是唯一有這個狀況的人之後，往往感到鬆了一口氣。

第一位來電的聽眾名叫莫琳。「我想談一下我女兒的情況，她剛從大學放假回來，」她的聲音因哽咽而顫抖。莫琳的女兒喜歡和朋友一起玩，但她對媽媽吐露心聲說，她覺得自己和朋友之間的關係是單方面的。「她昨晚對我說，『沒有人問起我的事。媽，我覺得好孤單。』我不知道該怎麼辦，」然後莫琳開始輕聲哭泣。我的心和她一樣痛。莫琳送女兒去上大學，以為她會結交到一群朋友。儘管她的女兒透過社交媒體和朋友互動，在校園裡也和朋友混在一起，但她始終沒有找到真誠且讓她感到滿足的人際關係。

幾分鐘後，一位名叫羅德的中年男子打電話進來，他

說，自從他最要好的朋友在十年前死於癌症之後，他一直有種很深的孤獨感。他幾乎不和別人談起這件事，也不太確定該怎麼辦。他想知道，有沒有方法可以緩和孤獨帶來的痛苦。「要再找到志同道合的哥兒們真的很難，」他說。

瑞秋是名卡車司機，她是下一個來電的聽眾。因為工作的關係，她必須長時間一個人在公路上開車。她發現自己很難交到朋友或是談戀愛。「我時常覺得寂寞，」她說，「我只是想知道，是不是因為我有什麼問題？」

她的問題使我停止踱步，即使地面的柏油讓我的腳底開始發燙。這個問題我這輩子不知道問過自己多少次了：我到底有什麼問題？小時候，我覺得自己不善於交朋友，更覺得自己的內在一定有某個東西導致別人不喜歡我。在我的想像裡，學校裡的每個人（除了我之外）都有一個或多個知心朋友，而我是唯一被所有人遺棄的人。瑞秋說的話反映了同樣的焦慮。這點出了一個重要的問題：有沒有可能，這種自我懷疑並非反映出某個實際的缺陷，而是孤獨所導致的誤解？

廣播結束後，我開始反思自己感到孤獨的那些人生時期。當一個人長期與孤獨為伴（不論是童年或成年後），它會深深滲入你的意識，影響你對所有事情（尤其是人格）的看法，把自己想成一個和周遭環境格格不入的人，擔心自己即使和別人在一起，依然會覺得孤獨。而殺傷力最強的念頭

是，開始自我懷疑，覺得自己一定在某個部分有很大的問題，才導致這種痛苦的發生。

我可以理解，長途運貨的卡車司機、失去好友而傷心的人，以及第一次離家的大學生為何會感到孤獨。我也能理解，試著融入美國郊區學校的我，為何在社交方面會覺得很沒有安全感。但我比較難以理解的是，像我這樣的成年人（周遭有人陪伴、交過知心朋友、做過有成就感的工作，以及擁有愛我的家人），為何偶爾還是需要和社交疏離與孤獨奮戰？我進一步想問，人到底為什麼會感到孤獨？

孤獨博士的重大突破

已故的約翰・卡喬波（John Cacioppo）是第一個把孤獨與飢餓和口渴做類比的人。他把孤獨視為必要的警訊，而且有生物化學和基因學的根據。他的研究成果在這個領域擁有極高的地位，許多人稱他為「孤獨博士」。

2017 年，我在華盛頓特區的美國衛生暨公共服務部與卡喬波結識。我的團隊邀請他分享研究成果，這屬於我們的心理健康與福祉計劃的一部分。卡喬波高高瘦瘦的，滿頭灰髮，他演講時表情極為專注，偶爾會露出足以使人放下戒心的溫暖微笑。

　　卡喬波之所以專注於研究孤獨，跟他在大學時發生的一場嚴重車禍有關。有一天，他開車不小心撞上了一匹馬，結果車全毀，他也受了重傷，幾乎喪命。在生死交關的時刻，他第一個想到的不是工作或名聲，而是摯愛的人。

　　這個經驗促使他以嶄新觀點，重新檢視自己的人生與學術研究重心。生命中最重要的是愛與人際連結，這個領悟並不奇特，卻非常深刻，導致他改變學習與研究的方向，聚焦於人際關係的生物學機制，以及社交連結與孤獨間的拉扯。

　　卡喬波後來在俄亥俄州立大學就讀研究所，對於大腦與社會行為的關聯，以及精神狀態可能對身體產生巨大影響的概念非常著迷。然而，質疑他的人（包括他的研究所教授）並不認為，心理因素的生物學機制是正統的科學研究。他們告訴卡喬波，社會因素與神經系統之間沒有關係。但卡喬波很確定，這兩者之間一定有關聯。他持續進行研究，後來與研究所同學兼老友蓋瑞・本特森（Gary Berntson）組成團隊，創立了「社會神經科學」（social neuroscience）這門研究領域，聚焦於了解生物學系統與社會過程的交互作用。

　　1999 年，卡喬波到芝加哥大學任教，他的研究得到了許多人的認同。他在芝大展開一項大型研究計劃，領導社會心理學系，並創設認知與社會神經科學中心。他在芝大的研究扭轉了現代社會對孤獨的理解，描繪出孤獨與連結對人類

生物途徑的影響。他用嚴謹的科學方法，使得人們願意承認孤獨是一門硬科學，值得投入更多關注。

　　卡喬波與他的團隊從歷史與生物學的觀點檢視孤獨。他們發現，人類對社交連結的需求，不只是一種單純的感覺或是基於便利性，而是源自數千年演化所產生的一種迫切的生物與社會需求。卡喬波主張，孤獨已經演化成一種用來滿足那種需求的警訊。

　　「孤獨就像是一座冰山，」卡喬波在 2016 年接受《衛報》（*Guardian*）訪問時說道，「我們能意識到它的表層，但從系統發生學的觀點來看，它的絕大部分埋藏在我們看不見的深處。」[1]

演化足跡

　　卡喬波對孤獨提出的演化理論源自一項觀察，那就是人類這個物種能夠存活下來，並非身體上的優勢，像是體型、力量或速度，而是我們擁有在社會群體裡互相連結的能力。人類會交流想法，協調目標，分享資訊與情感。「我們的力量來自溝通和合作的能力，」卡喬波如此說。[2]

　　2011 年，牛津大學的人類學家團隊提出一個五千二百萬年前的證據，足以支持卡喬波的理論。[3] 他們發現，最早

的猴子與猩猩並不是像科學家過去所認為的，兩兩成對的行動，而是以群體行動，而且包含雌雄兩性。這個研究的主要作者蘇珊・舒茲（Susanne Shultz）提出一個理論：這個習性發生在原本夜行性的靈長類動物開始在白天狩獵，而牠們在白天變得很容易被野獸發現。互相連結的價值顯而易見：人多勢眾可以創造優勢。

《社會大躍進》（*The Social Leap*）的作者、心理學家比爾・馮・希伯（Bill von Hippel）告訴我，[4] 群體行動對於三百萬年前的人類祖先格外有價值，此時南方古猿人的身體發展出了丟擲的能力。比爾說，「他們創造了軍事史上最重要的發明：遠距殺敵的能力。」在那個年代，即使有五十個獵人近距離圍攻一頭獅子，仍然可能死傷慘重，但丟擲能力使他們能夠從一個相對安全的地方投擲石頭出去。「遠距殺敵的能力改變了一切。從此人類開始產生群體合作的動機。假如我們互相協調並同時丟擲石頭，就能活下來。」

在演化作用下，人類變得傾向於合作，因為合作可以帶來優勢，為未來做計劃，分工也變得可行。人類祖先以團體的形式行動時，會輪流守望，留意狼群或劍齒虎的蹤影。受到攻擊時，就可以互相配合一同反擊，藉此提高戰勝老虎的機率，保住彼此的性命。此外，他們也可以把狩獵或採集得到的食物集中在一起，以減少某些人經常挨餓的情況。古代

的人類很快就學習到，一旦離開了群體，遭到攻擊或是挨餓的機率會大幅提高。

　　但那並不是人們團結在一起的唯一理由。待在群體裡也比較容易找到伴侶，讓部落能夠綿延不絕。當家族中值得信賴的成人互相合作，分擔養育下一代的責任，就可以確保部落的存續；當教導和保護孩子的工作是共同分擔，就產生了效率。因此，不只個體的生存要靠社交連結，人類的存續也要仰賴它。

　　除了基本的生存需求，連結也可以提高人類創新的頻率，使部落發揮創造力。「地球上只有人類這種動物，」比爾告訴我，「會想要和其他人分享腦袋裡的想法，即使不會馬上得到任何好處。」之所以這麼做，是因為它可以幫助我們達成共識、更了解彼此，這有利於更長遠的合作與效能。

　　透過互相合作，古代的人類解決了無法單獨解決的技術性問題。當他們彼此分享新發現，就把所知散播出去，進而加以提升。想像一下，當人類祖先一起討論火的用途，或是想出搭乘木筏過河的方法時，他們該有多麼興奮啊。

　　情感層面的知識也很有價值。那個獵人願意大方和別人分享獵物嗎？那個母親對待孩子的態度有沒有愛心？這個族長可靠嗎？我們能夠彼此信任、相信大家會互相幫忙嗎？「我們慢慢發展出尋求情感共識的行為，」比爾說道。人類

發展出記錄與培養這種共識的功能，成為「故事」，「如此一來，其他人才能了解我們的情緒反應。」

值得留意的是，我們祖先的預設模式是團結在一起。人類學家估計，狩獵採集者把三分之一的時間用於工作，三分之一的時間用於社交和陪伴孩子玩耍，三分之一的時間用來睡覺。他們有很多時間可以交流彼此的故事，因為大家總是聚在一起，而他們也喜歡這麼做。

「我們也逐漸發展出對獨處經驗的厭惡，」比爾說，「孤獨有可能從這時開始變成問題。」在這方面，故事同樣發揮了作用。

即使沒有人陪伴，故事仍然能使每個人覺得自己和他人相連結，進而產生一種歸屬感。這有助於解釋，「說故事」對於保全人類的價值觀、目的與身分認同，以及在情感層面使人們聯繫在一起，都扮演了極為重要的角色。自從有石洞壁畫以來，人類透過文字、圖畫、音樂和儀式，把自己的經驗編入故事中，一代傳一代。這些故事幫助我們了解自己是誰，為我們的掙扎帶來意義，在受苦或害怕時給予安慰。這些故事把我們凝聚在一起。

這代表社會演化與人類發展的演化密不可分，而這個過程仍深深埋藏在我們的集體潛意識裡，比爾如此對我說，「假如我不與其他人分享知識和情感，我就會覺得寂寞。」

　　根據卡喬波的觀點，之所以發生這種情況，是因為孤獨「充當一種信號，提醒我們要留意與處理社交連結的議題，而社交連結是人類獨有的特點。」[5] 當我們和一群關係緊密的群體或家人在一起，感受到「回到家」般的自在，我們會知道，社交連結的需求得到了滿足。緊密的私人關係不僅為生活增添喜悅與意義，也對健康、心情和表現產生正面影響。這樣的關係可以緩解緊張，使我們得到需要的協助和支持，度過人生中在所難免的挑戰。彼此的連結愈強，我們的文化就愈豐富，社會就愈強健。

天生愛連結

　　現在我了解，人類對於連結與孤獨有種演化上的需求，接下來的問題是：這種天生傾向是怎麼運作的？於是我去向在加州大學洛杉磯分校研究基因體的史提夫·柯爾（Steve Cole）求援。社交連結有益於身體健康的生物學解釋會是什麼呢？

　　柯爾告訴我，人際連結的好處，除了保障人身安全與食物供應這些務實的理由之外，還可以降低身體的壓力反應。利社會行為（像是幫助他人）可以降低焦慮與被威脅的感覺，產生更大的安全感。他還說，這種連結導致的低壓力狀

態，其實是我們預設的。和其他人在一起不僅使我們感到比較舒服，也會覺得自己處於正常狀態。

我們可以從多種荷爾蒙與神經傳導物質對身體的影響，包括催產素、多巴胺和腦內啡，找到支持這種生物學機制的證據。催產素的希臘文意指「快速的生產」，它最為人知的角色，是在懷孕、分娩、哺乳過程與母嬰關係中發揮作用。此外，因為它能夠減少恐懼和緊張感，也有助於增進群體中的人際聯繫。[6] 腦內啡是人體自然產生的鴉片類物質，可以產生亢奮、愉快的感覺。當我們感到疼痛或在運動時（例如「跑者的愉悅感」），身體會釋放腦內啡。

當我們與其他人產生肢體接觸、同步進行活動時，身體也會釋放腦內啡。這可以解釋，跳舞為何那麼容易使人陷入愛河。此外，多巴胺是大腦酬賞系統的主角，使我們產生強大的動力，想要尋求連結。當我們感到孤立時，大腦就會釋放多巴胺，驅使我們尋求他人的陪伴。[7]

或許我們自以為並未一直想著社交連結的事，但事實上它占據我們腦海的時間，比覺察到的更多。加州大學洛杉磯分校的另一位神經學家馬修・利伯曼（Matthew Lieberman）在過去二十年間，利用功能性磁振造影（fMRI）觀察人們在說話、擁抱、解決數學問題及獨自坐著時的大腦活動。他發現，人類仰賴兩種不同的網絡來進行社交和非社交思考。

他把這兩種網絡之間來回的活動比喻為「神經蹺蹺板」。當我們正在處理報稅資料、做化學作業或是建造橋梁時，非社交路徑會被啟動；當我們和朋友一起吃午餐、陪孩子寫功課時，就換成社交網絡被啟動。

利伯曼想要知道，當我們放鬆休息、什麼事也不做時，大腦裡發生了什麼事？預設的運作網絡是什麼？他得到的答案讓他大吃一驚。

「每當非社交思考結束後，」他告訴《科學人》雜誌（*Scientific American*），[8]「我們的大腦幾乎立刻回復社交思考網絡，彷彿是本能反應。」換句話說：「演化的力量傾向讓大腦一有空閒時間，就從社交觀點看這個世界……。我們天生是社交動物。」

這代表我們隨時隨地在為了下一次的會面、戀愛、對立而做準備。即使沒有意識到這件事，即使自認是內向或工作導向的人，事實上，我們把大部分的時間用來想著別人的事。利伯曼說，有很大程度是因為，我們與其他人的關係定義了我們是誰。

利伯曼解釋道，在人類雙眼之間，有個區域叫內側前額葉皮質，當我們思考關於自己的事、做出個人決定時，這個區域會產生活動，像是等一下要穿什麼衣服，或是我們對自己容貌的看法。神經學家把這個活動描述為「自我處理」

（self-processing）。回想過去的經驗或感受時，也涉及這種活動。它形塑我們的身分認同，而且似乎全然的自我中心。不過利伯曼說，這裡有個隱藏的陷阱。

假如自我處理是純然的內在導向，那麼當我們把注意力轉向其他人時，內側前額葉皮質應該不會有活動。然而情況恰好相反。我們與他人互動時，這個所謂自我中心的區域，變得更活躍了。換句話說，當我們進行社交活動時，我們仍持續在定義自己。

利伯曼進一步表示，身分認同就像個社交海綿，會吸收其他人的影響。當然，每個人被外界暗示影響的程度不同，但或多或少都有，不論是否有意識到這一點。當某人試圖討好或說服我們時，我們對此人愈感興趣，就愈可能接受他的看法。利伯曼把這個過程比做特洛伊木馬：「在黑暗的掩護下，讓他人的想法偷渡進來而渾然不覺。」[9]

因此，大腦變得會自動尋求連結，把思緒集中在他人身上，並利用周遭的人來定義自己。在我看來，這個情況可說是好壞參半。假如「吸收」的對象是我們欣賞與信賴的人，那當然很好，但若影響我們的人是騙子或敵人時，會怎麼樣？有什麼東西能阻止我們被太多人影響？我們絕對需要他人進入我們的生命，幫助我們成長茁壯，但連結容量不能沒有極限。演化必定提供了某種機制，防止社交電路超載。

是敵是友？

2017 年，卡喬波在《大西洋》雜誌（*Atlantic*）的訪談中說明這個難題。[10] 他說，早期人類「並不完全只對別人做正面的事。我們會互相利用，我們會懲罰彼此，威脅彼此，也會脅迫他人。」這會形成一個決定生死的風險。「假如我將某人誤判為敵人，但事實證明他是個朋友，那倒還好。我不會立刻和別人變朋友，但至少可以活下來。然而若將敵人誤判為朋友，有可能會喪命。」

我們不僅需要神經網絡驅使我們與他人連結，也需要一些機制，幫助我們決定不能和誰交朋友。如同卡喬波所說的，這個機制的關鍵在於信賴。說白一點，就是快速區分誰值得信賴、誰不值得信賴。人類在出生後的頭一年，便開始發展這種能力。

以嬰兒為對象的研究發現，打從人生一開始，大腦的社交海綿對每個人都同樣留意。新生兒沒有偏好，他們會被人的臉孔吸引，在出生後的頭兩個月，幾乎任何臉孔都可以吸引他們的注意。[11] 他們注視猴子臉孔的時間，和注視自己父親臉孔的時間相同。[12] 此外，新生兒分辨不同臉孔的能力極為驚人，即使是不同猴子的臉孔也能分辨。他們也能區分不同種族的臉孔，例如出生後第一個月，白人寶寶能夠分辨不

同的亞洲人的臉孔，或是不同的非洲人的臉孔。在人生的初始階段，地球上的所有臉孔似乎都屬於他們可以信賴的家族。

到了三個月大時，研究者發現寶寶對於和自己家庭成員同種族，以及種族特點相同的臉孔，開始產生偏好。一個被研究者稱為「知覺窄化」（perceptual narrowing）過程，會將寶寶信任的小圈子以外的臉孔模糊化。於是，寶寶開始難以分辨其他種族的臉孔，但對與他們最親近、最熟悉的人，能夠覺察到更細緻的特點與信號。[13]

鑑於人類的親密互動極複雜，這種窄化作用可以發揮實際的功能。寶寶若要與照顧者發展出緊密連結，就需要學習如何解讀照顧者透露的線索，包括肢體語言、語調、語言模式、臉部表情，以及眼球的移動。他們必須設法知道，如何評估媽媽的情緒反應、哥哥是否值得信賴，以及爸爸的心情是好是壞。他們也必須找到方法對那些線索做出回應，以便將家庭成員凝聚在一起，增強自己受到保護與信賴他人的感覺。這種早期的訓練形成了依附、關係與愛的基礎，需要使用大量腦力，而知覺窄化有助於讓腦力聚焦。

值得一提的是，即使是現今最複雜的人工智慧，也比不上這些錯綜複雜的信號系統，更比不上這些系統透過大腦所促成的深刻人際連結。這是社交科技網絡難以取代面對面溝

通的原因之一，而且很可能永遠無法取代。

那些嬰兒不再感興趣的陌生臉孔，後來怎麼了？結果是，那些不熟悉的種族及種族特點的臉孔，會逐漸變得模糊，難以分辨。研究發現，只接觸一個種族的嬰兒，到了九個月大時，白種嬰兒無法分辨不同的中東人臉孔，[14] 同樣的對中國寶寶來說，所有白種人的臉孔看起來都很像。[15] 當我們接觸過其他種族及種族特點的臉孔之後，比較能夠分辨，但永遠無法重拾一出生時那種辨識臉孔的無差別能力。人生最早期的經驗，使我們把注意力聚焦於對我們最重要的人。

一個類似的修剪過程也發生在語言能力上。人類一出生時，擁有學習任何一種語言的潛能。經過一段時間後，我們會只剩下學習母語的能力。我們必須把母語學好，才能與族人溝通，因為只有族人才能保護我們的安全。這正是大多數的人年紀愈長愈難學會外國語的原因。

在久遠的部落世界裡，這種知覺窄化發揮了關鍵效用：鞏固歸屬感，以及使親族成員不會誤把潛在敵人當朋友。但是，假如有人離群索居或被不能信賴的外人圍繞，過著孤單無依的生活，他們該怎麼辦？卡喬波說，這時隱藏在孤獨之下的過度警覺反應就會被啟動。

不論是獨居或被陌生人圍繞，落單的個體一察覺到孤立的跡象，交感神經系統就會進入警戒狀態，引發恐懼的感

覺，隨時做好戰鬥或逃離現狀的準備。這種壓力反應的核心部分，是一種叫做兒茶酚胺的荷爾蒙（例如腎上腺素）的激增。這種荷爾蒙會分布全身，導致瞳孔和氣管擴大，加速心跳，提高流到肌肉、心臟和大腦的血液量。「下視丘―腦下垂體―腎上腺軸」（HPA axis）也會被活化，信號從大腦的下視丘出發，來到腦下垂體，然後是腎上腺，引發礦物皮質素與腎上腺皮質醇的釋放，導致血壓和血糖值升高，使我們渾身是勁，隨時可以戰鬥。在這個意義上，我們的身體把孤立狀態（甚至是可能陷入孤立）解讀為一種緊急情況。

升高警戒的狀態，使落單的人類祖先能夠偵測到最細微的信號，例如顯示野獸可能正在接近的聲響、氣味或是光線變化。此外，肺臟能吸入更多空氣；肌肉能產生更大的力量，也能加快行動速度；心臟能夠把更多血液和氧氣送到重要器官。一旦受傷或受感染，免疫系統就會被啟動，整個身體進入自保狀態，注意力高度集中，用來偵測所有的信號。此時，比較不急迫的思緒（像是欲望、猜想或是反思）會被忽略，睡眠變淺且零散，因為生怕野獸趁著暗夜襲擊。

在危急時刻，這種過度警覺可以發揮保命作用，同時也使身體承受極大壓力，不能持續太久。不過，這個無法持久的特點足以驅使落單的個體盡快回歸部落的懷抱。

數百萬年以來，對於孤立狀態過度警覺的反應，已經深

植於我們的神經系統，激發與孤獨相關聯的焦慮。當我們覺
得孤獨時，身體會以為我們還活在環境惡劣的凍原，被野獸
與陌生的部落圍繞，於是做出反應。若孤獨狀態持續存在，
身體為了提供短期保護作用而釋出的壓力荷爾蒙，會增加全
身心血管的壓力與發炎狀況，產生長期的破壞作用，進而造
成器官和血管受損，提高形成心臟病與其他慢性病的風險。
研究也發現，孤獨會導致白血球基因表現發生變化，增加發
炎情況，降低對病毒的防禦力。[16]

　　卡喬波也幫助我們明白，孤獨導致身心耗竭的另一個方
式：破壞睡眠品質。當我們陷入深度的孤獨時，往往睡得很
淺，而且經常醒來，就像人類祖先為了防止被狼群或敵人攻
擊而無法熟睡一樣。卡喬波的團隊，包括經常與他合作的芝
加哥大學心理學家露薏絲・霍克利（Louise Hawkley），發
現孤獨的人在半夜會多次脫離熟睡狀態，雖然他們可能以為
自己一覺到天亮。這種片段甦醒（microawakening）會破壞
睡眠品質，使他們在白天疲倦易怒。[17]

　　人體對孤獨的總體壓力反應，是為了提高我們的生存機
率而存在，但假如持續太久或發生得太突然，可能適得其
反。極端壓力反應的一個例子是章魚壺心肌症（takotsubo
syndrome），又稱「心碎症候群」。

　　章魚壺心肌症是在 1990 年由日本提出，名稱源自一種

壺形的捕章魚陷阱（章魚壺）。人們發現，在承受極大壓力的情況下（像是過度悲傷），心臟收縮力最強的心室會變成章魚壺的形狀。

多數人都曾經歷過心碎的痛苦，失去摯愛的人所造成的孤獨感，通常會隨著時間減退，尤其當我們有強大的情感支持為後盾時。然而在某些罕見的情況下，親人離世的的強大衝擊，有可能真的使人心碎。

我上高中時，外公因為心臟病突發而病逝，我親自見證了這種心碎的生物學力量。我和外公很親，他是我失去的第一個重要親人。我非常傷心，他的弟弟也是。他們兄弟倆在非常艱苦的環境下長大，母親在他們很小的時候過世，繼母放他們自生自滅。兄弟倆經常挨餓，衣服總是破破爛爛的，晚上也沒有床可以睡。多年來，兩人相依為命，沒有人管他們的死活。他們一輩子就像雙胞胎一樣親密。因此，外公的過世對外叔公來有如晴天霹靂，悲痛得不能自已。

「你走了，丟下我一個人，」他淚流不止的說。接下來他用手抓住胸部，然後倒下。不久後，他就被宣告死亡。

十年後，我接受住院醫生的訓練，當我看到一些病患因為情緒過度激動突然心臟衰竭，我就想起外叔公。我明白，外叔公的情況就是章魚壺心肌症。由於痛失親人的衝擊在剛得知摯愛的人過世時最為強烈，因此那時也是章魚壺心肌症

發生風險最高的時候。

是什麼原因，使我們的心臟以這種方式回應痛失親人的悲傷？在醫學層面，悲痛造成的衝擊，會使身體充滿大量的腎上腺素與其他壓力荷爾蒙，導致心臟擴張，失去一部分收縮功能。當血液淤滯，就會回流到肺部，造成呼吸困難，最後導致全身腫脹。伴隨章魚壺心肌症所產生的胸痛與喘不過氣，看起來很像是心臟病發作。因此，雖然章魚壺心肌症發生時若立刻得到支持性醫療照護，一般可以搶救成功，但它經常被誤診。

然而，痛失親人為何會引發荷爾蒙大量釋出？簡單說，這種悲傷信號引起的生化反應，與遠古祖先脫離部落、獨自面對荒野裡種種充滿威脅的不確定性時，所體驗的壓力狀態，基本上如出一轍。它就像是經過濃縮的高劑量孤獨。

孤獨的矛盾現象

假如孤獨對健康如此不利，我們應該會一察覺社交孤立的跡象，就盡可能與他人連結。一般的情況確實如此。在人體內生物途徑正常運作的情況下，伴隨孤獨而來的焦慮會驅使我們去尋找「自己人」，所以我們會回家找媽媽或者擁抱伴侶；我們會幫鄰居的忙，或是打電話給老朋友。假如能找

到信賴的人並與他們連結，一旦他們有所回應，並且表達出真正的理解，孤獨感就會消退，壓力狀態就會解除。這是多數人度過情境式孤獨（situational loneliness）的方法。所謂情境式孤獨指的是，當我們搬遷到新的城市，或是到新學校就讀、剛換工作時，突然感受到的那種失落感。

但有時我們不一定能找到或形成那種連結。長期處於孤獨狀態，多數人會產生退縮的傾向，不論我們是否刻意這麼做。卡喬波發現，當我們感到孤獨時，對威脅的感知會起變化，導致我們拒絕別人的關心，在友善的社交機會中只看見風險和威脅。卡喬波的妻子史蒂芬妮是一位神經學家，夫妻倆是工作夥伴。卡喬波過世後，史蒂芬妮接續並拓展卡喬波在芝加哥大學的孤獨研究。史蒂芬妮發現，孤獨者大腦偵測社交威脅的速度是一般人的兩倍。[18] 這個反應似乎違背了演化發展出來以預防孤立狀態的機制，但從演化的立場來看，這個反應其實很合理。

當落單的人類祖先失去了群體提供的安全保障之後，他就必須對最小的威脅也做出防禦性反應，因為那些威脅可能帶來致命危險。但在現代生活中，那種過度警覺會導致我們對無害或甚至善意的人與情境，做出錯誤解讀。進入自保模式的我們會迴避他人，甚至懷疑向我們伸出援手的人。長期的孤獨狀態使我們拒絕別人的邀約，甚至不再接電話。

　　過度警覺也會使我們只想著自己的需求和安全感，而在其他人看來，這似乎是自我涉入（self-involvement）的表現。「對威脅的感知起了變化」及「聚焦於自我」這兩個元素，導致我們在孤獨時難以與他人互動。

　　然後，反作用開始出現。原本想要幫助我們的人，開始轉身離開，使我們覺得更加形單影隻，陷入懷疑、忌妒與忿恨的惡性循環。孤獨感愈來愈嚴重，與他人間的裂痕也擴大為疏遠。顯然，解決方法不是告訴受孤獨之苦的人去參加派對，或是「只要去找其他人」那麼簡單。

　　「這個情況令人不安的部分是，」加州大學洛杉磯分校的柯爾注意到，「我們創造了一個與歷史預設狀態不同的生活文化。我認為，人類的預設狀態是放鬆與自在，而且傾向於綁定在休息狀態。但實際上，很少現代人有這種感覺。我們和鄰居圍坐在營火邊聊天的情況並不常見。反之，我們總是忙得像個打轉的陀螺，為了工作疲於奔命。因此我認為，現況和生理機制所支持的狀態已經相去甚遠。」

　　有時，我們會覺得世界對我們具有威脅性，於是產生一些負面感受，而孤獨會使這些負面感受倍增。此外，現代社會的多元性與流動性不斷提高，使我們與世隔絕的狀態更顯尖銳。當我們處於壓力荷爾蒙激增及被陌生人圍繞的狀態下，更容易受文化偏見、種族刻板印象，以及歧視性做法的

影響。我們會錯誤解讀社交線索，並在沒有社交威脅的地方硬是看出威脅。小小的不悅可能導致誇大的反應：放錯位置的筆或是不小心灑出來的飲料，都可能使我們抓狂，或是覺得世界末日降臨；別人超車到你前面，會被你視為挑釁；當你搬家到新社區、展開新工作，或是到新學校就讀，卻發現每個人似乎都屬於某個你無法加入的「小圈圈」，孤獨有可能使你更難和別人交朋友。

　　那麼，我們為何不訓練身體對孤立狀態做出不一樣的反應？卡喬波夫婦檢視過這個問題。他們注意到，事實上每個人被孤獨感染的難易度並不相同。有人覺得自己打從一出生就被孤獨圍繞，另一些人則只是偶爾與孤獨有短暫交會。對某些人來說，孤獨的痛苦令他們痛徹心扉，有些人只體驗到輕微的苦惱。

　　卡喬波認為，就演化的觀點來說，這種差異性很有效用，代表群體中的某些成員「會因為與外界隔絕的狀態令他們非常痛苦，而願意挺身保衛部落」，另一些成員「願意探索外面的世界，但因為與群體的連結夠強，使他們最後願意回到部落，與族人分享他們發現的東西」。[19]

　　然而這帶來更多問題：這個差異性是選擇還是制約所導致的？是因為某些人由於生活經驗的磨練，而變得比其他人更不信任別人，還是遺傳造成的？

卡喬波與同事對孤獨進行了全球第一個全基因體關聯分析（genome-wide association study），並於 2016 年在《神經精神藥理學》雜誌（*Neuropsychopharmacology*）發表結果。[20] 他們確認，基因確實與慢性孤獨有關聯，但比不上人生經驗與環境因素造成的影響。

他們以超過一萬名、五十歲以上的人為對象，進行資料分析。得到的結論是，根據共同遺傳變異分析的結果，相較於偶爾因為環境而覺得孤獨的人，一輩子覺得孤獨的傾向，介於 14% 到 27% 之間。其他的研究（包括雙胞胎）發現，孤獨的總體遺傳率高達 55%。[21] 不過，我們需要留意一個重點：孤獨並非獨立存在的狀況，而是一種情緒反應。「我們遺傳到的不是孤獨，」卡喬波說，「而是失去連結的痛苦感覺。」[22]

意思是，孤獨的總體經驗是由基因、過去的經驗、現在的處境、所處的文化，以及個性所形成的複雜產物。我們幾乎無法指出，在某一天所感到的孤獨是哪個因素造成的。

若考慮到孤獨與焦慮症或憂鬱症的交集，以及它們通常是一起被遺傳，那麼回應孤獨的挑戰就變得更複雜了。三者並立的情況，有時會造成混淆，都會對心情產生負面影響，造成社交退縮。它們會互相滋養，因為憂鬱症和焦慮會阻礙我們與他人連結，加深孤獨造成的痛苦。

真實痛楚

住在倫敦的蜜雪兒・羅伊（Michelle Lloyd），非常清楚憂鬱症、社交焦慮和孤獨綁在一起是怎麼回事，因為她人生的大部分時間都在與這三者打交道。蜜雪兒現在三十多歲，擔任人事經理，她透過部落格吐露自己的心情。想寫部落格的一個原因是，她想幫助其他人理解，有這三種狀況的人所表現出來的社交反應。

她發現，要解釋孤獨、憂鬱症、社交焦慮之間的差異，以及三者之間有什麼交集，其實並不容易。

「我想，要做出區別真的很難，」蜜雪兒說，「孤獨可能會導致心理健康問題，而若你有心理健康問題，你會更容易感到孤獨。當你正在與憂鬱症和焦慮共處時，要了解自己的狀態是很困難的事，更別提要讓別人進入你的內心，試著去了解你。當我正與心理問題奮戰時，我可能會拒人於千里之外，因為害怕別人會評斷我，或是因為我不想誠實面對問題。不過，這會導致我失去朋友，而失去朋友可能使孤獨的感覺變得更根深柢固。」

這聽起來像是殘酷的循環。我很想知道，她的內在掙扎是什麼時候開始的。

「我想，我第一次感到孤獨，是在很小的時候。我覺得

自己和其他的小孩不大一樣，因此我花很多時間獨處，比朋友獨處的時間多更多。我的父母後來離了婚，這件事讓我覺得非常、非常孤單，因為我沒辦法和任何人說這件事。」

那麼憂鬱症呢？

「憂鬱症和焦慮是在我上大二的時候真正確立的。我大部分的時間都把自己關在房間裡，不和任何人互動，也不告訴別人原因。我向家人、朋友和所有人隱瞞這個情況。」

大學畢業後，蜜雪兒住在曼徹斯特。「我開始工作，剛結束一段感情。我覺得非常孤單、也非常無助，覺得活著很沒意思，但我從來沒想過要輕生。我只是希望不要再有任何感覺，不要再去面對人生。」

後來，她去看精神科，醫師開了抗憂鬱劑給她，從此一直服藥到現在。「但你知道嗎？」她說，「很多人其實只是想要有個說話的對象。我有去求醫，但我覺得那些醫師無法給我私人的關懷。然後你會想，世上怎麼可能有人想要當我的朋友？怎麼可能有人想要認識我？」這個念頭再度使孤獨感浮上心頭。

「孤獨這件事是這樣的，你愈覺得孤單，就愈會認定每個人都討厭你，於是你就愈不想去接觸別人。這是一個惡性循環。」

那麼社交焦慮是怎麼出現的？

　　蜜雪兒告訴我，和一大群人在一起往往使她緊張不安。「經常發生的情況是，我和朋友去參加活動，但中途我就必須離開，因為我會覺得非常不舒服，然後恐慌情況發作，所以我不得不離開。身處於一個沒有退路的情境，其實很痛苦。所以我一定會先想好提早回家的藉口。

　　「假如我在某個情境中感到焦慮，我寧可獨處。這有時會給人一種不禮貌或是冷漠的印象，不過我只能用這種方式應對。我現在對朋友開誠布公的程度，比從前進步很多了。他們會說，『你可以只待一個小時，隨時可以離開。』或是『你不必覺得你需要待一整晚。』這讓我好過很多。」

　　令人意外的是，蜜雪兒喜歡和其他人待在一起，但她真正在意的是連結的品質。她最珍惜的朋友，是那些知悉且了解她為了憂鬱症和焦慮所經歷的掙扎的人，他們並不小看她的掙扎，或是將她的狀況汙名化。

　　「我會對一小群我挑選過的人開誠布公，因為他們懂我。我想，讓別人稍微看見自己最真實的一面，其實是件好事，因為當你敞開自己，接納與其他人的連結，它就會發生。假如你逃避接觸外界，就會讓孤獨狀態持續下去。」

　　同時，退縮也可以被視為一種信號，代表她的憂鬱症惡化了。「我通常察覺得有點太遲，」她老實說，「我和家人很親，假如我不接他們的電話，就代表我可能快要陷入心情

非常低落的狀態。假如我開始迴避其他人，我就知道我可能開始進入惡性循環。我依然會設法上班，但我真的只是去上班，下班後直接回家，然後結束一天。」

我很想知道，她還想出哪些策略，來管理自己的憂鬱症和焦慮，不讓孤獨找上她。

她說，答案是互動交流，但只和她最親近的朋友。「我會試著和某個人聯絡，用訊息或電郵簡單說，『我這個周末過得不太好，你想找一天和我喝個咖啡或做其他事嗎？』我會盡最大的努力，即使心裡真正想說的是，不，我誰也不想見。我也會盡量對別人更坦白一點。若某個人了解你正在經歷的事情，並且能感同身受，你們之間就產生了羈絆。這不是為了交朋友而交朋友。必須有某個東西把你和對方牽在一起，你們之間必須有某種連結，而且必須是自然發生，不能勉強。」

她彷彿必須強行壓抑憂鬱症和焦慮在她體內的作用，來做到這些事，但她還是盡力做了，因為她知道，這些人際關係擁有療癒的力量。

「這真的讓人很累，」她承認，「因為你必須無視內心的恐懼。但我發現，當我稍微跨出舒適圈一小步，就會得到回報。過去幾年來，我意識到有很多人也有和我類似的問題。他們其實一點也不詭異或奇怪。這些狀況真的很普遍，

只是我們都避而不談。」

　　蜜雪兒的故事為我們突顯出，憂鬱症、社交焦慮與孤獨的感受有什麼差異。但是有個問題依然存在：這三者間的關係為何如此牽扯不清？大家都知道，孤獨是憂鬱症的一個很大的風險因子，但這兩者只是恰好共存於某些不幸的人身上，還是它們之間有密切的關聯？

　　我向紐約的心理學家蓋・溫奇（Guy Winch）提出這個問題，他著有《情緒 OK 繃》（*Emotional First Aid*）一書。

　　「我將它們視為不同的臨床實體，」溫奇對我說。「某些人可能覺得孤獨，但依然對於正在做的事情非常感興趣，不論是嗜好或工作。憂鬱的人不會展現太多活力，或是對任何事物的興趣或熱情。它是更總體、更系統性的狀況。」

　　「它們為何如此相似？」我問。

　　「長期憂鬱的人最後可能會變得孤獨，這只是因為他們沒有經營人際關係，」他回答，「孤獨的人若處於極度孤立的狀態，就有可能變得憂鬱，而人們有可能在很短的時間內就陷入極度孤立的狀態。」

　　溫奇以一位患者的例子來說明。這位患者以為自己有憂鬱症，於是前來求診。但事實上，他感受到的只是與配偶失去連結的狀況。當他能夠與配偶再度交流，憂鬱的症狀就解除了。「他的狀況是孤獨，而不是憂鬱。」

溫奇說，遇到這種案例時，「我會和他們密集處理連結的問題，或許是用新的方式與配偶連結，也可能是用具體方式與老朋友連結。」

另一方面，他經常遇見極度憂鬱、但與其他人有很深連結的患者。「他們有深愛他們的配偶。在陷入憂鬱狀態之前，他們非常清楚這個連結的存在。陷入憂鬱之後，他們會覺得那個連結被關閉且奪走，不過一旦憂鬱狀態解除，又會再度感覺到連結。」

至於社交焦慮，個人經歷所扮演的角色，和基因一樣重要。關於孤獨，有個基本假設，那就是人際關係有助於減輕孤獨，然而並非所有的人際關係都是我們想要的，或是可以幫助我們得到連結的感覺。柯爾解釋說，「人類是彼此的重要資產，但也可能是巨大威脅。」

卡喬波如此解釋：「你會有與其他人連結的動機，但胡亂和別人連結也可能會導致死亡。某個神經機制會啟動，使你對於連結產生些許的懷疑或猶豫不決。」[23] 此外，假如你經常受到很深的傷害，那麼那個神經機制有可能變得強大到令人痛苦。」

假設你成長期間被家人虐待或漠不關心，你可能會發現自己很難信任陌生人，在面對陌生的社交互動時極度焦慮，因為你很害怕再度受到傷害，這是情有可原的。

柯爾研究孤獨造成的影響（細微到分子學層次），他表示，重複出現或是巨大的威脅實際上會改變大腦，背負著情感傷痕的人會「對威脅與拒絕形成一種神經生物學的敏感度」。對於天生有社交焦慮傾向的人而言，這種敏感度反映出他們的天性，而對於同時具有社交焦慮遺傳傾向和痛苦的社交史的人，焦慮的天性會被增強。不論有沒有意識到自己在社交情境中總是充滿戒心，這些人總在評估周遭的人是否值得信賴，試圖區分誰是潛在的朋友和敵人。

「假如我的成長過程很坎坷，」柯爾說，「當我進入陌生的社交場合時，我不會和我遇見的第一個人交朋友。」

我們的第一個反應往往是謹慎與警覺。但在他人看來，這個反應似乎顯得有所保留、冷淡，甚至是傲慢。生性友善的人或許會因此覺得被冒犯，並遠離你。於是，在沒有察覺的情況下，對社交威脅的恐懼變成了你被他人拒絕的「自我實現預言」。

柯爾表示，我們要留意的一個重點是：並不是每個天生對威脅與拒絕非常敏感的人，都同樣容易感到孤獨，因為每個人的個性不同。有些人天生內向，像是蜜雪兒。這種人喜歡彼此互信的小型社交圈，喜歡一對一或小群體的互動，而非大型的團體活動。他們通常喜歡獨處和觀察別人，而不是直接與陌生人互動。唯有當你想要得到連結與接納，卻無法

順利獲得，才會產生孤獨的感覺。上述的情況是，你容易感到孤獨，是因為人生經驗使你養成害怕被別人利用或傷害的習性。柯爾說，那形成了「被一大堆人圍繞卻覺得孤獨的經典矛盾現象。」

我在就讀醫學系三年級時，開始到醫院實習。我們把情緒痛苦和身體痛苦區分開來的一貫做法，令我感到驚奇。遇到身體有疼痛症狀的患者時，我們會盡快判斷疼痛的來源，問患者問題，檢查患者的情況，進行實驗室檢驗和影像掃瞄檢查，積極監控與治療患者的疼痛。當我們發現患者的狀況是情緒上的痛苦，我們會以關心和同情應對，但往往認為不需要太擔心，後果也不像身體疼痛那麼嚴重。當時很少人明白，在大腦中，兩者的區別其實比我們想像中的還要小。

顯示情緒痛苦與身體痛苦的感覺神經纖維，在大腦裡是相同的。這意味孤獨、喪失或失望的感覺，能夠產生類似於生理創傷造成的症狀。[24] 研究者發現，若你察覺有人在迴避你，你的退縮反應可能和被人打了一巴掌類似。功能性磁振造影顯示，遭到迴避和被打一巴掌激發的腦部活動，都在同一個區域（背側前扣帶迴皮質）。[25]

神經學家娜歐蜜‧艾森伯格（Naomi Eisenberger）與心理學家納森‧德渥（Nathan DeWall），利用止痛藥泰諾（Tylenol）來檢驗這個效應是否為真。

　　他們進行兩個實驗，把受試者分成兩組。在第一個實驗中，他們讓其中一組人每天吃泰諾，連續三周，另一組人則吃安慰劑。[26] 結果，吃泰諾的人感覺到社交心痛的天數比另一組人少。第二個實驗利用線上遊戲 Cyberball，讓受試者與另外兩位玩家一起玩這個英式橄欖球遊戲。遊戲進行時，另外兩個玩家只和彼此傳球，冷落受試者。順帶一提，艾森伯格與利伯曼先前曾透過實驗證明，受試者玩 Cyberball 時若被其他人冷落，大腦的背側前扣帶迴皮質和前腦島的活動會增加，這兩個區域正是當身體感到疼痛時，大腦被激發的地方。[27] 然而在使用泰諾的實驗中，比起服用安慰劑的人，服用泰諾的受試者在那兩個區域的活動顯著較少。

　　這些研究與其他相關研究，確認了大多數人猜測的一個現象：被拒絕真的會痛。這些研究也顯示，情緒和身體的痛在大腦以非常類似的方式被處理。

　　身體和情緒的痛苦在大腦的交集幫助我們明白，當人們因為孤獨感到痛苦時，為何會向效果更強大且更危險的物質（像是鴉片類止痛劑和酒精）尋求慰藉。尤其是關於鴉片類藥物泛濫的問題，我們已經愈來愈清楚，人們之所以使用它，往往與情緒痛苦有很大的關係。鴉片類藥物致死的案例現在已被歸類為死於絕望，不是沒有道理的。

　　雖然我們已經把孤獨與其他造成情緒痛苦的狀況，視為

使用鴉片類藥物及成癮的風險因子，但向大眾的宣導做得還不夠。此外，我發現反向路徑同樣成立：社交連結是成癮者復原過程的關鍵要素。

在我擔任醫師和署長期間，遇過無數鴉片類藥物、酒精和其他物質成癮的人。回顧那些走過人生黑暗期、得到康復的案例，幾乎所有人都表示，他們能夠成功戒癮，是因為有可以信賴的另一半、或是一群關係親密的家人或朋友。孤獨雖然可能致命，但人際連結的療癒潛力更大。

這些研究似乎都確認，我們想要和他人連結的動力，其實是人類最重要的生存本能之一。我們透過人際關係，得到成長茁壯所需要的情感養分與力量。這個本能如此強大，以致當我們失去連結時，它會引發真正的疼痛感。而痛苦對生存所扮演的角色是，提醒我們要留意痛苦的源頭，唯有如此，我們才能解決它。

當我想起愛荷華卡車司機所煩惱憂慮的問題：懷疑自己是不是哪裡「有問題」，我真希望我能有機會跟她聊聊，消除她的疑慮。她的感受非常合乎常情，而且必要。她的情緒只是在警告她，生活已經失衡，需要好好照顧自己的社交需求。孤獨只是在向她發出信號，而不是在指責她。它只是想要提醒，她需要再度與他人連結，而且這件事至關重要。

若先不考慮演化的事，我們今天對於社交連結的需求和

遠古祖先沒有兩樣，甚至更高，因為世界變得愈來愈複雜，使我們很容易感到迷失與被人遺忘。或許我不需要加入狩獵行動來確保家人不會挨餓，但我仍然需要有人和我一起吃飯。或許我不需要和鄰居輪流警戒，注意野獸的出沒，但是假如我太太和我知道，我們和鄰居之間會守望相助，我們就會更有安全感。

孤獨是個內建的警訊，它提醒我們，當我們團結在一起，我們會變得更強大，不只是做為氏族與部落或是家人與朋友，而且是做為互相關懷的社群。這樣的社群正是形成健康的文化的基石。

3 不同文化下的人際互動

「友誼除了耕耘心靈深度，再無其他意義。」──紀伯倫《先知》

「把它稱作氏族、網絡、部落、家庭都行。不論你怎麼稱呼它，不論你是誰，你都需要它。你需要它，因為你是人類。」──珍・霍華德，《家族》(Families)

假如連結的需求與孤獨的信號仍埋藏在我們體內，代表兩者也對全世界人類社會與文化的演化，扮演了重要角色。然而，不同地區與文化傳統對於社交連結的看重程度，有非常大的差別，進而影響了社會裡的個體是否感到孤獨，以及他們對孤獨的體驗是什麼。

我開始思考這個議題，是因為我和我太太愛麗絲有一次搭優步去機場時，我們和年輕的司機聊起家人。他來自衣索比亞，他說家鄉最令他懷念的部分是，周遭的人會照顧你，

而你也會照顧他們。「你可以把孩子交給鄰居，離家四、五天，他們會幫你照顧孩子。那是我們的做法。我們會煮飯一起吃，照顧彼此的孩子，花很多時間待在一起。」

我和愛麗絲是雙薪家庭，有兩名幼子，家人都住得離我們很遠。愛麗絲和我對司機最後說的那句話非常感興趣，而且想了解更多詳情。

他告訴我們，他的老婆小孩還留在老家。我問他，是否會覺得寂寞。「當然，我很想念他們，」他說，「但我在華盛頓特區遇到了其他來自衣索比亞的家庭，我們建立了和家鄉類似的小社群。有彼此的陪伴，所以不覺得孤單。」

愛麗絲和我對望了一眼。他所描述的景況似乎和我們所在的世界天差地別。日常生活中，我們和許多朋友一樣，採取權宜之計來解決問題：雇用保母幫忙帶小孩，以維持工作與生活的平衡。當需要帶著孩子出差時，便從評價高的網站尋找臨時保母，與我們同行。設法讓孩子帶著追蹤裝置，當他們基於各種理由必須跟著不同的照顧者時，我們才會感到比較安心。此外，半夜要頻頻起床幫孩子換尿布，四處搜尋育兒建議，包括選擇哪種嬰兒溼巾、推車比較好，以及如何讓孩子願意吃青菜（我們還沒找出方法）。

我們並非成長於大家庭，也沒有照顧幼兒的經驗，所以都是靠自己摸索養兒育女的方法。儘管所有的發明、科技與

資源使現代人的生活更加便利，我還是會想，寧可住在這位司機所描述的那樣關係緊密的社群裡，家人就住在附近，鄰居像家人一樣親。我非常樂意從花錢解決所有問題的現代生活，改過傳統的社群生活。

這個際遇使我想起另一個讓我欣羨的衣索比亞家庭。那是在我當住院醫師的第一年，有個星期六下午，我被呼叫去評估一位患者的狀況。貝克勒太太多年前因為輸血感染了 C 型肝炎，如今病情發展成嚴重肝衰竭。我一邊朝著病房走去，一邊查看病歷。她的病情已經到了末期，沒有任何治療方法可用，而她也已經接受事實，現在住在安寧病房，靠著嗎啡點滴等藥物來緩解噁心嘔吐和疼痛的症狀。

我走進貝克勒太太的病房區，裡面有二十張病床。那裡和平常一樣鬧烘烘的，有人剛住進來，有人正要出院，有人被輪椅推去做檢驗。當我接近貝克勒太太的病房時，吵雜聲變小了，我察覺到一股安靜的氛圍。我想她大概睡著了，我敲了一下門，稍微把門打開一點點。

有十個人靜靜圍繞在她的病床邊，有些人穿著衣索比亞的傳統服裝，有人穿著牛仔褲和刷毛衣。我後來得知，他們是貝克勒太太的家族成員。他們從遠方趕來，來見大家長最後一面。貝克勒太太躺在病床上，身穿色彩鮮豔的衣索比亞傳統洋裝。

　　貝克勒太太向我點頭致意，看不出一絲悲傷。雖然她的身體透露了病情（腫脹的肚子、眼白變黃，以及細瘦的四肢），但她的神情看起來莊嚴而平靜。

　　我向大家自我介紹，然後詢問貝克勒太太一些問題。她的疼痛程度和部位與她剛住進安寧病房時差不多，沒有發燒，對疼痛的敏感度並未提高，也沒有感染或是血栓的跡象。血壓、心跳和呼吸速率都正常，血氧值也保持穩定。我告訴貝克勒太太，我認為她的情況沒有需要擔心的地方。如果她想要，我們可以稍微提高她的嗎啡劑量，讓她舒服一點。她點頭說好。

　　若是平常，我會很快離開，去看下一個患者，因為我的呼叫器一直響個不停。然而，圍繞著貝克勒太太的這種人際連結網絡，實在少見，我想趁機多了解一點。於是我花了幾分鐘的時間，和她的家人聊聊。

　　就像那位優步司機一樣，他們說，衣索比亞的傳統文化非常強調互相支持，以及友誼的重要，不論在順境還是逆境。成長過程中，他們總是互相扶持，不論比鄰而居或相距遙遠，人生的起伏跌宕他們都一起度過，所以這些人不是因為要見最後一面才出現。貝克勒太太生病多年，不時有人來探望她。

　　顯而易見，這個大家庭有很緊密的連結。他們告訴我，

這位女性長輩在他們的生命中扮演重要角色，他們對她有無限的敬意與愛。他們當然也很難過，但這裡主要的氛圍是平靜，以及他們對貝克勒太太的感恩，因為他們共享了一段美好的關係。雖然我可以調整貝克勒太太的止痛藥方，但最重要的藥物──愛與連結，就在她的病床邊。

　　回想自己的過去，我發現衣索比亞的傳統和印度的傳統沒有太大差別。我的父母聊起他們在印度的成長記憶時，也提到了類似這樣綿密交織的社群網絡。在我還小的時候，我們會到曾祖母家去玩，每天都有親朋好友來串門子。不論他們和我們有沒有真正的親戚關係，大人總是要我和姊姊稱呼他們「叔叔」和「阿姨」。這使每個人彷彿是一個大家庭裡的一分子。後來，我也成了別人名義上的叔叔，我發現，這種做法有牽絆的作用；現在如果有哪個孩子叫我「叔叔」，我會覺得自己跟他比較親，也覺得我對他有某種責任。就和貝克勒太太的家人一樣。當親戚聚在一起聊天時，經常會出現長時間沒有人說話的情況。即使當時我還小，但我注意到，沒有人急著想要打破沉默。對他們來說，相聚的重點是大家共聚一堂。

　　在美國，我的父母試著想要複製那種感覺，他們非常歡迎親朋好友來我們家住，但感覺起來還是和印度不太一樣。雖然他們找到了一個很棒的印度移民社群，但由於大家散居

在不同的地方，日常的互動和扶持還是不太能做到。儘管社區鄰居都很親切，畢竟還是有一些禮數要遵守。

　　成長過程中我察覺到，父母小時候居住的世界和我的世界不同。印度（以及南佛羅里達的印度移民社群）的傳統家庭總是亂糟糟的，組成分子複雜，大家總是待在一起，每個人都要管別人的閒事。似乎沒有人在意隱私這件事。當然這種做法也有缺點，但我們喜歡、甚至是期望和別人的生活交織在一起。而我在邁阿密看到的核心家庭，在許多方面似乎都恰好相反。這裡的人非常重視隱私與獨立。

　　這也和我在電視節目中看到的情況類似。西部電影裡的牛仔和拓荒馬車隊、電視影集「天才家庭」（Family Ties）的基頓一家人，或是「小淘氣」（Diff'rent Strokes）的德拉蒙一家人，都強調個人及核心家庭是自給自足的單位。叔叔阿姨、鄰居和祖父母都屬於比較遙遠的角色。這彷彿在傳達一個觀念：在美國，核心家庭就像經典英雄，例如戴維·克羅（Davy Crockett）和安德魯·卡內基（Andrew Carnegie）一樣，可以靠自己的努力功成名就。這些英雄人物體現了個人的勝利，展現了冒險犯難和獨自奮鬥的勇氣。人際網絡的單位從大家庭轉變為核心家庭的趨勢，橫掃了整個工業化世界，同時進步的主要條件也開始轉向速度、效率與競爭。

　　雖然我在成長過程中接受了這些行為準則，但在成為醫

師、從患者身上普遍看見孤獨的蹤影之後，我開始覺得，在過渡到現代文化之際，我們同時失去了比所想的更有價值的某個東西。當貝克勒太太的大家庭出現在醫院時，幾乎每個人都會受益，因為他們帶來了同情、希望、支持，還有愛。多年來，我從患者身上看到了與家庭和友誼有關的各種傳統文化，我不禁想問，為何有些文化的連結力更強？

從單獨到孤獨

人類打從一存在，就開始體驗社交孤立導致的生理症狀，但一直要到十六世紀晚期，「孤獨」這個詞彙才開始在英文中出現。

莎士比亞把劇本《科利奧蘭納斯》（*Coriolanus*）中的主角比喻成「孤獨的龍」，[1] 他被家族和朋友斷絕關係，獨自一人，帶著恐懼，訴說著他真正看過或知道的事物以外的東西，而他描述的是一種和「單獨」（oneliness）不同的狀態。在當時的西歐，獨自一人（being alone）的狀態常被稱作「單獨」。

「單獨」不帶有任何負面意涵，就和「獨處」一樣，它指的是某個人擁有反思的獨立時間和空間的狀態，並非情緒不愉快的狀態，而被視為更親近神的機會。神會連結所有

人。鄧約翰（John Donne）在 1624 年曾寫道，「沒有人是孤島，可以自全……任何人的死亡，都使我削減一些，因為我是人類的一分子。」[2] 基督教和其他主流宗教一樣，都強調連結的特質，像是關懷、謙遜與同理心，因為這些特質可以讓會眾之間、會眾與神之間形成情感聯繫。當所有人以神為生命的中心，教會提供的就不只是社群，還有安全感，這使得教區居民離開的風險就會變得相當低。莎士比亞之後，其他文人開始把社交孤立視為道德危害。1667 年，約翰·米爾頓（John Milton）在《失樂園》（*Paradise Lost*）中，將孤獨與撒旦連在一起。[3]

當米爾頓描述撒旦踩著「孤獨的步伐」離開地獄，進入伊甸園，破壞亞當與夏娃純真的福佑，他並不是在為撒旦的感受做注解，而是為孤獨罩上道德的壽衣。撒旦在天堂與地獄之間，獨自做著一件「粗野的差事」。假如不是如此孤獨，他在上帝眼中可能會可愛一些。

英國歷史學家費伊·亞伯帝（Fay Bound Alberti）與其他學者指出，人類之所以在米爾頓的時代開始對孤獨產生憂慮，是因為當時的主流文化開始從會眾社群轉向個人主義。根據亞伯帝的看法，「因為上帝永遠都在附近，所以人們永遠不會真正的孤單」（至少這是 1600 年之前的假定），因此沒有必要警告任何人要留意孤立狀態。然而，為工業革命鋪

路的文化趨勢改變了那個假定。「消費經濟的崛起、宗教影響力的衰退，以及演化生物學概念的盛行，都突顯出個體才是最重要的，人們不再採取家長式的傳統觀點看待社會，在那樣的社會中，每個人都有自己安身立命的角落。」[4]

亞伯帝進一步說，在達爾文把「適者生存」變成家喻戶曉的觀念之際，整個西方世界的人口開始從鄉村遷移到城市，追求個人財富也成為一種信仰。接著，歐洲殖民者將這種文化散播到全世界，許多孩子不再被送到村子裡的學校上課，而是被送進寄宿學校，最年幼的甚至只有五歲。

現代人感到孤獨的一個原因是，他們被夾在新的社會期待（追求獨立）與內心的情感拉力（互相依賴的傳統生活方式）之間。他們的感受一定和我的父母差不多，同時受到印度文化和美國文化拉扯，左右為難。

孤獨在不同文化的樣貌

心理學家艾米・羅卡奇（Ami Rokach）[5] 研究孤獨在不同文化與國家的樣貌，長達數十年。1981 年他到加拿大渥太華（Ottawa）出差時遇到的一件事，點燃了他對這個主題終生不滅的熱情。

會議結束後，他發現自己訂的是次日的航班，這代表他

必須在渥太華這個人生地不熟的地方多待一天。當與會者紛紛離開，他一個人在飯店的高樓層房間裡，俯視川流不息的街道，突然有個領悟。「我徹底體會了孤獨的感覺。我看得見周遭的世界，但我不屬於其中一分子。」

他從研究得到的結論是：文化與傳統會形塑我們的社會期待，進而影響我們對孤獨與連結的感受。羅卡奇告訴我，當社交體驗不符合社會期待，我們就會覺得孤獨。當某件事「出差錯」，使我們無法按照「應該」的方式交到朋友，或是和「應該」的對象結婚，或是按照「應該」的方式和鄰居與同事互動，我們往往會覺得孤獨。這所有的「應該」隨著我們的成長，滲入我們體內。這些「應該」是我們的家庭、學校、職場、鄰里和社會文化塑造出來的，包括對愛、友誼和社群的期待。我們透過電視、電影和社交媒體裡的訊息，吸收這些行為規範。一旦社交生活無法反映所處環境的文化規範，我們往往會感到孤獨。

當我把羅卡奇的洞察應用在我的生活經驗中，就更明白它所代表的意義了。假如我走進一家咖啡店，獨自坐一桌，我不太會覺得孤獨，因為店裡有半數的人都是一個人喝咖啡。但假如我走進一家餐廳，裡面全是熱鬧的家庭聚餐，而我是唯一獨自用餐的客人，感覺會不一樣，我會感受到一種不被社會接納的尷尬。

　　擴大範圍來看，假如你是單身，而你認識的每個人都已經或即將結婚，你可能很容易感到孤獨，但如果你的朋友都還是單身，你就比較不會覺得孤獨。現在再加上一個條件，在你的文化裡，你的年紀還不到社會允許你結婚的年齡，或是你已經超出適婚年齡，但你並不想結婚。這時，你會不會覺得孤獨的可能性又會再度改變。簡言之，是否感到孤獨，取決於社會規範與個人需求和渴望之間的微妙平衡。這個平衡狀態會因為文化的不同，而有很大的差異。

　　羅卡奇以南歐為例來說明。在南歐社會，家庭和社群成員之間的關係非常緊密，很少人獨居。北歐的情況則恰好相反。[6] 義大利人和希臘人對於獲得家人和社群的支持，有比較高的社會期待，但對瑞典人來說，獨居是普遍被接受且熟悉的生活方式。[7] 假如你是義大利人，而你的配偶過世了，家人也不住在附近，或是無法及時陪在你身邊，你該怎麼辦？你對他們的依賴程度愈高，就愈容易感到孤獨。研究者把這個現象稱為「孤獨門檻」，它指的是，擁有不同文化價值觀與期待的人，需要不同程度的社交連結。因此，同樣是處於社交孤立狀態的年長者，南歐長者比北歐長者更容易覺得孤獨，因為北歐人通常不期待家人成為主要的支持網絡。[8]

　　我想，有許多現代人承受著社會的壓力，要求他們變得更獨立，即使在內心深處，我們依然渴求祖先所仰賴的互聯

性。在北美地區，一定還有許多家庭和社群擁有強大的傳統連結支柱，但文化的平衡點正朝著相反的方向發展。假如今天有某個社群實施完全的集體主義，那會是什麼模樣？我從哈特派信徒（Hutterites）這個民族宗教團體找到了答案。

　　基督教重洗派（Anabaptist）的祖先在歐洲經歷了數百年的迫害之後，於十九世紀晚期來到北美洲。他們的理念可用〈新約聖經〉使徒行傳 2：44（Acts 2:44）總結：「信的人都在一處，凡物公用。」[9] 他們把這個概念實施得非常徹底：不允許積聚私人財產，所有的收入要交給聚居地的管理者，由他提供房屋、食物和基本家用品給所有居民。

　　雖然哈特派信徒常被人們拿來和其他宗教社群相比，像是阿米許人（Amish）和門諾會教徒（Mennonites），但哈特派信徒有一點不同：他們可以使用現代農耕科技。[10] 哈特派信徒現在約有五百個聚居地，分布在蒙大拿州、南北達科塔州，以及加拿大的西部，每個聚居地約有 150 個成員。[11] 他們刻意讓聚居地的規模不要太大，以確保每個人都有責任要承擔，從事有意義的工作。

　　哈特派信徒相信自我降服（self-surrender），重視服務他人。在聚居地裡，每個人從出生到死亡都會獲得照顧。年長者受到尊敬並得到照顧，新手媽媽可以得到家族和社群成員的幫忙。每當有媽媽生下小寶寶，就會有一名十一到十五

歲之間的女孩（如果找不到女孩，就找男孩）成為她的學徒，[12] 幫忙照顧小寶寶和其他孩子。女孩透過這個機會學習養兒育女有哪些責任，而媽媽和女孩會發展出深厚的情感。

每個哈特派聚居地都有公用廚房，所有人要在那裡一起用餐，男女分別坐在餐廳的兩邊。早上七點第一次鐘響時，社群的人會一起到廚房吃早餐（孩子更早一批吃）。早餐結束後，女人收拾餐具並開始準備午餐，而男人去上工，孩子去上學。所有人中午再度聚在廚房吃午餐，接下來睡個午覺，然後在夜間禱告會之前完成當天的工作。禮拜儀式結束後吃晚餐，然後大家一起唱歌（哈特派最大的娛樂），如此結束一天。

琳達・曼德爾（Linda Maendel）是哈特派信徒，她和父母住在一棟白色木屋裡，她的阿姨安娜也和他們住在一起，直到她去世。

安娜深受大家的喜愛，她過世後，其他居民紛紛前來為她禱告，並聊起安娜的往事。但這些鄰居不只是過來聊天，還負責處理後事，幫琳達一家人做家事，分擔他們在社群裡負責的工作，讓他們有時間好好哀悼失去的親人。

「我們從來沒有不知所措的感覺，或是覺得獨自背負傷痛，」琳達告訴我，「我們獲得了整個社群的支持。在處理阿姨的後事期間，到舉行喪禮，甚至在喪禮之後，有無數的

人來看我們，用歌唱和禱告支持我們。」

在哈特派社群中，每個人都會得到這種支持，沒有人會孤身一人。只有一種人例外：選擇不遵從哈特派傳統的人。

就和許多傳統社會一樣，服從規範是哈特派的基本要求。雖然有些人在聚居地外面的地方工作，基本上，所有人不能選擇自己的職業。男女都要接受傳統的角色，同性戀也不被容許。每個哈特派信徒必須接受教派的信念，服從主任牧師的屬靈權柄。無法或不願遵從這些條件的人，會受到極大的非難，這種痛苦往往迫使他們離開聚居地。

瑪麗安・柯克比（Mary-Ann Kirkby）一家是其中一個例子。瑪麗安的父親在 1969 年與聚居地的主任牧師起了爭執，他們的聚居地位於加拿大曼尼托巴省（Manitoba）波蒂奇拉普雷里（Portage la Prairie）。瑪麗安家裡有七個小孩，他們全家人後來搬到溫尼伯（Winnipeg），而且轉換成現代世界的生活方式。瑪麗安在著作《我是哈特派信徒》（*I Am Hutterite*）中稱那段期間為「我們人生中最孤獨的夏天」。[13]

被一個連結緊密的社會排斥在外，為他們帶來一種獨特且痛苦的共同孤獨。「我們和其他人非常不同，」瑪麗安告訴我。她和她的姊妹依然穿著傳統洋裝，頭髮梳成辮子。「我們顯得格格不入。捲髮和熱褲才是遊戲場裡的主流打扮，而我們也與時下的幽默感和大眾文化完全脫節。華德・

迪士尼（Walt Disney）是什麼人？我們跟同學聊天時，總是聽不懂他們在說什麼。」在這個新文化裡，她覺得自己在各方面都和別人不同，而且感到茫然。「書本成了我最好的朋友，」她說，因為她可以從書本中找到她能理解的社群。

瑪麗安說，她花了十年才適應「外面的世界」。但她依然認為自己是個哈特派信徒，而且很想念哈特派信徒為彼此奉獻的深刻關係。因此，她努力和聚居地的人保持聯絡。「當我們回到哈特派聚居地，他們的客廳裡沒有電話，而且每一代的家庭成員都在那裡，包括年輕人、小寶寶、青少年，他們對我們好奇到不行。客廳裡擠滿了各個年齡層的男女老少。」

如同我對印度的曾祖母家的記憶，家人總是窩在一起的緊密關係可以促進分享。「而分享可創造連結，」瑪麗安說道，「因為分享每個人的故事、回憶生活中的點點滴滴，笑談做過的蠢事，可以有效加深彼此的羈絆。」她引述知名作家兼自卑與脆弱議題專家布芮尼・布朗（Brene Brown）的話：「親近使人難以憎恨彼此。」

我從卡喬波那裡得知哈特派信徒這個族群的存在。卡喬波與芝加哥大學心理學家霍克利證實，孤獨會提高人們片段甦醒的頻率，而那些接近甦醒的狀態會破壞睡眠與休息的品質。[14] 孤獨與片段甦醒的關係也可以在哈特派社群裡得到印

證。黎安・庫里那（Lianne Kurina）與卡蘿・奧柏（Carole Ober）帶領的研究團隊發現，哈特派信徒覺得孤獨的比例明顯低於其他社群。[15] 卡喬波告訴我，在他研究過的所有社群中，哈特派社群發生片段甦醒的頻率是最低的。

對一般人來說，哈特派社群的緊密連結是個不切實際的選項。他們對於服從規範的要求，以及對於個人角色和隱私的限制，也與我們追求自由獨立的個人期待不相容。哈特派的立場，像是性別角色、性傾向、工作指派，以及奉獻所有收入給社群的要求，很可能引起許多人的反感。但我們還是可以向他們學習，如何建立連結更緊密的文化。

瑪麗安的丈夫並不是哈特派信徒，瑪麗安與老公兒子也不住在她成長的聚居地，但她把自己從哈特派社群學到的東西應用在生活中，已經有數十年。例如，當她辦聚會活動時，她會想起以前鄰居是怎麼做的，確保聚會的時光有很好的相處品質。因此，瑪麗安會試著讓所有的聊天對話是有意義的。「我會用一個大家都有興趣討論的問題開頭。我上次提出的問題是，『關於婚姻，你的父母教了你什麼？』大家聚在一起，花時間討論，沒有電話干擾，所有人只能直視彼此的眼睛。」

瑪麗安也會向陌生人伸出援手，幫助他們感受與其他人的連結。她告訴我，她曾經在健身房遇到一位印度裔女性，

孤伶伶一個人。瑪麗安主動去找她聊天，因為她覺得那個新
來的人或許需要朋友。這些小小的友善舉動反映出哈特派的
信念：社群有責任照顧每位成員。換句話說，即使不相識，
我們依然會互相照顧。

集體主義 vs. 個人主義

全世界有許多傳統社會建立在共享的歷史、錯綜複雜的
家系、當地的價值觀、交織的故事，以及宗教信仰的基礎
上。就和哈特派信徒一樣，歸屬感是這些文化的核心。南非
的祖魯族甚至有個說法：「我在是因為你在，你在是因為我
們同在」，這個說法還可以濃縮成一個字「ubuntu」，意思
是「透過其他人而活著」。「ubuntu」與個人主義相反，它
把個人與群體的連結放在第一位，視和諧為最重要。[16]

研究者用「集體主義」來描述一種結構上強調集體更甚
於個人的團體，相反的概念是個人主義團體。[17]另外還有第
三種文化：正在從集體主義進入到個人主義的「過渡」文
化。羅卡奇發現，過渡文化裡的年長者特別容易感到孤獨，
因為他們已經習慣擁有強大的社會支持，當社群裡的成員開
始各自打拚後，年長者很可能不知道如何適應新的處境。羅
卡奇說，在個人主義傳統盛行的國家（例如挪威），年長者

很習慣自己一個人生活，但在日本或以色列，年長者往往將
獨居視為不正常，並因此感到沮喪，也難以承認這個事實。
他們比較容易將社交孤立視為自己的問題，彷彿獨居代表
「我不值得別人花時間來看我」。

我們或許很容易將傳統文化與其他集體主義文化浪漫
化，但也不該將它們視為孤獨的解方。這類文化幾乎容不下
個人發展與表達的空間，一旦你脫離或拒絕服從規範，將會
面臨另一種類似疏離感的孤獨。當歸屬感是在嚴格的條件下
才能獲得，即使是輕微的違背規範也可能引發痛苦的後果。
當你反抗與違背準則，可能導致其他人開始躲避你、將你放
逐，甚至更糟的情況。

對於讓家族蒙羞的成員施予榮譽處決（honor killing），
是極端的例子，但遺憾的是，在南亞、北非與中東，每年仍
有數千件這樣的案例。鄰居之間經年累月的長期不睦，也可
能導致集體暴力衝突、文化分裂，乃至戰爭。我們在土耳
其、印度、盧安達和前南斯拉夫都見過這樣的悲劇。中東情
況更嚴重。

傳統社會的根是部落。部落將維持緊密連結的所有好
處，都賜給遵從社群制定的信條和行為準則的成員，對於不
遵守部落意識型態和規矩的人，就加以抵制反對，而且往往
將他們妖魔化。如同古老的部落，傳統社會傾向於對外來影

響與變革心存懷疑，因為那些東西不是完全在個人的掌控之中。擁有認識了一輩子的好朋友和鄰居的支持，固然令人安心，但它也可能使人感到極度孤獨，甚至致命——當你的膚色、性傾向或種族和其他人不同，或是你嚮往族人禁止的職業、宗教或生活方式。在今日的美國，成長於關係緊密的極端主義社群、長大後開始質疑家族價值觀的孩子，就會體驗到這種孤獨。

德瑞克‧布萊克（Derek Black）正是其中之一。德瑞克的父親曾經是白人民族主義運動的領袖、三K黨（Ku Klux Klan）的「大巫師」（Grand Wizard），以及美國第一個、也是最大的白人至上網站「風暴前線」（Stormfront）的創立者。德瑞克的教父是大衛‧杜克（David Duke），他也曾是三K黨的「大巫師」。德瑞克在家人深厚的愛與保護中長大，從小在家自學，由家族成員教導。由於周遭只有家族成員圍繞，所以他從來不曾質疑家人相信白人至上的假定，直到他離開家庭，到「外面」上大學。

我和德瑞克在2019年有個機會聊天，他回憶道，「我們感受到某種意義和目標，覺得自己做的是對的事。」

為了說明這種親密的關係，他告訴我一段青少年時期的經驗：他與家人進行一趟長途公路旅行，「我有機會和社群裡形形色色的人相處，我從來沒有見過他們。這種把人連結

在一起的人際網絡，感覺非常踏實。」

　　德瑞克告訴我，問題是，這種緊密關係有一部分是建立在對外人的憤怒和仇恨之上，尤其是對猶太人和少數民族。德瑞克很難對外人產生同理心，因為他所處的文化強調外人和他之間的差異，而不是他們共有的價值觀或經驗，並且習於用負面的方式描繪外人。

　　當德瑞克在 2010 年到佛羅里達新學院（New College of Florida）讀大學時，他的為難處境開始被突顯出來。「上大學讓我第一次看見成長環境以外的社群，而且是一個我能夠認同的社群。我後來也開始關心這個社群。」德瑞克曾經和父親一同主持廣播節目，有位打電話進電台的聽眾稱這所大學為「多元文化主義的溫床」。德瑞克的父親認為，德瑞克上大學相當於是到敵對的人文陣營臥底，進行祕密蒐集情報的任務。但德瑞克天生充滿好奇心，突然間，他的周遭全是個人信念、政治理念和性別認同與他不同的人，「我想要更深入了解他們的不滿和問題。」

　　他原本打算悄悄執行這個想法，但這個計劃有一天突然被中斷了，因為有個學生發現了他的身分，並在學校的留言板「爆料」他是白人民族主義者。結果，德瑞克遭到許多人的撻伐，但有少數人例外。有幾個同學向他伸出援手，和他進行深入對話。這些人帶著尊重與同情之心，主動與德瑞克

分享交流。這個舉動逐漸改變了德瑞克的信念，並幫助他意識到自己原本的價值觀極具毀滅性。德瑞克後來揚棄了家族的信條。雖然他試圖與家人維持關係，但是家人認為德瑞克背叛了他們的核心價值觀，關係變得很緊張。白人民族主義社群裡的人，大多唾棄他的做法。

與家人的關係斷裂雖然已經好幾年，但德瑞克至今依然非常痛苦。他告訴我，這件事促使他認真思考，社群造成的正面與潛在負面影響。

「社群真正的意義與目的，」德瑞克反思的結論是，「來自擁有共同的理念，根植於共同的信念。不論這信念的基礎是宗教、政治、藝術或是體育運動，都反映出某個理想世界的獨特願景。一旦信念（連結的基礎）是建立在仇恨與恐懼之上，便會滲出毒性，慢慢侵蝕社群的正當性，最後破壞所有成員的幸福。」這個情況不只發生在白人民族主義這類極端主義者身上，其他維繫關係的基礎是排斥與仇恨他們視為「不同」的其他人，最後也將面臨這樣的結果。

雖然這類社群的成員可能感受到與彼此的連結，然而他們對於非我族類的懷疑，會使他們以嚴格的條件篩選往來的對象，進而限制了他們與廣闊世界的連結。他們對別人的信任、覺察與了解，也會隨之消逝。對於像是德瑞克這種決定冒險離開社群的人，這種情況將會使他們感受到的威脅與孤

獨感更加強烈。然而即使刻意為之，能夠完全與世隔離的人少之又少。在現今這個極其多元的社會，我們注定會與不同背景的人交會。要在這個社會建立歸屬感，必須看見並欣賞存在於種種差異之上的共通人性。

這意味我們需要運用同理心，使自己不陷入從狹隘觀點指責他人的束縛，想像另一個人正在體驗的感受。即使那個人來自不同的種族、人種、宗教或國家背景。我們要有意願一起發現與培養共同的興趣和目標。

這不代表我們應該完全忽視彼此的差異與歧見，這代表的是，我們的共同點可以讓我們團結在一起，在我們因為衝突感到孤獨與焦慮時，幫助我們克服這些問題。如同德瑞克發現的，若社群只將同理心留給志同道合的人，這個社群注定會被整個社會疏遠。於是，隨著世界不斷改變與成長，社群成員開始覺得憤怒、害怕，愈來愈容易感到孤獨。

把人們凝聚在一起，使我們覺得所有人真正彼此相屬的，是連結，而不是仇恨。

創造「第三種碗」的社會

我發現，把文化想像成一個形塑人際關係的碗，是個相當有幫助的練習。這個碗的大小和形狀，會改變我們對於結

伴與孤獨的體驗。

　　現在，請把個人主義文化想像成一個開口很大、深度中等的碗，擁有各種不同背景的人可以在裡面自由晃蕩，偶爾和某人結交為朋友，或是找到知心朋友，但也會花很多時間獨處。這種碗的形狀使我們很少被迫集中在一起。碗裡有充足的空間，讓每個人選擇自己的路。至於我們在路上會不會找到志同道合、互相幫助的同伴，取決於尋找同伴時是否夠努力、運氣好不好，以及決心是否夠強。這種文化提供探索、容納多樣性和改變的充足空間，但若要形成共識，需要花相當多的力氣。在這個又寬又廣的碗裡，孤獨感覺起來像是漫無目標的遊蕩。

　　傳統的集體主義文化則像是一個開口狹窄的深碗。打從一出生，人們就可以感受到族群共識存在於四周。碗裡的人世代共居，沒有太多自由晃蕩的空間。不同年紀和個性的人互動密切，大家總是擠在一起、聚在一起。不論在實體或社交層面，人與人之間的距離都很近，而且那種親近被視為文化的珍寶。然而，不適應這種狹小活動範圍、需要更多空間或其他支持形態的人，可能會排斥這樣的親密感。在這種狹口碗裡，孤獨可能是一種擁擠的感覺。

　　我們最想知道的是，有沒有可能創造第三種碗，把前述兩種碗的優點集合在一起。在第三種碗裡，有傳統文化的踏

實共識，但個體可以根據個人選擇、興趣和理念聚在一起，而不是因為出生的必然而被迫膩在一起。

這種文化容器可以維護個人的表達自由，所以人們能夠做自己，按照自己的喜好和需求與他人互動，想要獨處也可以。但它同時也打造結構防止孤獨發生，包括產生連結與信任，提供相聚的機會。這種文化擁有廣而深的思維，提供人們互相聯繫的角落。那些角落可以接住游離分子，給他們容身之處，使個人不會從裂縫掉出去。

要創造第三種碗的社會，我們顯然必須改變現有的文化與結構。我在加州的安那翰（Anaheim），短暫見證了這樣的變革，帶領行動的是湯姆・泰特（Tom Tait）。

泰特認為，要支持每個人的獨特性，同時孕育歸屬感，我們需要樹立一種善意文化。泰特在十多年前第一次浮現這個想法，當時他是市議員。他注意到，有張神祕海報在這個城市裡隨處可見，上面寫著：發揮善意的感染力。海報上沒有任何廣告文字，沒有贊助廠商的名稱，就只有那幾個字。

泰特在那個訊息中看見了自己的掙扎。他自認是個內向的人，對於公開演說一直深感恐懼。求學階段，需要做口頭報告的課他從來不選。然而，一顆助人之心驅使他從事公職。當時的市長指派他遞補市議會裡的空缺席位。他接受了，但這要歸功於他在國際演講協會（Toastmasters）交到

的朋友,他們幫助他克服了對演講的恐懼。泰特非常喜歡這份公職工作,於是決定競選下一任市議員。

那張宣揚善意的海報引起泰特的強烈共鳴。「它吸引了我的注意力,而且給了我很大的鼓勵,」他告訴我,「於是我決定去見見製作海報的人:傑弗斯基(Jaievsky)醫師。」

傑弗斯基醫師小時候與家人逃離納粹的魔掌,在阿根廷落腳。他在阿根廷長大,後來移民美國。傑弗斯基醫師告訴泰特,多年前,他們全家在度假時發生了嚴重的意外事故,他因此失去了六歲的女兒娜塔莎,家人傷心欲絕。當他們回到家,整理娜塔莎的遺物時,發現了許多字跡秀麗的紙卡,上面寫著關於善意的文字。當其他的孩子忙著玩遊戲時,娜塔莎卻靜靜坐著寫字,而且選擇寫宣揚善意的文字。

受到女兒的啟發,傑弗斯基醫師開始深思善意在療癒中扮演的角色。

「傑弗斯基是位自然療法醫師,」泰特說道,「他認為如同身體的療癒可以透過內在的刺激而發生,城市也可以透過善意的力量從內部得到療癒。對我來說,那一刻猶如天啟。在市議會的十年當中,我們解決問題的方式,就像在玩永遠無法結束的打地鼠遊戲,總是頭痛醫頭、腳痛醫腳。

「六年後,我們要選市長,那時我仍然想著關於善意的事。我覺得我必須把善意做為政見,儘管別人可能會嘲笑

我。但是當我宣布參選的消息，並表達我要以善意做為城市的核心價值，我看到有不少人點頭表示贊同。他們明白，那正是我們需要的。」

泰特想要把安那翰打造成一個善意城市的願景，得到了廣大的回響，最後他以巨大的差距勝選。

泰特上任後，最先解決的議題是社交疏離，也就是廣口碗的問題。「這個地區的文化非常重視隱私，」他說，「每棟房屋之間隔著高牆，車子停進自家的室內車庫，還有隱蔽的後院。」許多人不認識自己的鄰居，生活出現困難或生病時，只能靠自己解決。善意能使人們與其他人建立關係嗎？他不知道，但他認為值得一試。泰特自己也不認識大部分的鄰居，而他住在那裡已經十年了。因此，他決定在自家的那條街，推動「鄰居你好」計劃。在當地居住多年之後才去按鄰居的門鈴自我介紹，似乎有點尷尬，於是他寫了一張短箋：「鄰居你好，我覺得我們有必要認識一下，以便在有需要的時候可以互相幫忙。」他的太太茱莉把這張短箋和邀請函從鄰居家門底下塞入，邀請他們到家中聚會。

他們的鄰居有十戶，只有一家人出席聚會。場面一開始有點尷尬，幾分鐘之後，泰特忍不住開口了。「善意的舉動就像是把磚頭黏在一起的灰泥，」他說道，「它對於我們的安全非常重要。社區警政是建立在鄰居彼此認識、互相有聯

絡的基礎上。警方也告訴我，罪犯往往知道哪個地方的鄰居之間是不是關係密切，會不會守望相助，而他們不會去碰那種社區。當我們有所連結，彼此會比較安全。」

泰特的鄰居開始互相討論，遇到緊急狀況時可以如何彼此幫忙。他們聊起誰家有備用發電機，在街上遇到時開始打招呼，也會幫鄰居把垃圾桶拿進屋內，或是看到鄰居需要幫忙時伸出援手。在泰特看來，這種善意的舉動可以形成社會的基礎建設，於是他在市府官網放了一個「鄰居你好」信函的範本，供民眾下載，在自己的社區使用。

泰特告訴市民，他們的社區離未來可能發生的大地震、恐攻或是其他災難愈來愈近。他認為，重大事件發生時，民眾若要確保自身的安全，不能只靠警方和消防隊的力量。民眾必須互相幫助。

泰特對於善意的推廣不止於此。他還在安那翰的小學推動「百萬善行」計劃。每所學校要在每學期為學生設定一個善行的目標數量，一旦達成目標，就可以全校一起慶祝，而泰特會以市長的身分出席慶祝活動。安那翰的小學達成一百萬個善行的目標時，霸凌的情況大幅降低，休學人數也減少了一半。

泰特把善意想像成凝聚市民的結締組織。善意的概念貫穿了市長的所有工作，從聘雇、到員工績效評估、到計劃的

優先順序與政策的決定。「我會後退一步並說，一個善良的城市會如何回應這個問題？」這代表我們要接納人們的不同之處與犯錯本性，同時頌揚他們共享的社群與人類經驗。泰特開發了善意的力量，將它用來創造公民結構與服務計劃，使社群變得更安全、更健康、連結更綿密。透過善意凝聚在一起，對所有人都比較好，這就是第三種碗的做法。

舉例來說，當泰特要處理鴉片類藥物成癮問題時，他請幕僚與社群一同思考，如何從善意出發來處理這個問題。最後他們擬訂了一個很成功的計劃：請警方將成癮者送去參加戒毒治療，而不是以物質濫用的名義逮捕他們。「我希望透過警方傳達一個訊息：社群存在的意義並不是論斷你，而是向你伸出援手。我想要傳達的訊息是：我們挺你！」泰特說，「光是在計劃執行的前十五個月，就有二百七十人接受治療。這個成果源自提出一個問題：善意能做到什麼？」我們能夠確定的是，善意不會任憑人們自生自滅，獨自受苦。

泰特發現，改變城市文化最有效的方法，是透過他的演說，「不停宣揚核心價值，並向其他人展示，對我來說非常重要。執行長都這麼做，市長為何不能也這麼做？」當他一開始用市長的身分做為宣傳管道來宣揚善意時，他承認，「就像是幾艘帆船停靠在港口，卻好幾年沒有任何動靜。城市的文化紋風不動。後來，情況開始出現轉機，就像是帆船

突然滿帆，然後開始前進。」

「對別人說我們要以善意待人，有時感覺像是在說廢話，」泰特說，「雖然一開始沒有效果，但是我必須一直談論善意，使它成為我們文化的一部分。」一旦人們接納了這個訊息，「善意就開始產生感染力。假如所有人都展現出一點善意，一切就會變得更好。」

透過這種感染力，社會規範會開始慢慢轉變，使得跨越社會階層、彼此相聚與互相幫助的做法，變得接受度更高，也更普遍，然後形成更多第三種碗的連結角落。

例如，泰特到當地的學校談論善意這個主題，改變了許多學生的觀點。其中之一是名叫尚恩‧歐里優（Sean Oliu）的男學生，現在就讀高中三年級。歐里優告訴我，泰特市長在他小學時所做的演講，「改變了我對每件事的思考方式。」幾個月後，歐里優在歌唱比賽中贏得冠軍。「那是西班牙版的『美國好聲音』（La Voz），在世界電視網（Telemundo）播出，我得到了一張四千美元的支票。我們學校沒有音樂課，因此我想，何不用這筆錢來開音樂課？」歐里優還記得泰特市長提過的善意的力量，「聽過那番話之後，做這個決定就變得很容易了。」

接下來，歐里優開始用歌唱的方式為其他學校募款。他募集了一群音樂人，和他一起在募款活動上表演。「我成立

了一個基金會，叫做『年輕人回饋』（Kids Giving Back），來延續這個做法。過去幾年來，我和朋友募集了超過六萬美元，這些錢都直接交給學校，用來開音樂課。」歐里優的善意讓二十八所學校能夠開音樂課，從零成長為二十八。

後來，安那翰以外的人開始呼應泰特的做法。泰特聯絡了其他幾個市長，其中之一是肯塔基州路易維爾的葛端格・費雪（Greg Fischer）市長，他曾經推動計劃，把家鄉變成以同情心為核心價值的城市。這幾位市長前往印度，與孟買和南德里的市長碰面，討論如何將善意和同情心融入政策，使他們治理的城市保有安全和復原力。

現在，當泰特回顧他多次與世界各地的人分享善意文化的經過，他清楚意識到，善意與社交連結之間有非常重要的關聯。他告訴我，他曾在安養院遇到一位退休的哲學教授，名叫丹尼斯・希奇（Dennis Hickey），希奇非常關注善意這個概念。「他告訴我，我應該要認識另一個詞：德文 mitsein，意思是『在一起』（being with），那是更高層次的善意，因為它代表善意的行動。在最深刻的層面展現善意，就是和他人在一起，與他們建立連結。」

泰特強化了安那翰市的社會結構，並且向其他人展示一個兼具個人主義與集體主義特性的社群。他想告訴大家，每個人都有資格獲得善意的對待；當人們以善意對待他人，自

己也能受益。

長壽聚落的秘密

　　還有另一個人也在積極尋找消除社交疏離的解決方案，他就是丹‧布特尼（Dan Buettner），《藍色寶地：解開長壽真相，延續美好人生》（*The Blue Zones: Lessons for Living Longer from the People Who've Lived the Longest*）的作者。[18] 布特尼耗時多年，尋找世界上所謂的「藍色區域」，也就是居民最長壽或是百歲人瑞最多的地方。布特尼認為，這些人的長壽主要源自一種環境，這種環境會促使居民採取以蔬菜為主的飲食，一整天經常活動。但他也發現，這些人同時擁有異常緊密的社交連結。

　　布特尼在日本沖繩的藍色區域，發現了一個深具啟發性的社交系統，稱為「模合」（moai），意思是「為共同的目的相聚」。這個詞的原意指的是，村民共同募集一筆錢，做為整個村莊的應急基金，後來演變成用來描述一種由至交好友組成的社交支持網絡。在從前，孩子出生時間相近的沖繩父母會讓孩子組成模合，一組有五個孩子，讓他們當彼此的手足。這五個孩子的家庭會互相支持，一起成長，互相依賴，孩子長大成人之後，依然每天或每周碰面一次。今日的

模合仍在有需要的時候，在財務上彼此幫助。不過，現在的「共同目的」比較傾向於互相陪伴和給予忠告。模合就像是第二個家庭。

布特尼在沖繩研究期間，遇見了克雷格・威爾寇克斯（Craig Willcox），他是人類學家和老年學專家，在沖繩進行多年的長壽研究，他得到的結論和布特尼很相似：對於沖繩人的健康來說，社交連結扮演了關鍵性的角色。「他們活在關係緊密的社群裡，」威爾寇克斯把他對於沖繩百歲人瑞的研究發現告訴我，「他們經常到鄰居家串門子，互送自家種的蔬菜。」

威爾寇克斯後來搬到沖繩定居，沉浸在窄口深碗式的文化裡。這些年當中，他也加入了幾個模合。現代的沖繩人不一定在嬰兒時期組成模合，往往在長大之後，才組成自己的小團體。成員通常有共同的興趣，那是他們一開始建立互信與連結的基礎。他們可能來自相同的小鎮，可能是同學或是擁有相同的職業。威爾寇克斯的模合與海有關，有人是潛水員，有人是製帆工，還有人是船艇引擎維修工。

儘管現代的模合主要是發揮社交功能，依然具有基本的財務功能：每個人先交一點錢出來，當有人急需用錢時，就從這筆基金支出。「若有某個成員過世，模合裡的其他成員都會出現，」幫忙處理後事。威爾寇克斯以非常確定的態度

說道，「我的一個模合同伴在割草時被截去了幾根腳趾頭，所有人都去探病，給他打氣。不論情緒危機是大是小，都會彼此相挺。」

儘管現代化世界已經來臨，模合在沖繩依然歷久不衰。根據威爾寇克斯的估計，大部分沖繩居民（包括年輕人在內）都有加入模合。令我訝異的是，社群的新居民一旦加入模合，也能很快就與其他成員形成緊密的羈絆，而在其他的文化中，新移入的居民大多會感到被排拒在外，覺得孤獨。威爾寇克斯認為，這是因為模合具備促進情感的作用，成員經常彼此聊心事。這種類型的分享是模合文化中的結締組織，如同善意是安那翰市的結締組織。像這類的共有價值觀，是打造第三種碗文化的要素。

為了要知道藍色區域的模式能否適用於西方文化，布特尼在遍布美國的二十多個城市推行「藍色區域專案」。在我擔任署長期間，我的團隊與布特尼聯絡，布特尼向我解說他們所做的事。布特尼認為，美國式的模合要靠共同的興趣或活動，把人們凝聚在一起，像是烹飪、健走，或是園藝。布特尼解釋道，「我鼓勵他們相約聚會，先試個十周看看。我們創造的模合有些已經存在了好幾年，至今仍對成員生活發揮正面影響。」

布特尼的團隊把價值觀和喜好相近的人連結起來。這些

團體一開始是基於方便性而形成，也就是成員的居住地點和
家庭時間表的契合度。接下來，每位成員會拿到一張問卷，
詢問他們的嗜好，甚至是訂閱哪種報紙等等，為「建立長期
關係做樁」。隨著這些群體成員學會如何互相支持，彼此的
關係也愈來愈緊密。不知不覺中，杜絕了陷入孤獨的機會，
也提升了他們的健康、幸福感與參與感。

2018 年夏天，當我到科羅拉多州的斯普林斯（Springs）
參加協會的僻靜活動時，我想起了布特尼的專案。那時我已
經擔任署長一年，仍在努力尋找下一個職涯發展目標，以及
如何兼顧對兩個幼子的照顧。大多數的時候，我覺得自己兩
樣事都沒做好，而我在華盛頓特區也沒有熟識的朋友圈，這
個情況使我感到孤獨。

我在科羅拉多斯普林斯時，正處於心理壓力很大的狀
態。那時我遇到了剛好也來參加僻靜活動的桑尼和戴維。我
們三個人很少碰面，一旦碰面，立刻可以互聊心事。這次相
聚，聊沒多久之後我們就發現，我們全都為了類似的問題而
煩惱：工作的下一步是什麼、如何好好照顧家庭，以及如何
處理我們面對的孤獨感。

「真希望能更常見面，」我說，他們兩人也低聲表示贊
同。但我們心知肚明，基於對家庭和工作的責任，實在不太
可能在短時間內再度碰面。

　　我突然想到,我們可以創造屬於我們的虛擬模合。我們約好,每個月用視訊見一次面,花兩個小時(若有需要就延長時間)開誠布公的聊心事。我們也約定好,要擔起互相監督的責任。當我們討論重大的挑戰時,假如有人覺得某個人的決定不符合我們最高標準的價值觀,就要開口提醒他。這也代表,當我們下定決心要為自己的健康採取行動,像是節食、運動或打坐冥想,我們要督促彼此確實執行。最後還互相承諾,要把平時不會和朋友聊的、最難以啟齒的心事說出來:我們的擔憂、健康情況,以及財務狀況。

　　這些約定把友誼變成了生活中一個刻意且寶貴的連結點。我們不再靠「剛好有機會」或「一時興起」才相聚,而是做出明確的承諾,要成為彼此的後盾。模合的結構會督促我們履行承諾,將因為惰性而漸行漸遠的風險降到最低。

　　這些決定把我們的友誼從「擁有」變成「體驗」,促使我們真心渴望實踐最高標準的價值觀。在開始執行的前六個月,我們三人都因為模合而做了職涯的大轉向,也對自己的健康狀況做出重要承諾,幫助彼此貫徹執行(我下定決心每天至少健走一萬步,減少糖分攝取量,以及每天短暫的靜坐)。我們每個月會聊一次天,但如果臨時有事情發生,像是有新的工作機會,或是家裡遇到問題,也會加開視訊會議。此外,我們也經常用文字訊息了解彼此的狀況,追蹤彼

此的進度，當自己偏離正軌時尋求另外兩個人的協助。當然，發生好事時也會一起慶祝。

　　模合會一直以具體的方式提醒每個成員，他們並不孤單。儘管現代生活使我們相距遙遠，肩負重擔，這個簡單的方法讓我們仍能保持連結。然而，這種團體式的友誼現在為何如此稀有？尤其在男性的世界裡。

寂寞牛仔

　　即使兩性在家庭與職業角色的分野已愈來愈小，即使我們承認，性別認同在某些人身上是個複雜的概念，但在許多社會中，傳統的性別角色仍然為兩性創造了截然不同的文化，進而影響兩者對於孤獨與社交連結的感受。研究顯示，感到孤獨的男性和女性，比例其實不相上下，[19] 但這並不代表，兩者會以相同的方式表達或體驗孤獨。

　　對梅可欣・卻斯林（Maxine Chaseling）來說，男性的孤獨問題為她帶來一項挑戰。就和布特尼一樣，卻斯林也是個「社會創新者」。

　　她住在澳洲古爾瓦（Goolwa），距阿德萊德（Adelaide）南方約一小時的車程。古爾瓦被夾在袋鼠島與公山羊島的中間，這個歷史悠久的河港位於墨累河（Murray River）畔，

從這裡可以欣賞壯麗的沙丘景緻及南冰洋的洶湧巨浪。當你望向南冰洋，很難想像在幾千公里之外，就是被冰原覆蓋的南極洲。同樣令人難以相信的是，這個風景如畫的世界一角，孕育了一個遍布全世界的運動，翻轉數千名男性的社交生活。而這個變革的浪潮正是由卻斯林掀起。

卻斯林在古爾瓦從事社群支援工作，為年長者提供服務。1987 年，古爾瓦受到經濟衰退的重創，一家當地工廠因此關閉，許多人被迫提早退休。同年，卻斯林的父親比爾在心臟繞道手術中度過六十歲生日。手術很成功，卻也使他不得不退休。卻斯林注意到，父親在退休後情緒開始出現狀況。他在一夜之間從工廠主管變成了家裡蹲。他的內心似乎有個空洞，難以填補。

「我們都知道他很不快樂，而且心情鬱悶，」卻斯林回顧當年時這麼說道，但在 1987 年，澳洲社會普遍將心理症狀汙名化。「那時，我絕對不可能對我爸說，『爸，你有憂鬱症。』」

比爾的壞脾氣通常發洩在老婆身上，不論她再怎麼有耐心、再怎麼努力體諒他的心情，比爾對她所做的每件事就是看不順眼。卻斯林決定插手介入。她打電話給當地的社服機構「送餐到府」（Meals on Wheels），為父親報名志工司機。對方接到電話後非常高興，因為他們正急需司機。然而比爾

還不知道這件事。

　　不久，一位「送餐到府」的代表到比爾家按門鈴。比爾一開門，那位代表立刻熱情的和比爾握手，多次感謝他「為社區挺身而出」，還說他是社區最需要的英雄。比爾一頭霧水，但「社區需要他」這件事打動了他。於是他決定加入這個團隊，後來也非常熱愛這份工作。

　　卻斯林對於父親的改變覺得深受鼓舞：她的父親又回歸到原來的模樣了。卻斯林決定將她的祕密計劃升級：打電話給警察局。

　　當地警方負責督導一項「鄰里守望相助」計劃，經常人手不足。卻斯林幫比爾報名志工後不久，兩位身穿制服的警員來到比爾家門口敲門。「比爾，我們真的很需要你，」他們對比爾說，並問他是否願意擔任他的社區協調人？政府單位的請託使比爾非常振奮，因為這給了他人生目標及與社會連結的感覺，使他相信其他人依然很重視他。他答應了警方的請託，承接起這個新角色。比爾從此一直負責這項工作，直到離世。

　　比爾退休後的人生，因為女兒的介入變得忙碌而充實，也因此重拾社交生活。雖然比爾一直不知道女兒所做的事，但太太知情，而且一直很感激女兒。

　　同時，卻斯林開始檢視古爾瓦其他年長男性與女性的生

活。她當時在一個社區中心「傳承俱樂部」（Heritage Club）工作，這個社區中心為居民提供團體運動、按摩與烹飪等課程。那裡有個交誼廳，人們可以在那裡喝茶聊天。不過，到俱樂部參加課程與活動的人，幾乎清一色都是女性。卻斯林並不意外，因為她知道女性的社交能力比男性好。但她同時想知道，那些女性的另一半都在做什麼。

這其實一點也不難，因為她只需要向窗外望去，就可以找到答案。她看到這些女性的丈夫都坐在停車場的車子裡看報紙，等待老婆的活動結束。許多男性一星期有好幾天都是如此，年復一年，直到過世。他們的老婆通常比較健康，所以大多活得比較久。

卻斯林猜想，男性的健康情況變差，可能是社交疏離所導致，因此她想，這些男性也可以透過俱樂部提供的活動獲益，就和他們的太太一樣。但是當她到停車場邀請這些男性加入活動時，卻遭到他們斷然拒絕。他們告訴卻斯林，女人或許需要社交課程，但男人絕對不需要！

「他們展現出很強的防衛心和自尊心，」卻斯林告訴我，「他們覺得，一旦走進社區服務機構的大門，就等於告訴別人『我生病了』。」

這些男性的心態使卻斯林想起父親：心地善良但頑固、孤僻且拒絕接受幫助。

　　卻斯林開始想像另一種空間的可能性，男性可以在那裡聚會互動，但不會覺得被貼上生病或寂寞的標籤。她也意識到，那些年長男性絕對不會接受女性給他們的建議。這代表卻斯林需要一位男性出手相助。

　　幾個星期之後，艾爾夫・史托克斯（Alf Stokes）到俱樂部來修理櫃子。史托克斯是個面容和善的退休木匠，習慣叼著一根沒點燃的香菸。他總是帶著一隻大型牧牛犬同行，把狗綁在俱樂部的前門外，再進去工作。卻斯林用「和藹親切的大叔」來描述史托克斯。他是帶領男性專案的完美人選。卻斯林向史托克斯說明她的構想，然後他就再也沒有出現。幾天後，她說，「我知道史托克斯回來了，因為我看到他的狗在門外。」他決定回來幫忙。

　　卻斯林和史托克斯都知道，只有在從事焦點不是直接放在自己身上的活動時，像是一起看球賽，或是一起工作，他們想要幫助的那些男士才有可能互相交流。於是在 1993 年，卻斯林和史托克斯在俱樂部旁蓋了一個「男士棚」（men's shed）。讓那些男士可以在裡面做木工，而木工正是史托克斯的專長。卻斯林和史托克斯從停車場另外做了一條步道通往男士棚，讓那些男性可以低調前往男士棚。他們也把牧牛犬綁在男士棚的入口處，讓所有男士知道，史托克斯在裡面。後來，每當那些男人看見狗狗出現在棚外，就會從

步道進入男士棚。

「我們只是過來看看史托克斯在做什麼，」他們通常會這麼說，然後一待就是好幾個小時。一開始，大多數人只是看史托克斯做東西。不過，隨著他們在那裡愈來愈自在，後來也拿起一些木料，開始鋸木頭、用砂紙磨光木頭表面，以及雕刻東西。那個屋棚位於河邊，於是他們開始幫附近的鄰居修理木船。接下來，社區裡的人開始把家裡的東西帶來，請他們幫忙修理。他們甚至曾經幫忙鐵路局的員工，修復附近的一條鐵道。

卻斯林發現，那些男性在男士棚裡的溝通方式和在俱樂部裡的女性不同。他們大部分的時間在做事，只有偶爾聊一下天，不像女性花很多時間聊私密的話題。在卻斯林看來，男人聊的似乎都是表面話題，即便如此，他們最後還是創造了一個讓自己感到熟悉自在的環境。

貝瑞・戈爾汀（Barry Golding）在著作《男士棚運動：男性的陪伴》（*The Men's Shed Movement: The Company of Men*）中寫道：「女人面對面聊天，男人肩並肩聊天。」[20]

一段時間之後，男士棚成員的人數增加到了十人。那個地方成了他們的避難所，因為他們常常覺得自己在外面的世界不被理解，也得不到歸屬感。他們在男士棚的時光實在太愉快，甚至太太要回家時，也叫不動他們。

　　卻斯林覺得，男士棚之所以有這麼大的吸引力，是因為它使「退休的男人重拾生產力與人際網絡，同時做自己喜歡做的事」。最重要的是，卻斯林刻意退居幕後，讓那些男人成為男士棚的主人。

　　男士棚啟用幾年之後，卻斯林遠赴聯合國兒童基金會與醫學研究所工作，試圖解決各種醫療議題。然而她發起的運動開始向外蔓延，在接下來的二十年，全澳洲有將近一千個男士棚成立，有些是自然出現的，有些則遵循古爾瓦的例子。接下來，愛爾蘭、荷蘭、丹麥、紐西蘭、加拿大、美國和英國也紛紛跟進。直至今日，全世界有無數男性「肩並肩」的從男士棚獲益。

硬漢也渴望連結

　　我很想看看男士棚的實際運作方式，於是在某個溫暖的秋日午後，我來到倫敦肯頓鎮一棟毫不起眼的建築物前。我和麥可・簡恩（Mike Jenn）約在這裡碰面。簡恩看起來瘦瘦的，有點年紀，態度很低調，禿了的頭頂旁邊圍了一圈白髮。他留著柔軟的鬍子，臉上露出輕鬆的表情，一副胸有成竹的樣子。

　　那附近都是公寓式建築和辦公室，此刻是中午時間，卻

看不到什麼人在外面走動。簡恩帶我走上水泥石階，來到一個看起來像是辦公室或倉庫的大門。我一踏進門，就聽到帶鋸機運轉的聲音，並聞到濃濃的木材味。這個空間是標準的現代倫敦公寓的大小，裡面塞滿了機器、工具和各種木製半成品。可以俯瞰隔壁建築的小陽台上，放著一些等著被切割或雕刻的樹樁。我看到了一個顏色很美的多層式裝飾木盒的半成品，還有手工製作的珠寶盒和木桌，全都被砂紙磨得光滑無比，已經可以使用。木屑在空氣中飛揚，布滿所有物品的表面，但似乎沒有人在意。

這個小型工坊裡擠滿了從五十多歲到八十出頭的男性，每個人都在這個共享工作空間裡，專注製作某樣東西。他們仔細量尺寸，用砂紙磨平木頭表面。我看到一位臉上有白色蓬鬆大鬍子的長者，把一塊很長的木板放到自動切割機前面，機器上的刀片正以飛快速度旋轉。他輕輕鬆鬆就把木材切好，還向我露出自信的微笑。

肯頓鎮男士棚的第一批成員，是透過口耳相傳而來的。簡恩請所有成員量力而為，出一點錢幫忙付房租和其他費用。他們也開始販售自己完成的作品，維持工坊的運作。這裡有幾個規定，其中之一是，從這個工坊製作出來的東西，不能拿來營利。

最早加入肯頓鎮男士棚的人當中，有一個人名叫米克。

米克沉默寡言，偶爾說話時也是輕聲細語的，他的職業是木工，身材高壯，虎背熊腰。米克年輕時就開始當木工學徒，後來學會了一身好技藝。我問米克，在加入男士棚之前，他的社交生活是什麼情況。「我有一些家人住在附近，我會到酒吧喝酒，和那裡的其他男性聊天，」他對我這麼說。他曾罹患喉癌，可能和他抽菸喝酒的習慣有關。治療過程很辛苦，使他的身心疲憊不堪。有一天，醫師告訴他，假如他還要繼續抽菸喝酒，就沒必要再進行療程。後來他決定加入肯頓鎮的男士棚，用做木工來取代抽菸喝酒。男士棚的成員不像他那麼擅長木工，於是他開始教其他人怎麼鋸、切、磨光和嵌合，其他的人則教他怎麼使用網路和科技產品。

男士棚的成員不常約在外面碰面，即使在工坊裡也不會坐在一起聊私人話題。那麼，他們都怎麼互動呢？

「這個地方給他們機會互相開玩笑，」簡恩告訴我，「開玩笑是男性之間產生連結的重要方法。」

就在這個時候，彷彿是示範給我看一樣，米克開始拿抽菸的事來取笑另一個人。「他每隔幾個小時就會消失一下，說要出去喘口氣，但我知道他是去抽菸，」米克帶著微笑說這些嘲弄的話，其他的人聽了之後都笑了。

米克從來不用「孤獨」這個詞彙，來描述他加入男士棚之前的感受。不過，當我要他說出，在他從男士棚得到的東

西當中，最寶貴的是什麼，他回答我說，是他和其他人建立
的情誼。這些人填補了他生命的空洞，即使他沒有確切指
出，那個空洞指的是什麼。

　　米克加入男士棚幾年之後，他注意到自己的眼睛和皮膚
開始變黃。他得了黃疸病，起因是膽管被阻塞，最常見的情
況是結石造成的，有時也可能是疤痕或腫瘤造成的阻塞。他
被送到醫院接受進一步的檢測和治療，結果發現他得了淋巴
癌。他開始接受化療，必須長期住院。結果，猜猜是誰到醫
院探望他？答案是男士棚的那群朋友。和上次治療喉癌的情
況不同，這次有朋友支持他，這對他意義不凡。

　　在英國與其他國家，全國性的男士棚協會聚焦於健康議
題，那也是卻斯林眼中的優先要務。愛爾蘭的男士棚聚焦於
對抗糖尿病，其他的男士棚支持的是失智症男性。英國男士
棚協會告訴我，成員的焦慮狀況減少了 75％，憂鬱狀況減
少了 89％，孤獨感的比例也大幅下降。根據愛爾蘭在 2013
年進行的問卷調查，86％的男性表示，加入男士棚之後，他
們覺得自己得到社會的更多接納；97％的人表示變得比較喜
歡自己；有 74％的人說，他們在家變得比較快樂了。[21] 2010
年，澳洲政府認定，男性的孤立和孤獨情況相當獨特，而且
愈來愈普遍，將男士棚正式納入全國男性健康政策。

　　我覺得男士棚運動能夠成功的原因之一是，參加的男性

不需要承認自己覺得孤獨。如同卻斯林注意到、其他研究者所發現的，男性比女性更不可能承認自己孤單寂寞。[22] 他們會默默忍受，彷彿非這麼做不可一樣，長期下來，孤獨會消耗他們的活力，改變他們的個性，損害他們的健康。

這個模式幾乎存在於所有文化中。全世界的父母（通常出於善意）都教導兒子要堅強，不要失控，避免承認或談論自己的感覺。但研究顯示，男孩並非天生就是如此。根據一項針對六個月大的嬰兒進行的研究，男嬰表現出「生氣的表情及用肢體表達他們想要抱抱」的比例，比女嬰更高。他們更常哭泣，看著母親時，也比較容易顯露開心的情緒。[23]

然而，當男孩被教導要像個「真正的男人」，在早期依附關係中顯現的那種不加掩飾的欣喜就消失了。成長過程中，女孩往往會彼此傾吐內心深處的想法和感覺，男孩通常比較欠缺社會認可的親密互動方式。

妮歐碧・韋伊（Niobe Way）是紐約大學發展心理學教授，也是青少年發展領域的領先研究者，她表示，你可以在學校操場看到這種訓練造成的結果。她說，低年級的小學男生一起走路時會勾肩搭背，對彼此說話時也會靠得很近。男孩與女孩用相似的方式談論他們的朋友，充滿興奮、激動且熱情。在兒童期，男孩能夠以坦誠且親密的方式，發展出深刻、有意義的友誼，但隨著他們進入青春期，他們發現彼此

太過親近是不被接受的。

「當我對一群十二歲的男生說，他們有個同學因為失去了好朋友而覺得傷心難過，」韋伊告訴我，「那些男生聽了立刻哄堂大笑。但是當我告訴他們，有 85％ 的男生在私底下都對我這麼說，他們就安靜下來了，然後開始分享自己和朋友相處的情況，以及遇到的挑戰。」

然而，假如沒有人刻意向青少年宣導正常的情況，成長中的男生往往會告訴自己，他們已經不需要向朋友傾訴心事了，然後開始把自己塑造成有男子氣概的人，因為他們相信這種形象比較受女性青睞，也比較能夠被社會接受。媒體、家人與當地文化所宣揚的這種男性特質，強調獨立、強大的體能與克制情感。

這種模式允許男性表達一種情緒，那就是憤怒。因為憤怒通常會展現出力量與強悍，是男性可以自由表達仍不失陽剛味的少數情緒之一。不過，憤怒和悲傷、喜悅與愛不同，它往往會讓人望之卻步，而不是帶來同情與安慰。因此，某個男生愈「像個男人」，他與其他人就愈沒有情感交流。

邁克．金莫（Michael Kimmel）是社會學家，專門研究男性的陽剛特質，他不認為只有西方人眼中的陽剛特質才強調壓抑情感。他說，基本上全世界的文化都把有抱負和魄力視為男性特質，而脆弱與愛視為女性特質。多數文化也將這

些女性刻板印象，視為柔弱與不重要。這種演變讓男性和女性都付出了巨大的代價。

對韋伊來說，和兄弟一起長大使她有機會近距離觀察男性情誼。她還記得，有一天，她弟弟最要好的朋友突然和她弟弟絕交。前一天兩個人還形影不離。她弟弟當時非常痛苦，不明白朋友為何與他絕交。即使在數十年之後，童年的痛苦回憶依然讓他感到難過。

這種好友的背叛（或是戀人的背叛）對男生的殺傷力特別大，因為他們不知道怎麼談論這樣的事，只會覺得羞愧與脆弱不堪，使他們除了痛苦困惑之外，還感到自卑，因為脆弱是「女生的專利」。這種對於悲傷、困惑與自卑的壓抑，或許可以說明，美國青春期男生的輕生比例為何是女生的三倍。而這個黑暗期並不只在青春期出現。

世界衛生組織的報告指出，2016 年全球輕生人數為七十九萬三千人，男性占了大多數。[24]BBC 也報導說，澳洲男性的自殺人數是女性的三倍，[25] 在美國為三·五倍，[26] 在俄羅斯和阿根廷為四倍以上。[27] 幾乎在所有的國家，男性的輕生傾向都比女性更高，儘管女性被診斷出憂鬱症的比例比男性高。[28]

加拿大自殺預防中心主任瑪拉·格魯諾（Mara Grunau）表示，[29] 部分原因在於，女性從小被鼓勵要表達情感。「在

孩子還小的時候，母親對女兒說的話，遠比對兒子多更多，」格魯諾在 2019 年如此告訴 BBC，「而且母女之間會分享與辨識自己的感覺。」然而，男生被教導要堅強，隱藏任何脆弱的跡象。此外，他們也比較少去看醫師或尋求協助。[30] 我們強迫男生進入「硬漢」模式的做法，其實會使他們對情感變得毫無防備之力。

韋伊觀察到，當男性覺得情感被孤立時，他們和女性一樣容易感到孤獨。但當他們愈難以承認自己的感覺，就愈可能用語言暴力、暴躁的脾氣、不耐煩與焦躁易怒，來宣洩他們的孤獨感。

女性與孤獨

男性特質傳統上以權力和競爭為核心，女性則不同。在大多數的文化中，女性特質建立在人際關係上。長久以來，女孩被教導要當個體貼的妻子、慈愛的母親，以及樂於伸出援手的朋友。心理學家卡羅‧吉利根（Carol Gilligan）和安妮‧羅傑斯（Annie G. Rogers）在 2018 年的論文《失落時代的製圖學：為連結的危機製作地圖》（*Cartography of a Lost Time: Mapping the Crisis of Connection*）中，與溝通專家諾兒蜜‧諾埃爾（Normi Noel）合作，她們提到「女性心

理學中比較令人困惑的面向是：女性傾向於在關係中變得沒有自我或沒有聲音，壓縮自己來照顧別人，用同理心和人際關係的天賦，掩蓋自己的感覺和想法。漸漸的，她們再也不知道，自己想要什麼和知道什麼了。」[31]

這種照顧別人的角色使女性成為一股強大的力量，建立連結與織造我們的社會結構。當關係破裂或失敗時，女性傾向於責怪自己，導致自卑與孤獨。當女性為了照顧人際關係而使自我意識變得模糊，自卑感與孤獨感會更加強烈。

休士頓大學教授布芮尼・布朗曾經檢視，女性的自卑與孤獨如何緊密交織。在《我已經夠好了》（*I Thought It Was Just Me: Women Reclaiming Power and Courage in a Culture of Shame*）一書中，布朗筆下的自卑是「一種極度痛苦的感覺或經驗，我們認為自己有缺陷，所以不值得獲得接納與擁有歸屬感。」[32]自卑的體驗讓人「陷入一個網子，這個網子由多層次、互相衝突且互相競爭的社交性社群的期待織就而成。自卑使女性覺得進退兩難、無能為力，而且被孤立。」[33]

有些女性看似對這些免疫。當女性處於有自信、成功且社交活躍的狀態，她們可能顯得格外無所畏懼。然而，維持這種表象可能會導致孤獨產生，因為她們會覺得自己即使有需求，也不能向外求援。

吉娜・克雷頓強森（Gina Clayton-Johnson）是其中之

一。她就讀大學時，在全國有色人種促進協會（NAACP）擔任青年組織幹部。她推動過校園警察、州政府量刑法，以及選民登記等活動。追求社會正義是她的理想，民權運動分子是她的戰友。上哈佛法學院後，她很快就找到一群志同道合的朋友，他們使她更加確定，自己要投入刑事司法改革。她忙到沒時間感到孤獨。但就在她入學哈佛的第一年，克雷頓強森得知和她很親近的某個人被判了二十年刑期。這件事令她非常難過，同時使她開始變得有所遮掩。

「有個聲音告訴我，不能把這件事告訴哈佛的同學，」在多年之後，克雷頓強森如此對我說。

那個聲音是自卑。她非常尊敬教授和同伴，希望成為這個社群的一分子，以致不敢把自己的祕密告訴他們，擔心他們會因此看不起她、排斥她，即使這個社群致力於幫助的對象，就是像她摯愛的那樣的人。她知道這很諷刺，但依然無法向任何人開口。

畢業後，她在紐約市的「哈林社區辯護者服務中心」（Neighborhood Defender Service of Harlem）工作。當她被指派為一位名叫桑德麗雅的年長女性辯護時，情況開始出現轉機。桑德麗雅即將被市政府趕出她家，因為警方主張她家是犯罪活動的基地。原因在於，桑德麗雅的孫子被警方逮捕時，情急之下把她的地址給了警方，其實他住在別的地方。

儘管近二十年來，桑德麗雅在那個社區的租屋歷史不曾有任何不良紀錄，警方仍然指控她違反租屋法，打算透過法律訴訟終止她的租約。

克雷頓強森知道，有很多女性就和桑德麗雅一樣。她們大多覺得自己沒有能力影響周遭的世界，尤其是刑事司法體系。就和克雷頓強森一樣，她們對於自己的處境懷揣著一種自卑感。帶給她們歸屬感的人際鏈結，一個個被侵蝕或斷裂，使她們毫無防備之力。

為了要說服桑德麗雅為自己的權利奮戰，克雷頓強森終於下定決心，與桑德麗雅分享她的祕密。克雷頓強森直視桑德麗雅的眼睛，對桑德麗雅說，有一個對她很重要的人也在獄中服刑，當她得知消息時，覺得非常丟臉，在哈佛的四年，她一直向同學和同伴隱瞞這件事。人生中很重要的一部分不能向她所屬的社群公開，使她備感孤獨。

當桑德麗雅發現自己並不孤單時，眼睛閃爍著認同的光芒。桑德麗雅本來覺得身心俱疲，但克雷頓強森的真誠態度及主動展現自己的脆弱之處打動了她，使她開始信任克雷頓強森。桑德麗雅相信，這個年輕的律師能夠理解她所經歷的事情。

連結的影響力是雙向的。就和桑德麗雅一樣，克雷頓強森也覺得自己被別人看見與聽見了，她已經很久沒有這樣的

感覺。這需要冒險，以及先把自己的脆弱之處示人，還需要相信，自己不會因為說實話而被排斥。不過，終於能夠把全部的自己帶進與桑德麗雅的連結之中，這種感覺非常好。

克雷頓強森的想法與信念感染了桑德麗雅，於是她決定要為自己而戰。那幾個月的訴訟過程非常艱辛，但她們最後還是一起取得了勝利。桑德麗雅能夠繼續住在自己家，而克雷頓強森也獲得啟發，找到了終身的志向──讓受刑人的女性家屬脫離孤立無援的狀態，使她們能互相扶持，以及促成一個更符合人性的刑事司法體系。

當克雷頓強森這樣的女性因為害怕遭到社群的排擠，而隱藏自己覺得可恥的部分人生，往往會使她們備感煎熬。然後，她們通常會選擇把其他的真實情感連同自卑一起埋葬。《女王蜂與跟屁蟲》（*Queen Bees and Wannabes*，譯注：此書後來拍成電影「辣妹過招」）的作者蘿瑟琳・魏斯曼（Rosalind Wiseman），[34] 在研究兒童友誼的那十年間，也曾多次觀察到類似的掙扎。

「女生永遠在拿自己和別人做比較，」魏斯曼告訴我。這種比較使她們可能因為社交領域的挫敗而產生自卑感，同時提高她們產生孤獨感的風險。「你擔心自己錯過任何東西，但事實上你永遠無法趕上所有的人。」

當然，許多年輕女生之間的友誼非常健康，而魏斯曼也

強調，這種友誼其實無比珍貴。「許多女生之所以能夠平安度過青春期，正是因為她們擁有一些好朋友的支持與關懷。在這種友誼中，她們覺得自己真正得到了無條件的接納與理解。有時候，當某個女生做了傻事（像是和不尊重她的男生交往），她的朋友甚至會因此和她吵架。」透過這種優質的友誼，女生學會如何在長大之後形成並維持「有營養」的人際關係。

魏斯曼還說，「女生之間的關係通常很強烈、混沌不清、使人灰心，以及具有羞辱性。」「閨蜜」帶來的喜悅與安全感，有可能會因為絕交與背叛而被徹底粉碎。此外，這種友誼對於年輕女生的身分認同極為重要，正因為如此，當她們誤把有害的關係當成友誼，就可能因此受傷。當年輕女生無法安然度過社交亂流而產生自卑感，這種自卑感可能會延續到成年期，「她們可能會對未來的人際關係形成某種行為模式與期待，使她們在成年後無法與他人建立健康的人際關係。」最後提高了孤獨的風險。

儘管如此，魏斯曼仍特意點出，年輕的男生和女生都同樣需要有意義的人際關係。「有時候，我們認為女生的友誼比較深厚，但研究結果並不支持這個看法。當我們看到女生一天到晚在 Instagram 上聊天，可能會以為她們的關係比不大聊天的男生更親密。那並非事實。男生的友誼如果破裂，

殺傷力同樣巨大。」

　　儘管男女在成長過程接收了不同的社會期待，但事實上
我們無法把人簡單歸納為某個社交行為或態度的類別。男性
與女性的行為規範可能對某些人有很大的影響力（通常對同
性戀與跨性別個體的生活，產生格外複雜的影響，這個主題
的分量足以用一本書來討論），但另一些人受到其他因素的
影響更大，像是個性或家人對某些觀念的特定態度。然而我
們必須意識到，圍繞在我們四周的多重文化層次會結合其他
的文化習慣，形塑我們進行社交連結的容易度、頻率和品
質，以及陷入孤獨的相對風險。

　　文化的各個面向結合在一起，形塑我們對他人的期待，
同時驅動我們的社交行為與志向抱負。文化價值觀會反映出
社會的主流看法，包括什麼才是重要的事，以及該如何引導
我們的人生方向。這些看法實在太普遍，有時甚至會凌駕於
我們的個人欲望和優先順序之上。然而，很少人會去質疑我
們的文化標準，即使它的影響力導致我們感到孤獨和孤立。
為何會如此？

　　一部分原因在於，我們仍然保留著祖先遺留給我們的本
能。長久以來，人類注定要與自己的出生地和部族綁在一
起。文化被理所當然的繼承與接受。歸屬感不只與團結有
關，也有助於防禦野獸和敵人。換句話說，我們對已知威脅

和可能有敵意的人所產生的恐懼與擔憂，已融入文化之中。因此，本能會提醒我們，必須融入族人才能獲得安全感。此外也需要避開或迴避其他人，因為他們可能不值得信賴。我們依然可以在青少年的社交行為中，看見這種本能造成的影響。我們也能在仇外心理、種族歧視與政治對立中，看見這種本能的蹤跡。人類演化的速度趕不上社會變化的速度。

然而，社會變化就和我們的情緒本能發出的信號一樣，具體且真實，因此兩者的拉鋸形成了一種張力。我們已經不再活在與世隔絕的部落和村莊裡，也不太可能終生住在一個地方，和同一群人生活到老死。我們不能只因為別人的模樣和我們不同，就攻擊或排斥他們，因為這不是正當的理由。當我們無法融入原生社群，也不會被放逐到荒野。我們的本能反應依然以過去的情況為前提，但環境已經改變了。

顯而易見的事實是，我們沒有本錢活在部落式的思維和行為模式中。我們愈來愈難將自己孤立於不同文化的人之外。孤立會縮減我們的視野與體驗，但在現今的地球村裡，視野和體驗是無比重要的資源。在我看來，現代人太過於向個人主義傾斜，離集體主義太遠，使我們的文化失衡，而主要原因是善意的忽視（benign neglect）。我們強調個人表現的自由，卻沒有同時確保社群的基礎得到保護與鞏固。現在，我們需要重新把精力投注於重要的集體元素，包括人際

關係、社群組織、鄰里、社會與文化制度，同時必須持續維
護個人表現的自由。

　　為了要成為社群的一分子，或許我們必須做出一些犧
牲，但那是好事。付出與服務他人不僅強化我們的社群，還
能豐富我們的人生，同時增強我們與社群的聯繫，以及我們
的價值感與人生意義，使我們遠離孤獨。但是，我們不該為
了凝聚在一起，而被迫否認或隱藏自己的某些本質。如同泰
特市長在安那翰市證明的，善意可以在我們取得平衡的過程
中扮演非常重要的角色。這使善意成為第三種碗的文化不可
或缺的要素。善意可以為人與人之間的鴻溝架起橋梁，療癒
我們的社會，減少孤獨，使我們凝聚在一起。

　　打造那樣的連結橋梁，是此時此刻的當務之急。不過，
這種急迫性不只源自於文化因素，還受其他因素的影響，包
括步調、多樣性，以及全球變化的壓力。

4　正視孤獨的危害

「很多人想和你一起搭豪華禮車，但你真正想要的伴，是願意在你的豪華禮車故障時，陪你搭公車的人。」——歐普拉

「這個世界必須避免成為充滿恐懼與仇恨的社群，而要成為互相信賴與尊重的聯盟。」——艾森豪總統卸任告別演說

　　孤獨存在的歷史可能和人類歷史一樣久遠，但此時感覺像是個重要拐點。二十年前，羅伯特·普特南（Robert Putnam）在《獨自打保齡球》（*Bowling Alone*）一書中描述，美國的社會網絡與社會規範在二十世紀的最後三分之一開始崩解。他的研究發現，與社會參與有關的各種數據呈現急劇下滑的情況，包括宗教參與度、社群組織的成員數，以及人們邀請朋友到家裡作客的頻率。[1] 普特南說，在那本開創性的著作問市之後，書中提及的許多趨勢仍在持續惡化。[2]

　　假如你今天問人們，人生中最重視的東西是什麼，多數人會說是家人和朋友，然而我們的時間分配往往反其道而行。二十一世紀的世界要求我們追求的目標，似乎都在爭奪我們的時間、注意力、精力和承諾，而那些目標大多涉及和別人的競爭。我們和別人爭工作和地位，和別人爭財物、金錢和名聲。我們努力求生存，奮力想要出人頭地。同時，嘴巴上所說的那些最重要的東西，往往被我們忽略了。

　　現代社會的進步帶來前所未見的進展，使我們更容易利用科技互相連結。但這些進展通常也帶來了意想不到的挑戰，使我們更覺孤單、與人疏離。

　　拜交通工具的進展所賜，我們現在可以更容易的拜訪親友，然而行動力提高的同時，意味有愈來愈多人與摯愛的人相隔兩地。拜醫藥進展所賜，許多人活得比自己預期的更久，但無法避免的是，我們也必須看著更多朋友早我們一步離世。拜科技進展所賜，我們能享受社群帶來的安適，不需要直接和彼此互動，我們可以讓美食外送到家裡而不必踏入餐廳一步；我們可以獨自在家裡看線上串流電影，不需要到戲院人擠人；我們可以在購物網站買到幾乎所有想要的東西，不必與人接觸，甚至連送貨員也碰不到面。現在也有許多人在家工作，線上與顧客和同事互動（如果真的需要互動的話）。人際連結若非逐漸被取代，就是正被邊緣化。

　　艾美・伽羅（Amy Gallo）是位管理顧問，她到世界各地出差的過程中，被迫面對這些變化。伽羅現在是《哈佛商業評論》的特約編輯。她剛進入社會時，曾在紐約的一家管理顧問公司工作，負責在組織裡影響人們如何共事的非正式網絡與社群。儘管她的專長是職場連結，卻經常因為深切感受到與他人失去連結，心裡有很多掙扎糾結，尤其當她被派到離家數千里的地方出差時。她曾經為了某個專案到南韓出差四個月，不懂韓文，一個人住在飯店裡。她之所以能夠安然度過那四個月，是因為還有另外三位美國同事也在那裡。諷刺的是，因為公事而湊在一起的這四個人，唯一的共同點是孤獨。「若是平常，我大概不會和他們交朋友，」伽羅說，「不過，由於我們同時被丟進這個與世隔絕的處境，彼此還是建立了一定程度的情誼。」

　　伽羅在另一家公司工作時，每兩周就必須和同事到華盛頓特區出差。每當他們要離開飯店時，就會先預訂下次出差要住的房間。某次要預訂房間時，發現飯店只剩一間空房。伽羅的女同事向她提議，她們兩個人可以住同一間房。

　　「我當時一定是用看著外星人的眼神看著她，」伽羅回憶道，「因為我打死也不想和同事住同一個房間。」儘管互有好感，但她們那時的交情僅止於表面的互動。「我開玩笑說，不論要她和誰住，她大概都可以接受，因為她的個性非

常外向。我不是。但當時我心想，管他的。」

　　當她們真的住在同一個房間之後，才發現彼此的共同點比她們所知道的更多。事實上，她們覺得非常投緣，在執行那個專案的剩餘六周期間，她們都住在同一個房間，後來也成為好朋友，直到現在依然關係親密。

　　我問伽羅，是什麼因素讓這個連結維持下去？她說，「我覺得我可以真正做自己。當然，我們會聊工作的事，也會聊人生。她曾經歷過一段痛苦的失戀。對於我們想要從事業和生活中得到什麼，我們聊了很多。」這種開誠布公與互相支持，在現今這個忙亂的世界裡非常罕見。

　　與他人疏遠的問題，不只發生在商務人士或到世界各地出差的人身上。為了換取效率，我們任憑愈來愈多的真實人際接觸從日常生活中消失。

　　我還記得，當大型賣場剛推出線上宅配服務時，我感到雀躍無比。我告訴愛麗絲，這種服務為我們省下了往返賣場的時間。然而，我們到大賣場購物的時候，同時也是我們和社區裡的朋友一同挑選商品，或是一同研究嬰兒食品的時候。在那裡，我們可以請認識的店員幫我們尋找很難買到的物品，並在看到其他家長處理小孩哭鬧時，寄予無限同情。這些看似瑣碎的互動，其實是使我們與社群產生連結的重要元素。這樣的互動可以促成歸屬感的產生。

　　與人保持連結的最大挑戰，或許來自於快速的變化步調。人類天生有適應和演進的能力，但我們需要時間來處理新資訊和新的行為系統，以迎合新的社會規則與期待。在從前，新科技的出現需要經歷很長的測試與開發期，我們也需要花時間趕上它。

　　莉塔・麥奎斯（Rita Gunther McGrath）在《哈佛商業評論》寫道，[3] 1900 年之前，電話的普及率達到半數的美國家庭，花費了數十年的時間。一個世紀之後，手機在五年內就達到半數人口的普及率。變化的步調也不斷在加速。2008 年，汽車製造商大約要花六十個月來設計一款新車，不過五年後，設計週期已經減半。這種令人頭暈目眩的變化速度意味著，就像魔法師的學徒一樣，我們還沒有完全適應某個創新產品，它就被取代了。科技正不斷挑戰我們跟上潮流的能力與速度。

　　這種未明言的挑戰在社會結構中形成一股潛在的張力，沒有跟上的人會被拋在腦後，而跟上的人總是不斷在追逐下一個目標。那些跟上的人，不只因為對新科技感到好奇，還因為「跟上」已經成為「擁有競爭優勢」的同義詞。不論是否意識到，變化發生的快速步調已經在我們的腦海中形成一種印象，那就是我們只有兩種選擇：快速適應使自己在就業市場保有競爭力；或是落後其他人並失去競爭力。這個想法

促成了傳統與創新、老一輩與年輕一代、網路與實體社群，以及交易性質與有人情味的互動之間的競爭，使現代人的孤獨和過去感受到的不同。

現代人社交網絡的變化通常先反映在家庭網絡上。我們可以用機器人來和家中長輩作伴，也可以用虛擬玩伴來取代真實的朋友。線上遊戲讓孩子把自己關在房間裡，而不是和朋友面對面互動。一切發生得太快，很少人意識到這些變化對我們造成了什麼影響。事實上，我們就像在狂風中被風捲著走的小樹枝，迷失了方向，在不知不覺中遺忘了什麼才是人生最重要的事，誰才是最重要的人。連結本能還在，但當我們把愈多的時間精力放在追趕潮流，就愈容易疏於覺察自己的狀況，內在社交體系失去作用的風險就愈高。

全天候上線

當我開始註冊臉書、推特和 Instagram 帳戶時，我覺得這些工具是與朋友保持連結、參與社群對話的好方法。剛開始用的頭幾天，我透過臉書找到了失聯很久的同學和朋友。能夠透過網路和一大群朋友聯絡上，是一件很棒的事。

同時我也發現，我們之間的互動並非我渴望的那種有意義的對話。事實上，當我沉浸在朋友的貼文，看著那些刺激

的冒險活動、讓人羨慕的事業發展，以及令人讚嘆的成就，我有 25％ 的時候覺得受到啟發，但有 100％ 的時候感到自慚形穢。

有人說，查看社交媒體的訊息流，就像是拿別人最精采的日子，和你最普通的日子做比較——你永遠輸人一截。

還有一點也令我困擾。我在社交媒體張貼文章的初衷，是為了和朋友分享我的體驗與反思，但我很快就發現自己開始沉迷於查看有多少人對我的貼文按讚、留言與分享。發現自己在追逐別人的認可，讓我感覺很差。

後來，我決定暫停，不再貼文，也不再查看訊息流。我刪除手機裡的應用程式，登出電腦版的帳戶。頭幾天，我還會想要查看訊息流，看看自己有沒有錯過什麼，並且整天感到焦躁不安。後來，我慢慢開始覺得自己變得比較不容易分心、也沒有那麼想要尋求來自數位世界的認可。那種自由的感覺真是暢快。

幾個月後，我再度回歸社交媒體的世界，但只做有限度的使用。我決定只有在我覺得深受感動的時候，才張貼文章，並且不再查看留言、按讚和轉推了。我大幅刪減追蹤者，使訊息流所聚焦的貼文都有助於使我與他人連結，以及強化我對世界的了解。我還在嘗試，有沒有可能達到一個平衡點，讓我能以自己喜歡的方式與社交媒體互動。目前還沒

有找到答案。

　　社會與數位科技的互相依賴愈來愈深，這對心理所產生的整體成本效益究竟為何，還不得而知。2019 年 1 月，牛津大學研究員艾美・奧本（Amy Orben）與安德魯・普里茲貝斯基（Andrew Przybylski）發表了一份令人意外的研究結果。[4] 這項研究指出，數位裝置的使用時間會對青少年社交行為的幸福感產生負面影響，但整體的影響非常小。他們分析了超過三十五萬名青少年的資料，得到的結論是，吸大麻與霸凌對青少年造成的傷害遠大於使用數位科技。

　　稍早，普里茲貝斯基與同事妮塔・韋恩斯坦（Netta Weinstein）所做的另一項研究顯示，使用螢幕裝置的總時數會對整體影響造成差別。[5] 根據這個「金髮姑娘假設」（Goldilocks hypothesis），假如青少年每天花一、兩個小時待在螢幕前，心理幸福感並不會受到傷害，但如果他們長時間使用螢幕裝置，就會造成傷害。有趣的是，完全不使用螢幕裝置的孩子，狀況似乎比適度使用的孩子更糟，這可能是因為現今每個人都在上網，完全不上網可能導致青少年有種被冷落與被孤立的感受。

　　2017 年，匹茲堡大學教授布萊恩・普利馬克（Brian Primack）與同事發現了進一步的證據。他們指出，長時間使用社交媒體可能導致孤獨。他們以一千七百八十七名十九

到三十二歲之間的年輕人為研究對象，讓一群人每天花兩小時以上的時間使用社交媒體，另一群人只使用半小時或更少時間。所有的受試者要利用一個數值範圍，來描述下列陳述是否適用於他們：

- 我覺得被冷落。
- 我覺得幾乎沒有人認識我。
- 我覺得其他人離我很遠。
- 我覺得周遭的人其實「人在心不在」。[6]

匹茲堡的研究發現，社交媒體重度使用者感到孤獨的比例，是輕度使用者的兩倍。[7]這個結果呼應了另一個類似研究提出的擔憂。那個研究發現，社交媒體的重度使用者比較容易感到憂鬱。[8]

這些結果引發了一個「雞生蛋，蛋生雞」的問題。究竟是寂寞憂鬱的人試圖利用社交媒體逃避現實？還是重度使用社交媒體導致人們感到寂寞憂鬱？我們需要更多研究來證明這一點。然而使用這些平台的情況如此普遍，年齡層如此低，要執行嚴謹的研究控制就成為一項挑戰。

奧本強調，要了解科技對人們產生的所有影響，「我們還處於最開始的階段」。她還提到，民眾使用數位媒體的數

據資料，大多掌握在企業手中，學術研究者通常無法取得，這使得要找到答案變得更加困難。奧本也指出，我們如何使用螢幕裝置，或許比時間長度更重要。孩子接觸有害的內容幾分鐘，可能具有很大的殺傷力，然而與家人一同使用螢幕裝置一小時，共度一段愉快的時光，可能會產生非常正面的影響。

隨著我們對於科技的各個面向有更多了解，就更加清楚看見，科技的影響好壞參半。社交媒體能夠幫助人們找到有意義的連結，尤其當他們來自原本就被孤立或被邊緣化的社群。但在不當的情況下，科技有可能放大互相比較的效果，導致霸凌產生，使人際關係的品質降低，加劇孤獨感。

然而，要找到使用這些平台的平衡點，並不簡單，因為社交媒體已經融入我們的社交與職業生活中。假若你是一名新聞記者，就無法完全不使用推特。若你正在找工作，就有必要在領英（LinkedIn）上建立個人檔案，並隨時接收通知訊息。假若你的家人朋友習慣使用社交媒體，宣布重要消息，若你不在那個平台上，就無法得知親友的最新動態。

那些被偷走的時間

此外，現今的社交媒體平台會根據他們對於人類行為與

腦科學的深入了解，進行開發工作。軟體工程師會使出渾身解數，利用各種技術（YouTube 的自動播放、Snapchat 的儲火功能，以及推特和臉書的互動通知），讓用戶不斷回來使用這些平台，並盡可能抓住我們的注意力，使我們在平台上待愈久愈好。在大多數的情況下，衡量應用程式是否成功的經濟指標，不是互動的品質，而是使用時數。我們花愈多時間在平台上，它就能創造愈高的營收（通常是從廣告取得）。換句話說，我們的時間相當於社交媒體的收入。應用程式成為了注意力經濟的主要產品。

可能有人會問，節制使用社交媒體的時間，不是使用者的責任嗎？在理論上是的，但在現實中，我們必須克服經過數千年演化、根深柢固的行為本能，才能辦到。

我們或多或少都會尋求新奇感，而新奇性正是網路的本質。只要點擊某個網站連結，就會被帶往一個新的網站、新的產品、新的虛擬體驗。只要我們發送一則訊息或張貼一篇文章，追蹤者和朋友幾乎可以即時做出回應。這種網路科技促成的快速步調，創造了一種個人性的急迫感和重要性，彷彿全世界都在屏息以待，等著我們的下一個貼文。它也會使我們產生期待，一旦張貼東西之後遲遲沒有人回應，我們的心會感受到一種被人排斥的刺痛。網路的反饋迴路就和新的追求者一樣誘人，並和戀情與友誼倚賴同一個大腦酬賞系統

來運作。對某些人來說，網路的效果如此強大，使用如此方便，使他們開始用虛擬關係來取代面對面的接觸。

　　有多少次，你原本打算用五分鐘查看一下朋友的動態，最後卻不小心滑了一小時？你用臉書傳了一則訊息給朋友，接下來或許會開始瀏覽不同朋友的貼文，欣賞貓咪、美食和旅遊的照片，而這些人你可能一點也不熟。我們可能告訴自己，瀏覽這些訊息只是消遣，但它卻偷走了真實生活中我們和家人朋友相處的時間。

　　我們之所以願意讓自己的時間被偷走，是出於一個誘人但危險的迷思，叫做多工作業（multitasking）。科技（尤其是手機）是使這個迷思普遍被人接受的主要推手。突然之間，我們能夠在前往另一個地點的路上，同時講電話、發送電郵、支付帳款，以及在網路下單買東西。它創造了一個錯覺，使我們以為自己能夠同時完成十幾件事，然而當我們同時多工，其實是把注意力切割成愈來愈小的單位，降低我們在每件事情上的效率和投入品質。

　　研究發現，人類沒有能力同時關注多個活動。所謂的「同時多工」，其實是注意力快速在不同的事情之間來回跳躍，我們只是短暫的分別關注每一件事。2008 年，麻省理工學院神經學家厄爾‧米勒（Earl Miller）在全國公共廣播電台的訪談中解釋說，[9]「當你在不同的事情之間來回轉換，

你以為同時照顧到了每件事，但事實並非如此。」

　　舉例來說，當我們正在和某個人說話時，偷瞄了手機一眼。我們或許聽見、也記得對方說了什麼，但我們處理那些話語和非語言線索的速度和完整性會打折扣。其中一個原因是，涉及溝通的腦部活動使用相同的神經路徑，因此所有的活動會互相競爭資源。米勒說，「你不可能聚焦於這件事，同時又做那件事。」

　　這種來來回回轉換的作業方式，更耗費時間和精力，因為人們平均需要花二十三分鐘的時間，才能重新專注於原本聚焦的主題。[10] 此外，同時多工也會扭曲實際和朋友接觸的價值。瀏覽社交媒體的資訊流，看看朋友在做些什麼，或是更新自己的狀況，這些舉動很容易讓我們產生錯覺，以為已經掌握了朋友的近況。不知不覺中，日子一天一天、一周一周，甚至好幾個月過去了，而我們始終不曾和朋友進行真心或有意義的交流。然後，我們會覺得要親自和朋友碰面變得更困難了。然而，真實見面所創造的社交性收穫，是線上友誼無法提供的。

　　史丹福大學社會學教授保羅‧帕里吉（Paolo Parigi）曾研究網路聲譽對私人關係的影響。[11] 他的研究結果既複雜又令人驚訝。他找的受試者是網路服務（像是 Airbnb 和優步）的使用者，前提是網路聲譽（也就是使用者在應用程式上給

的評價）具有社交簡介的功能。在點對點（peer-to-peer）市場裡，在你和優步司機或 Airbnb 屋主碰面之前，你們已經掌握了許多關於彼此的初步資訊，而這些資訊被濃縮成評分。這相當於你們透過群眾外包（crowdsource），產生對彼此的信任。

帕里吉在 2018 年的訪談提到，[12] 這個評分系統的好處是可以打破表面式的偏見，提高日常生活互動的多元性。「我們發現，假如你互動的對象和你有一些不同，但他有很好的聲譽（評分和評論），你會比較有可能信任他。」然而，這類互動所產生的信任感是非常有限的。

原因之一是，我們在網路上建立的聲譽是有附帶條件的。優步的乘客或許可以相信，司機能夠把他平安載到目的地，但他不會讓這個司機在他出遠門時幫他看家。Airbnb 屋主或許可以相信，房客不會破壞房子裡的東西，但他不會把自己的年邁父母託付給房客照顧。應用程式的評分產生的是一種帕里吉所謂的「淺薄」聲譽，而不是透過長期直接互動而產生的聲譽。

「過去，你可以透過某個過程發現彼此的共通之處，」帕里吉在訪談中解釋道，「而這個發現的過程正是形成友誼的要素。現在，這個過程不是被加速，就是被去除了。你得到的訊息清楚擺在眼前，不涉及發現的過程。」

　　帕里吉用住宿交換應用程式「沙發客」（CouchSurfing），來測試這個概念。沙發客為旅行者與免費提供住處的屋主搭上線。這個服務背後的原始假設是，免費住宿可以形成一種基礎，使友誼能長久維持。沙發客受歡迎的程度無庸置疑，自2004年上線以來，沙發客社群現在涵蓋了一千四百萬個旅行者和四十萬個屋主。那麼，旅行者和屋主之間的關係如何呢？

　　帕里吉把沙發客形成的友誼，拿來和現實世界中屋主和旅行者透過互動、自然發展的友誼做比較。「我們發現，比起對屋主一無所知，當沙發客掌握比較多關於屋主的資訊時，他們形成的友誼反而比較薄弱。」先透過網路上的個人資訊建立關係，似乎可以降低人們相識的門檻，不過卻會使彼此間的連結「比較沒有凝聚力」。[13]

　　相反的，若人們對彼此所知不多，在從無到有、互相了解的過程所付出的努力，其實會反映在最後形成的友誼上。因此重點不在於了解對方多少，而是怎麼了解對方的。我們付出的時間和精神，有助於強化人與人之間的連結。

　　帕里吉表示，這代表科技或許使我們不再那麼孤立，但愈是用網路上輕鬆形成的連結，來取代用心經營才能得到的老式友誼，我們會愈感到孤獨。

　　麻省理工學院教授雪莉‧特克（Sherry Turkle）的說法

更強烈。她說，「人與人的交往正在失去自然、有人味的那個部分。」[14] 過去三十年來，特克一直在研究人類與科技的關係所引發的心理議題。她的著作聚焦於兩個重點：一是對話在數位文化中的重要性；二是科技對於朋友、戀人、家長和孩子，與社群、親密關係和獨處之間的關係，造成了哪些影響。特克表示，當我們處於數位模式時，不論在虛擬和現實世界都無法全心全意的生活。當我們不夠專注時，別人一眼就看得出來，因而不願意與我們分享太多或有深度的事情。

　難怪有研究顯示，當手機和其他通訊科技產品總是與我們形影相隨，我們與他人對話的情感品質就會下降。牛津大學的普里茲貝斯基與韋恩斯坦透過實驗發現，在對話情境中擺放一支手機，就足以對「個體從對方身上感受到的同理與理解程度」，產生負面影響。[15]

　一想到有多少人在吃飯時把手機放在餐桌上，或是在家庭聚會時隨身攜帶手機，就令人憂慮。不過我們都很努力盡量低調，把手機面朝下或是放在桌面比較邊緣的位置，甚至是用餐巾蓋住它。我們也試著說服自己，可以用一種符合禮節的方式，在和別人說話的同時用手機輸入訊息。曾經有人告訴我，假如你在對方說話時用手機傳送訊息，但仍與對方保持視線接觸，那就不算沒禮貌。我還聽過另一種說法，當一群人在聊天時，只要有某個人注視著說話的人，你就可以

低頭查看手機裡的訊息，或是傳送訊息。不過，這些技巧都無法使我們的對話保有完整性與好品質。

人們因為滑手機而冷落別人的現象愈來愈普遍，現在甚至有個新詞用來形容這個現象：當低頭族（phubbing）。有一份 2015 年的研究，調查了四百五十三位美國成人，46.3％的受訪者表示，曾經遇過在和某人說話時，對方當低頭族的情況。

另一項調查發現，在對話時若有一人當低頭族，雙方比較容易吵架，也比較容易對彼此的關係感到不滿意。[16]

科技改變同理心

我們使用科技的方式，不但可能導致我們在面對面互動時分心，還可能使彼此心生隔閡。在社交媒體上留言時，不必和對方正眼相視，也不必直接面對他們的反應，或是我們的留言可能造成的傷害。不過，社交媒體也給我們機會去了解其他人的生活，並以正向的方式與更多人互動。簡言之，在線上論壇用嚴厲措詞教訓別人，是一回事，看到朋友發文陳述自己遇到的困難後為他加油打氣，又是另一回事。一切取決於我們要如何使用社交媒體與數位科技。

科技對同理心的影響可能好壞參半。不過，有一件事似

乎是比較明確的，那就是大多數人同理心的變化趨勢。2010
年，密西根大學的研究發現，自 1979 年到 2009 年，大學生
的同理心分數下降了 40％，最大的下滑發生在 2000 年。[17]

　　幸好，我們有能力回復原狀。雅達‧烏爾斯（Yalda
Uhls）在 2012 年攻讀心理學博士學位時，設計了一個劃時
代的研究。2010 年有研究數據指出，八到十八歲的年輕人
每天在非上課時間，使用螢幕裝置的時數超過七小時又三十
分鐘。[18] 這個數據實在太驚人，因此烏爾斯想要知道，假如
我們把使用螢幕裝置的時間用來和其他人互動，結果會如
何？因此，她找來五十位公立學校的學生，讓他們參加為期
一周的戶外教學營隊，在這段期間，完全不讓他們接觸電
視、手機和電腦。烏爾斯另外找了五十位學生，請他們按照
平常的方式使用螢幕裝置。這兩組學生在實驗前後都接受測
驗，利用呈現情緒狀態的照片和影片，評量他們解讀情緒的
能力。烏爾斯發現，參加營隊的那組學生在照片和影片測驗
的得分，都比對照組高很多。[19]

　　不論參加營隊的影響是使那群學生遠離科技，或是讓他
們有機會在大自然裡彼此互動，麻省理工學院教授特克認
為，烏爾斯的研究結果證明，我們有回復原狀的能力。「僅
僅五天不用手機，同理心水準就回升了。為何會如此？因為
那群學生有機會彼此交流。」[20]

　　不過，假如人們使用科技的目的，是為了逃避悲傷、衝突、失望，以及建立人際關係必須付出的辛苦，那麼要遠離科技就會變得比較困難。我們選擇不去和朋友面對面把誤會解開，或是為真正的問題找到共同的解決方法，而是躲進網路世界，把大量的時間耗在從來不問隱私的「朋友」身上。這是個比較輕鬆的選擇，但最終會使我們變得更孤獨。

　　對於感到孤獨的比例，每個研究提出的數據有些差異，但研究者發現，青少年與二十歲到三十歲出頭的年輕人，是最容易感到孤獨的高峰期（另外兩個高峰是五十多歲和八十多歲）。[21][22][23] 基於這個理由，臨床心理學家凱瑟琳・史坦納阿黛爾（Catherine Steiner-Adair）訪談一千二百五十名孩童、青少年和年輕人，寫成《大斷裂》（*The Big Disconnect*）一書，在 2014 年出版。[24]

　　史坦納阿黛爾告訴我，數位時代的年輕人所面臨的社交悲劇，可以用一位年輕女性的說法來做個總結：「這實在很諷刺。我們是人類歷史上連結最密切的世代，卻一點也不會談戀愛。我們不知道怎麼和別人調情，要喝到爛醉才有辦法和別人上床，而且在上床前甚至不必和對方碰面。最悲哀的是，我們不知道如何以軟弱示人，不知道怎麼打電話，向對方說，『嘿，我真的很喜歡你。嘿，我覺得好難過。嘿，想不想和我約會？』」

　　史坦納阿黛爾說，這些孩子有很多人在成長過程中，一直被父母「斷線」。「小學生、中學生、成年人、年輕人都使用相同的詞彙：悲傷、生氣、孤獨、憤怒、沮喪。他們試著用這些詞彙讓父母正眼看他們，要父母人在心也在，因為他們的父母被數位工具徹底蒙住了雙眼。然而，這些孩子到後來也模仿父母的行為，步上他們的後塵。」

　　科技會破壞連結的品質，不只是因為它使我們分心。如同我在恢復使用臉書之前所發現的，社交媒體會助長互相比較的風氣，我們總是拿別人的身材、穿著打扮、廚藝、房子、度假內容、孩子、寵物、嗜好，以及對世界的看法，來和自己做比較。這有點像是永無止境的高中同學會，每個人「分享」他們的成就、戰績和得意開心的事，爭相證明自己的價值。或許有些人只是單純想要與朋友分享喜悅，但往往變成看起來完美無比的人生集錦，使我們在比較之後感到焦慮和抑鬱，覺得自己糟透了。年輕人受到的影響最深，因為這個階段的年輕人還在定義自己的身分認同和目標。

　　此外，數位管道提供我們看似無窮無盡的選項。使用交友應用程式時，我們可以不斷向左滑（代表不喜歡這個人）和向右滑（代表喜歡這個人），一次又一次，有看不完的人選。我們確定要選某個人之後，很快又會改變主意，因為虛擬世界的供應鏈向我們允諾，當我們下次登入時，它會給我

們更好、更棒的選項。在現實世界裡，一旦選定室友、朋友和人生伴侶後，就必須開始去了解對方的複雜真實全貌，這很麻煩，而且有可能不喜歡後來的發現。於是，尋找「完美」對象的念頭，有效阻礙了我們做出承諾。但「完美」是科技與現代文化營造出來假象，它會使我們抹去人性的真實面。不斷的漫遊、無止境的追逐理想對象，注定會為我們帶來焦慮與孤獨。

諷刺的是，科技也削弱了我們獨處的能力。社交媒體無時無刻的陪伴，使我們誤以為自己永遠不需要獨處，也使我們誤認為，假如感到孤單，就代表我們有問題。然而，獨處是有必要的，我們需要屬於自己的時間和空間，我們需要經常釋放腦袋，任它天馬行空的探索遊蕩，不受網絡演算法與自動播放廣告的指揮。獨處使我們能夠自在的和自己相處，進而使我們在與他人互動時，能夠更自在的做自己。這種展現真我，將有助於打造更強韌的連結。

展現真我就是將自己脆弱的一面示人，只有勇敢的人才辦得到，尤其當我們接受社會的主流觀念，認為假如我們隱藏真實的自己或扭曲自己，別人會更喜歡我們。在科技的推波助瀾下，這個信念似乎變得更普遍了，因為它讓我們可以輕鬆的在網路上張貼一些照片文字，塑造一個更勇敢、更快樂、更好看、更成功的自己。事實上，這些貼文的動作是一

種社交退縮，把自己偽裝成很有人氣的樣子，但這種偽裝實際上只會增強孤獨感。

科技帶來的正面效應

當然，社交媒體與科技導致的影響，並非全都是負面的。科技也能促使我們形成更好的連結。一切取決於它的設計理念與使用方式。Skype 這類平台使學生可以遠距上課，使商務人士可以和客戶與同事開跨國會議。社交媒體也能幫助被孤立的人找到屬於自己的社群，這些人可能因為肢體不便或生病，或是被社會邊緣化，而與世隔離。科技也能幫助我們和失聯已久的朋友再度聯繫上，也使我們更容易與親友分享重要時刻（像是孩子出生、或是痛失親人的時刻），幫助我們與支持的資源連上線。

重點在於，我們的生活方式愈是犧牲人際互動來提升效率，就愈要致力於利用科技促成更深的人際連結。

在我剛開始用臉書的那段時間，我體驗到了科技的正向力量。當時我想要尋找兩個商學院的同學。我不知道他們住在哪裡，也不知道他們畢業後往哪個方向發展事業。我只需要輸入他們的名字，再參考共同朋友名單，神奇的臉書就幫我找到了韋尼和莎琳。我傳訊息給他們，他們也回覆給我

（我得知他們結了婚，住在華盛頓特區）。接下來的幾年，我們一直用電郵和電話保持聯絡。後來，我因為工作的關係到華盛頓特區出差，就會住在他們家。他們成了我的替代家人，而我必須感謝臉書促成了這一切。

現代的溝通科技也能拉近真實家人之間的距離。記得在我小的時候，我會用藍色的單張航空書簡，寫信給印度的親友，在書簡的所有空間密密麻麻寫滿字。書簡需要兩個星期的時間才能寄到印度，而我們必須至少再等兩個星期，才能收到從半個地球之外寄來的回信。現在，拜視訊會議科技所賜，我的孩子可以和在美國另一頭的祖父母一起視訊用餐。我到外地出差時，仍然可以欣賞我兒子的最新藝術創作，或是幫剛學步的女兒加油打氣。

卡喬波會說，這些例子顯示，科技能夠作為網路中繼站，連結現實世界裡的人們。他向我指出，如果人們把社交媒體的訊息流視為終極目的，會覺得人與人之間的距離愈來愈遙遠，對自己的生活愈來愈不滿意。反過來說，如果讓社交媒體平台把現實世界的人連結起來，就能減少孤獨情況的發生。

中繼站的模式有很多種。對於沒有行動能力去戲院看電影的年邁親友，你可以透過線上串流功能，與他分享你最喜歡的電影。遠距工作模式可以為你挪出一些時間，去和鄰居

一起健走。你也可以利用線上購物為你省下的時間,到孩子
的學校擔任志工。

　　還有一些中繼站的模式,起初只是為了個人交流,後來
卻演變成一種促進網路與現實世界人際連結品質的運動。海
拉・莎布里(Hala Sabry)醫師的故事是個很好的例子。

　　海拉是一位急診室醫師。她的社交媒體探索之旅,始於
2014 年 11 月的某個晚上。海拉已婚,有一個小孩,懷了雙
胞胎讓她很緊張。為了懷孕,她吃了不少苦。她經歷過五年
的不孕治療,包括八次體外人工受精,嘗試過多家診所,也
看過許多醫生。她覺得自己很幸運,原本她一直擔心自己會
沒有小孩,現在她即將有三個孩子。但在孕期第三十一週的
某個晚上,她突然覺得心跳加速,呼吸急促,胸悶愈來愈厲
害。她的第一個念頭是,可能是肺栓塞,也就是血塊阻塞了
肺動脈。這是一種危及生命的狀況,懷孕期有比較高的發生
機率。幸好,海拉後來發現,她只是恐慌發作。

　　儘管她歷盡千辛萬苦,才得到她一直期待的大家庭,但
此刻她的心中突然湧現一股強烈的自我懷疑。假如生三個孩
子是個錯誤,該怎麼辦?假如她無法兼顧工作和三個年幼的
孩子,該怎麼辦?她從事的是心力負擔很重的工作,而她經
常覺得,周遭沒有人能理解她所承受的一切。

　　海拉會當醫生,完全出於父親的要求。她的父親是一位

埃及的醫師，他希望海拉能有一份穩定的工作，因為她是家裡最年長的孩子，假如他發生任何事，海拉必須負起照顧全家人的責任。因此，當醫生成了海拉最理想的職業選擇。遺憾的是，海拉的父親在五十二歲時撒手離世，當時海拉正在就讀醫學系一年級。海拉下定決心要實現父親的願望，而且很快就對醫學產生熱情。

開始執業之後，經常有人告訴她，她必須在成功的事業和成功的母親之間做選擇。她提到，她第一次休育嬰假期間，有個升遷的機會直接跳過她，落在另一個資歷不如她的男醫生身上。她請院方說明理由時，院方告訴她，他們以為她想當全職媽媽，因為她剛生了一個小孩。現在，被焦慮籠罩的海拉開始懷疑，當她有三個孩子之後，情況會變得多麼糟？她的丈夫是個全職的航太工程師。他們勢必要找第二個保母，事情會順利嗎？該怎麼做才好呢？

她沒有可以傾訴煩惱的對象。她知道有線上媽咪論壇，但她擔心，假如她張貼關於雇用兩個保母的問題，其他的媽媽會認為她根本是個特權階級。在恐慌發作的過程中，海拉開始問自己，假如是患者經歷恐慌發作，她會對他們說什麼。她不想服用一般醫生會開的安定文（Ativan）或是煩寧（Valium）之類的苯二氮平類抗焦慮劑，因為孕婦服用這些藥物可能會有風險。去找心理治療師談一談，感覺好像也無

法滿足她所有的需求。她需要的是：能夠了解她的狀況，不帶評斷的態度，給予她支持的其他女性醫師的意見。

　　符合這些條件的人，海拉只想得到一個人選：蒂娜。蒂娜是個身兼母職的醫生，她在三個星期前剛生了一對雙胞胎。海拉和蒂娜其實在小時候就互相認識了，但她們並不熟，而且當時已經是晚上 11 點。但海拉還是決定發個訊息給蒂娜，問她怎麼帶她的雙胞胎。

　　幸運的是，蒂娜那時剛好在餵奶，她立刻回電給海拉。她們聊了很久，聊著自己所承受的不確定性和挫折感。當蒂娜說，她也正在為相同的問題而煩惱，海拉當下覺得，如果能找另外幾個醫生媽媽形成一個小群組，對她們會很有幫助。於是她一邊和蒂娜聊天，一邊在臉書上成立了一個不公開社團。蒂娜允諾她也會提出問題，讓海拉不會覺得自己顯得太有優越感或能力不足。她們一共邀請了二十位其他女性加入這個社團。令她們驚訝的是，這二十個受邀請的人都還沒有睡覺，而且有人立刻開始回答海拉提出的關於保母的問題。她們也問海拉，能不能邀請她們的朋友加入社團。海拉那天要上床睡覺時，她的胸痛已經消失了。

　　「明天早上我醒來的時候，這個社團如果能有一百位成員，那就太棒了！」這是海拉入睡前的念頭。

　　隔天早上，「醫師媽媽社團」（Physician Moms' Group,

PMG）已有超過兩百位成員。一星期後，成員增加到一千人。到那個月底時，成員已經來到三千人。五年後，社團成員超過七千人。

我是從愛麗絲那裡聽說 PMG 的事。我們在 2015 年結婚後不久，愛麗絲就加入了這個社團。她經常告訴我討論的內容，包括詢問孩子長疹子的醫療處置建議，推薦的尿布品牌，甚至是和老公約會時該穿哪件洋裝。這個社團最特別的地方在於，成員在現實生活中對彼此產生的影響。她們會向彼此伸出援手，不時私下聚會，每年會舉辦一次年度僻靜聚會，海拉稱之為「三天的姊妹會」。

當我打電話給住在南加州的海拉時，她躲進車子裡和我通電話。「我的孩子在屋子裡吵翻天，如果我進到屋子裡，會沒辦法專心和你講話，」這番話來自五個孩子的媽媽的智慧。你可以從她說話的方式知道，家人是她的靠山，但你同時可以清楚感受到，她對於自己服務的許多人有很深的責任感，包括 PMG 的成員。

要創造一個互相扶持的社群並不容易。海拉必須建立規範，確保社團成員在尊重和尊嚴的基礎上，彼此互動（情況最糟的時候，是 2016 年美國總統大選的競選期間和選舉結束後，雙方陣營的支持者對另一方都很生氣）。她找了二十七個志願者，幫忙她監督社團裡的發言，看看是否有人違反

規定。她偶爾必須移除某些成員。不過，由於 PMG 是個充
滿熱情與真心的社團，被移除的人有時會做出激烈的反應。
有一次，一位心生不滿的前社團成員打電話給某個媒體管
道，結果那個媒體沒有向海拉查證，就刊登了詆毀海拉和社
團的報導。海拉因此收到了謾罵電郵和威脅恐嚇。有時候，
海拉甚至想過要退出這個社團。不過，PMG 對許多女性的
生命所產生的正向影響，總是使她回心轉意。

　　我問海拉，有沒有哪個故事令她印象特別深刻。她思索
了一會兒，然後回答說，「太多了。」

　　幾年前，一位成員貼文說，她的丈夫剛剛輕生離世，她
現在沒有可以說話的對象，也開始產生厭世的念頭。海拉在
即將上床睡覺之前，看到了這則貼文。這個社團對於如何回
應有輕生念頭的人，有一套規則。於是海拉立刻傳訊息給發
文者，然後打電話給她。接下來，社團裡有五個人即刻站出
來，志願組成一個團隊，給予發文者直接的支持。她們為她
排定供餐計畫，並且輪流在周末去陪她。後來她們變成了好
朋友。社群的力量支持她度過難關，現在，那位女性已經恢
復了往日的活力。

　　另一個例子是，有一位身為產科醫生的社團成員貼文
說，她剛剛為一位產婦接生，那位產婦發生了一種罕見但可
能致命的併發症：羊水栓塞，也就是有羊水進入了產婦的血

液裡。就在她發文幾分鐘之後，一群重症加護病房的醫師開始回覆，並建議處置方式。她們發現，那位產婦所在的醫院無法提供她需要的治療，於是，有一位醫師馬上主動幫那位產婦安排，轉院到自己所在的醫院，因為兩家醫院相距不遠。最後，那位產婦挽回了性命。海拉次日在社團裡貼文說：「媽媽救了媽媽。」

海拉還和我分享了一個令人揪心的故事。有一位醫生媽媽貼文說，她六周大的寶寶正住在安寧病房。她寫了一些獻給寶寶的詩，以及一些關於那個寶寶的事。她寫的文字讓所有人非常揪心。許多人表示想幫忙。當那個寶寶離開人世時，社團成員提議要幫忙負擔醫療費用，但是被那位母親拒絕了。後來，其他的成員發現，那位母親還有兩個孩子，於是她們搜尋當地的圖書館在哪裡，發現那個圖書館的兒童區正在重新整修。於是社團成員一起集資，捐款贊助整修工程。現在，那個圖書館的兒童閱讀室外有一個銘牌，上面有一首詩，是那位痛失愛子的母親獻給PMG及她摯愛的寶寶。

海拉回憶道，在成立 PMG 之前，她有一個孩子和一份工作，而且覺得自己快被榨乾了。現在，她有五個孩子，而且比從前更忙碌。但由於得到社團的大力支持，她反而有更強大的內在力量，去照顧家人和病人。「我現在是個更稱職的醫生了，」她告訴我。「在這個社團裡，你可以讓你身為

朋友、姊妹、母親和太太的角色，變得更有意義，從自己的
脆弱得到力量。」

　　和她通過電話之後，我一連好幾天一直在思考她的故
事。最令我印象深刻的，不是她影響了非常多女性的生命，
而是她服務他人的結果，對她自己的生命所創造的正向影
響。她從來沒說過，成立 PMG 之前的自己曾經感到孤獨。
但很顯然，科技促成的社交連結，使她的工作和家庭生活變
得更加精采豐富。我們與他人的連結，是我們獲得滿足感最
主要的來源，同時也可以促成我們做出崇高的行為。科技公
司與新一代的人本主義創業家，必須要開始想像與設計一種
科技，能夠增強人際連結，而不是削弱這份連結，看重互動
的品質更甚於數量，並且有利於提升社會的健康和參與感。

遷移者的悲歌

　　在現今這個世界，我們只需要花幾個小時的時間，就可
以進行洲際旅行。財力雄厚的人可以在一夜之間移民。理論
上，他們可以透過科技與家鄉的人保持聯絡。但是，他們在
新生活中對於社群的需求，要如何滿足呢？

　　中國人有個說法「遠水救不了近火，遠親不如近鄰」。
泰特市長也有類似的感受，他認為社交連結是安那翰市為災

難做好準備的一個優先要務。不論我們住在哪個地方，我們都彼此需要。我是從個人的痛苦經驗，透過拉傑許叔叔的故事明白了這個道理。

在我上中學時，拉傑許從印度來到邁阿密，住進我們家。這是很稀鬆平常的事，因為我們經常有來自印度的親友，來我們家住上一段時間。我的父母和這些客人會聊天聊到深夜，我很喜歡聽他們聊關於那個遙遠國度的事。但拉傑許和其他客人不一樣。他沒有太多話可以聊，但他留給我的印象卻最深刻。

拉傑許的個性溫和，很少說話，當他開口時，幾乎都是在講跟工程有關的事。當他發現，我不知道土木工程師在做些什麼，他告訴我，「我建造橋樑。」

拉傑許已經步入中年，有點駝背，他穿的襯衫和西裝褲總是大得不太合身。雖然他試著讓一頭黑髮保持服貼，但他的頭髮總是會掉落到額頭上，遮住他厚厚的眼鏡。他雖然不常笑，但人並不壞，也不常發脾氣。他的表情有一種難以看透或讀懂的隱晦不明。

拉傑許的年紀雖然已經不輕，但他依然被美國夢吸引，夢想著要為他的家人打造更美好的人生。因此，當機會來臨，他覺得自己一定要到美國闖一闖。先打好穩固的基礎，再把待在印度的老婆和已經成年的孩子接來美國。我還記

得，當時我心裡想著，拋下穩定的生活，一個人來到陌生的國度展開全新的人生，是多麼有勇氣的事啊。當然，拉傑許不是唯一這麼做的人。一代又一代的移民（包括我的父母）前仆後繼的在他之前來到美國，還有數百萬人在全世界遷移，許多人的處境甚至比拉傑許更艱難。不過，那些人的故事離我太遙遠了，而拉傑許的故事就在我的眼前發生。

每天放學後，我總是和拉傑許一起混。當時我們家正在進行大規模的翻修，我們會在工地裡走動。「你看到他們剛剛灌漿的水泥屋樑嗎？」有一天他對我這麼說。

「有，」我回答，「他們要等它變乾變硬，然後在上面繼續蓋其他的東西。」

拉傑許告訴我一個我漏掉的細節。「在他們蓋其他東西之前，他們必須每隔一段時間就在水泥上澆水。水泥的強度大多來自灌漿之後那幾天的澆水。」不知為何，這個知識令我難以忘懷。

不過，拉傑許的不善交際使他難以結交新朋友。他的交通行動能力也有很大的問題。拉傑許沒有車子，對邁阿密郊區的複雜道路也不熟。有一天，他發現我家附近有一個巴士站，他決定要在隔天早上搭巴士探索這個城市。然而，那天下午我放學回家時，我發現他還坐在那個巴士站等車。

在那個年代，邁阿密的公共交通系統相當不可靠，而拉

傑許在那裡等了一整天，沒有任何一輛巴士出現。現在回想起來，他一個人等公車的畫面，似乎象徵了移民者的孤獨，令人心酸。

拉傑許很聰明，而且很有經驗，他會說英語，但他一直難以克服美國的腔調和成語，因此很難和別人溝通。我的父母後來在家族朋友開的建築事務所，幫他找到了一份工作。於是拉傑許搬到一個和別人分租的房子裡。他的一位室友是一個三十多歲的年輕男性，他基本上一直宅在房間裡。還有一位室友是中年俄羅斯女性，她有一個年幼的兒子。拉傑許從來不曾和別人分租過房子，再加上那些室友的文化背景和他截然不同，當他不工作時，他幾乎都待在自己的房間裡。

當時的我還不太懂事，但我已經懂得為他感到難過。日子一天天過去，就這樣過了好幾個月，但拉傑許從來不曾抱怨。當他學會開車之後，我父親把我們家的舊車（藍色的雪佛蘭）送給他，讓他可以自行上下班。他似乎很喜歡他的工作，因為他可以沉浸在他喜愛的領域裡：土木工程。

有一天，我們得知拉傑許向他的老闆借錢，支付女兒在印度的婚禮費用。就和許多傳統的印度父親一樣，拉傑許認為，為孩子辦一場風光的婚禮是父親的責任。但就在女兒結婚後不久，拉傑許失業了。他的老闆告訴他，他的技能已經不符合事務所的需求。他開始找工作，但面試機會很少，而

且都沒有下文。儘管如此,他依然不想回印度,以失敗者的身分面對家鄉的親友。

就在拉傑許找了六個星期工作之後,我家的電話在某個周日下午響起。當時只有姊姊和我在家,我接起了電話。

「我是蘇菲亞,」拉傑許的俄羅斯室友不帶任何感情的說道。「他今天一直沒有出房門,即使我們敲門,他也不應門,我們不知道該怎麼辦。」

我那時想到的是,一定是因為他沒聽到敲門聲。拉傑許有嚴重的重聽。1992 年夏天安德魯颶風侵襲南佛羅里達時,拉傑許仍然一覺到天亮。在一片漆黑中,我們全家人抱在一起,在呼嘯的風聲和扭曲的鐵板發出的刺耳聲音中,不斷禱告。拉傑許隔天早上起床後問我們,暴風雨有沒有來。

「你要不要用力敲門看看,因為他可能沒有戴助聽器。」我向蘇菲亞建議。她說她試過了。我聽了之後開始感到擔心。或許他生病了,或許他跌倒撞到頭,失去了意識。

我請蘇菲亞打電話向警方求救,請緊急救援人員破門而入。她停頓了一會兒,沒有回應。

最後她說,「好吧。」然後掛掉了電話。

等待的過程感覺像是好幾個小時,但其實只有十分鐘,電話再次響起。

蘇菲亞不帶一絲情緒的說,「他們破門而入,發現他用

天花板的風扇上吊，他已經死了。」

　　我一時之間說不出話來。我經歷過幾次交情很好的親戚因為生病而過世，但我對於自殺是全然的陌生，我不知道該怎麼思考與理解這件事。

　　我後來發現，不只是我有這個情況。我的家人全都沒有料到拉傑許會輕生，因此我們都受到了很大的打擊。最糟的是，我爸和我叔叔必須打電話到印度給拉傑許的太太，告訴她這個令人難以置信的消息。我們覺得對他有責任，因為我們是拉傑許在邁阿密唯一的親人。我們一直在想，我們是不是該多做些什麼，給拉傑許更充分的支持。我們有沒有漏掉任何跡象？這是我第一次學到，我們不一定能從人們的外表看出他們心中的痛苦。

　　拉傑許的死也促使我開始反思，我和他的互動所具有的重要性。我從前以為，他把我當成一個無關緊要的小孩。但假如他覺得孤獨，那麼我和他之間關於水泥的簡短對話，以及一些看似平凡無奇的事，有可能遠比我所想的更有意義。其實，我們永遠不知道，我們與他人之間哪個微不足道的互動，可能對他們（或是對我們）產生非凡的意義。拉傑許對於強化水泥硬度的過程的描述所蘊含的智慧，是個很好的例子。我花了很多年的時間才明白，就像水泥的強度主要來自灌漿後那幾天的澆水，我們每個人的力量並非天生擁有的，

而是來自我們經年累月所獲得的愛，那些愛源自我們與周遭
的人之間的關係。

　　拉傑許去世後的那幾年，我的家人和我一直試著拼湊
出，是什麼原因導致他與愛和支持的源頭愈離愈遠。當然，
他承受的壓力有一部分來自他身為家中男主人的身分。因
此，他在找工作的時候，承受的壓力會比一般人更大，尤其
是，他還為了女兒的婚禮向別人借了錢。其實，他大可以回
到印度，重拾相對舒適的生活，因為他有一份好工作，而且
有家人陪伴。不過，他可能將那個選項視為承認失敗。

　　拉傑許並不是沒吃過苦。他和我父親在同一個村子長
大，對貧困和生病一點也不陌生。不過，他還是設法完成了
學業，並且在工程大學找到了一份令人稱羨的工作。克服重
重困難之後，他後來在一所知名工程學校擔任教職。然而，
拉傑許過去遭遇的困難，和他在邁阿密遇到的挑戰有一個很
大的不同點：身在異鄉的他，失去了主要的社交網絡。

　　在印度，拉傑許和家人住在一起，親友和鄰居一天到晚
到他家串門子。因此，即使他不去找他們，也有機會見到他
們，並和他們聊聊天。

　　在邁阿密，我的親叔叔是拉傑許唯一稱得上是朋友的
人。不過，就在拉傑許失業的幾個月之前，我叔叔搬家到紐
澤西去了。或許有人會想，拉傑許可以透過印度的家人獲得

支持。但在 1990 年代，越洋電話一分鐘要好幾塊美元。對於生活費吃緊的拉傑許來說，那是個相當大的負擔。此外，他可能會覺得，向家人訴苦，抱怨找工作找得很辛苦，有損他的顏面。

回想過去，我現在非常確定，拉傑許當時一定感到非常孤獨。他從來不曾向我們提過這件事，在邁阿密也沒有任何可以傾訴心事的人。

遺憾的是，拉傑許的故事並非特例。美國疾病管制與預防中心（US Centers for Disease Control and Prevention）2018 年的報告指出，自殺身亡的人當中，有 54％生前沒有被診斷出任何心理疾病。更糟的是，據估計，2016 年全球有七十九萬三千人因為輕生而死亡。[25] 儘管全球自殺死亡率有下降的趨勢，但在某些國家，自殺率在最近數十年正不斷攀升。美國是其中之一。1999 到 2017 年之間，美國的自殺死亡率上升了三分之一。鄉村地區、男性 [26] 和難民社群是比例特別高的族群。[27]

倫敦的慈善機構「論壇」（the Forum）服務的對象是外來移民和難民。它在 2014 年進行一項小型調查，有近 60％的成員認為，孤獨和孤立是他們離鄉背景的生活中，面臨的最大挑戰。[28] 看著導致他們感到孤獨的因素清單，我彷彿看到了拉傑許在美國的生活寫照：

- 失去家人和朋友
- 欠缺社交網絡
- 語言障礙
- 缺乏獲得服務與資源的管道
- 失去地位
- 失去身分認同
- 失去工作或事業
- 文化差異
- 與外國人相關的歧視與汙名化
- 政府政策的孤立衝擊

「論壇」的報告提到，當上述情況出現不只一項時，外來移民的生活會變得格外艱辛，就和拉傑許的情況一樣。語言障礙與文化差異會導致他們失去一連串的東西，包括專業地位與身分認同，然後導致孤立和自卑的程度提高，進而使生病和死亡的風險急遽升高。若再加上年老、貧困或其他心理健康問題等因素，這些人是最脆弱的族群。不過，孩童也面臨著風險，因為他們往往由於外表和語言腔調與其他同學不同，而遭到霸凌和取笑。

歐洲和美國的種族歧視與反移民言論，以及對外來移民社區的暴力攻擊，往往帶有很強的敵意。身為難民或尋求庇

護者，還有身為外國人（和周遭的人有明顯的差異），可能使你遭到汙名化與威脅，並感到格格不入與不自在。一位女性告訴「論壇」：「我覺得在英國非常不受歡迎。身為外國人，你會明顯的感受到，他們不歡迎你。」

「論壇」發現，讓人們透過師徒指導與志工活動保持活躍與連結，可以有效降低外來移民的孤獨感。[29] 然而，人們遷移的步調變化得太快，使得支持組織難以跟上需求的步伐。

根據聯合國國際移民組織（International Organization for Migration）的數據，在 2019 年，有 3.5％的全球人口（相當於二億七千二百萬人）不住在自己的國家，其中包括二千八百萬名以上的難民。[30] 在 2015 年，有六千六百萬名成人基於宗教與種族迫害、戰爭、暴力，以及人權危害等因素，計劃在隔年永久移居到另一個國家。氣候變遷也是因素之一：2017 年，一百三十五個國家的一千八百萬人，因為氣候相關災難而被迫離開家園。這些數據甚至不包含全世界數百萬名的「國內遷移者」，他們在自己的國家內，遷徙到離家鄉很遠的地方。[31]

據估計，光是中國就有二億四千一百萬名國內遷移者。他們大多介於十六到四十歲之間，從農村遷移到都市的工廠和建築工地工作。[32] 就和其他國家的外來移民一樣，這些農村移居者面臨著非成功不可的巨大壓力。此外，來自政府與

非政府的歧視，使他們得不到都市居民享有的服務。[33][34]中國的遷移者被稱作「流動人口」。再加上另外一群雖然沒有移居他鄉、但情感世界同樣孤立的單身「空巢青年」，這些人代表了一個新的「孤獨經濟」（loneliness economy）。而這股風潮正在襲捲全亞洲。

　　卡拉OK在亞洲是個頗受歡迎的團體活動。拜孤獨經濟所賜，現在一個人也可以到購物中心的個人卡拉OK亭裡盡情歡唱。火鍋（或涮涮鍋）原本是全家人或一群人圍著一個大鍋子，用鍋裡的高湯煮東西來吃。但根據《南華早報》的報導，香港某個連鎖餐廳現在推出「個人鍋」，它的市占率在一年之內成長了兩倍。寂寞的人可以去買機器人或寵物來作伴，或是和應用程式裡的虛擬朋友為伴，例如，「旅行青蛙」（Tabikaeru, Travel Frog）。旅蛙是一個極受歡迎的手機遊戲的主角，就像是出門去度假的朋友，牠會從不同的知名景點寄明信片回來，也會帶伴手禮回家。有人說，旅蛙獨自旅行這件事，是單身玩家喜愛牠的原因之一。2018年初，全球約有一千萬人下載這個應用程式，而中國玩家占了95％。

　　孤獨經濟在日本以比較有人味的方式呈現。日本的人口結構正在不斷老化，而年輕人結婚生子的年齡也不斷提高。日本的出生率現在正處於現代歷史的最低點。到2040年，

有五分之二的日本家庭是由單身人士構成。[35] 需要有個伴的需求非常高，使得東京出現了一個非常受歡迎的服務，那就是人們可以雇人陪自己吃飯、或參加某些場合的活動。[36]

　　孤獨經濟的某些例子似乎有點極端，但這個領域的蓬勃發展，點出了一個我們所有人都必須留意的內在需求，不論我們住在哪個地方。在家人親友日益分散的現代社會，假如我們想要與他人保持連結，就必須超越本能的習慣與沉默忍耐的習性。離開舒適區到外地生活的遷移者，或許看似過得不錯，但離鄉背景可能為他們帶來一連串的壓力，經過長時間累積，最後導致孤獨與孤立。因此，若我們向他人伸出援手，或是送上一句溫暖的話語，有可能改變某個人的一生，假如我們能夠明白，我們所有人的共通之處，其實比表面上看起來的更多。

孤獨老快速成長

　　導致全球性孤獨的一個現代趨勢，看起來似乎是個好消息：年老人口的人數來到史上新高，人們的壽命愈來愈長。有誰不想活久一點呢？不過，就和科技與行動力的不斷提升一樣，這個趨勢也可能帶來好壞參半的結果。壽命的延長會帶來健康上的挑戰，同時使我們失去一些東西。現今世界上最長壽的人不僅活得比伴侶、朋友和其他摯愛之人更久，甚

至活得比自己的孩子還要久。許多人失去身體上的一些能力，還有許多人活在相對與世隔絕的狀態中。

在快速現代化的國家（像是中國和韓國），這個問題會顯得格外尖銳，因為流動人口往往把家裡的長輩留在家鄉。這些社會傳統上以尊重與敬意對待長輩。這些長輩在多個世代組成的大家庭裡，位居最高的地位，將智慧與人生經驗傳承給下一代，並且和年輕世代一起生活，沒有隔閡。然而，原本期待得到這種尊敬與照顧的長輩，突然被到城市討生活的孩子留在家鄉，這可能會使他們覺得自己遭到拋棄與背叛，並因此陷入絕望。在南韓，從 1990 到 2009 年，年長者自殺率上升了五倍，在 2017 年，南韓的年長者自殺率仍位居工業化國家之首。[37] 在台灣，年長者的自殺率是其他年齡層的兩倍。在中國，自 1990 年代以來，都市年長者的自殺率上升了一倍以上。[38]

西方的年長者比較習慣獨居。然而，當他們需要協助時，往往會覺得丟臉與難以啟齒。他們的家人可能因為沒有照顧長輩的習慣，而沒有提供他們協助。隨著上個世紀的嬰兒潮年紀漸長，社會服務也要開始解決這個愈來愈迫切的需求。在美國，嬰兒潮占了人口的四分之一，[39] 最早一批人在 2011 年達到退休年齡。[40] 社會服務能否取代過去的大家庭對長輩的照顧，以及長輩對晚輩的教導，令人存疑。

　　長輩能為家人指引方向，提醒他們家族過去有哪些歷史、傳統與儀式，這將有助於晚輩獲得歸屬感與身分認同。然而，絕大多數的美國人不住在多代同堂的大家庭裡。當年長者的年紀愈來愈大，同輩逐漸凋零，他們陷入孤獨的風險終將慢慢浮現。

　　自從老伴過世之後，安妮也開始與孤獨奮戰，就和許多同年齡的人一樣。安妮的丈夫在兩年前過世。現在，她一個人住在普通的郊區住宅裡，那個房子是他們夫妻倆把三個兒子養大的地方。安妮的個子很嬌小，人瘦瘦的，一頭白髮剪成了時尚的短髮。她已經八十八歲，但腿力仍然很好。她住在加州灣區，經常自家附近的步道健走，而且出門都是自己開車。雖然語帶保留，但她很喜歡談起丈夫詹姆斯的事，以及他們兩人如何把兒子帶大的往事。

　　她說，孩子還小的時候，家裡總是像被颱風掃過一樣，但她很喜歡那樣的生活。周末要忙著到鄰居家聚會，還要出席兒子參加的各種比賽。當詹姆斯帶報社同事到家裡作客時，她就要負責招待客人。詹姆斯喜歡交朋友，而且對人慷慨大方。安妮則積極參與社區的活動。接下來，他們升格當祖父母。兒子很照顧他們，而且都住在附近。因此，安妮依然不曾感受到空巢期的寂寞。

　　此外，她和詹姆斯一直維持活躍、健康的生活，而且深

愛彼此，這有助於她一直處於良好的狀況。他們在 1956 年結婚，感情一直很好。安妮很珍惜他們對彼此的扶持。「那就像是，不論發生什麼事，有個人會永遠在背後支持你。」

詹姆斯退休之後，他們有更多的時間相處。詹姆斯開始學畫畫，他們夫妻倆都很喜歡兒子帶孫子回家玩。他們自己也有很多朋友。

然而，隨著年紀愈來愈大，許多朋友被癌症或心臟病擊倒，他們的社交網絡逐漸縮小。2012 年，詹姆斯的健康開始出狀況，覺得胸悶和體力衰退。有一次跌倒之後，詹姆斯開始需要長期的照顧，而這些壓力也影響安妮的健康狀況。

最後，他們決定讓詹姆斯住進安養院，讓他得到全天候的照顧。安妮將近六十年不曾獨居，需要一點時間適應。不過，她靠著照顧詹姆斯讓自己保持忙碌。她陪詹姆斯去醫院看診，大多數的日子都陪在他身邊。隨著時間的流逝，有更多老朋友離開人世，安養院的病友也是。在安養院住了兩年之後，詹姆斯也離開了人世，享年八十九歲。

雖然安妮已經做好心理準備，但詹姆斯的過世還是帶給她很大的衝擊。時間並沒有療癒安妮心中的傷痛。兒子們輪流回家幫忙整理家務和庭院。孫子此時都已經是青少年，他們在時間允許時也會來看安妮。然而，他們的生活被運動、和朋友出去玩，以及調適社會文化和科技的許多變化占滿

了。對他們來說，要適應那些變化就像呼吸一樣輕鬆自然。

　　但對安妮而言，外界的變化愈來愈難以適應，因為年紀真的會改變一切。「這就好像一直以來，你積極預先做好規劃，」她說，「然後你突然不用做計劃了。」覺得自己被冷落了，想要跟上時代的步伐，又很困難。

　　安妮的頭腦還是很靈光，心境也很年輕，但她的低沉聲音隨著年紀變得沙啞。她最近被診斷出乳癌，不過，癌細胞擴散得很慢，暫時還不需要積極治療。她的體力開始衰退，無法像從前那樣做那麼多事情。她不知道自己獨立自主的生活能力還能維持多久。

　　「這種感覺有點令人失落，」她說。「哇，死亡一直都在，只不過在過去顯得似乎很遙遠。」一想到她必須獨自面對死亡，她開始覺得孤獨。

　　蘇菲‧安德魯斯（Sophie Andrews）非常了解像安妮這樣的年長者。安德魯斯是「銀線」（Silver Line）的總裁，「銀線」是為英國年長者服務的電話客服中心，它的座右銘是：「沒有哪個問題大到不能處理，沒有哪個問題小到不必處理，沒有人必須獨自面對一切。」

　　自 2013 年啟用以來，「銀線」接到的電話每個月成長10%，全都是靠使用者的口耳相傳，至今，他們已經接了兩百萬通電話。「孤獨被汙名化得很厲害，」安德魯斯說。「對

許多人來說，我們這裡是他們唯一可以找到傾訴對象的地方。」

「銀線」接到的電話有固定的模式。白天接到的是查詢類的電話。來電者想要知道如何找到某種服務，或是如何與其他年長者互相認識。安德魯斯說，到了晚上，「我們變成比較像是沙發上的朋友……人們打電話來道晚安。」再更晚一點，「人們的情緒會變得比較低落。他們會覺得寂寞。然後又來到早上，他們又開始打電話來道早安，找人聊天。」

但是「銀線」只能幫助打電話進來的人。許多年長者認為，請求協助就等於承認失敗，尤其是參與過二次世界大戰、總是對自己的自立自強感到驕傲的人。當年長者擔心自己會被家人視為負擔，擔心要被迫接受新的居住狀況，他們不願意向外求援的情況往往會變得更嚴重。許多年長者因為害怕失去他們珍視的獨立性，而「選擇」默默忍受孤獨。

不過，另一群人卻透過年長人口的增長，找到社會優勢。這個觀念是由一群住在波士頓的年長者在 1999 年想出來的。他們向彼此提出一個問題：假如我們一同組成一個支持系統，互相扶持，會怎麼樣？

這就是「村落運動」（Village Movement）的起點。現在，村落運動已經在美國遍地開花，涵蓋超過三百五十個由當地年長者組成的非營利組織。

住在燈塔山（Beacon Hill）的創立者們知道一件事：他們不想從家裡搬到養老院去住。於是他們組成一個會員制社群「燈塔山村落」（Beacon Hill Village），社群的使命是協助彼此「主導自己的生活，創造自己的未來，活出精采的人生」。他們以村落為單位，找幫手來解決他們日常生活中的挑戰，包括開車送他們去看醫生、到賣場買日用品，以及整理打掃家裡。會員也會互相推薦值得信賴的專業人員，像是水管工和理財顧問。或許最重要的部分是，他們定期聚會，一起從事大家都有興趣的活動，包括工作坊、音樂會和志工活動。

「燈塔山村落」啟發了全美國數百個其他的村落，包括「舊金山村落」。「舊金山村落」根據郵遞區號，形成高度在地化的小型「鄰里圈」（Neighborhood Circles）。這些組織的原則促成了當地鄰里的緊密連結，這在舊金山顯得格外珍貴，因為愈來愈明顯的中產階級化與居民遷徙，使年長者變得更加孤立。

「舊金山村落」的執行長凱特・霍克（Kate Hoepke）告訴我，他們開的課程主要是為了協助會員「適應舊金山今日快速變化的文化與經濟面貌」，使會員不僅彼此連結，也能融入周遭的城市律動。這些課程包括高中生與零工經濟班的指導交換計劃。許多課程是由會員自己組織和主持的，它們

建立在互惠文化上，那正是村落精神的核心。

霍克告訴我，「會員可以尋求和給予協助。互惠意味著你們要互相依賴，一同在地老化（age in place）。這種集體需求是促成舊金山村落的社交連結的動力。」

七十一歲的茱蒂・雅各（Judy Jacobs）加入舊金山村落已經好幾年了。她將舊金山村落比擬為年長者的大學。「你投入什麼，就會得到什麼。」

她還記得，她參加了一個腦部健康工作坊。「每個星期上一次課，其中一些女性成員現在已經變成我的好朋友了。我們就像姊妹淘一樣，因為每個星期都會見面。」

雅各發現，最有價值的課程，是那些幫助會員學習如何說出自己的故事的課程，不論是透過寫作、藝術創作，或是說故事。「人們想要說出自己的故事，」她說，「我想，我們所有人都想要知道，我們在這個世界上還是很重要，我們觸及了彼此的人生。」

瀕臨邊緣

為孤獨壯大聲勢的另一個社會變化，是普遍存在的不信任與分裂的氛圍。雖然這種對立是許多因素造成的，但社交疏離是一個重要的根源。

如同健康的連結能幫助我們解決人際關係中的挑戰，強韌的人際連結能幫助我們解決社會面臨的挑戰。全世界的社群都忙著處理各種迫切的問題，像是氣候變遷、恐怖主義、貧困，以及種族與經濟領域的不公平待遇。這些議題需要靠對話與合作來解決。

儘管我們的生活方式愈來愈多元，然而，不論是在網路世界、還是現實世界，我們卻愈來愈傾向於只和自己的同類（例如外表、觀點和興趣相似的人）接觸。這會使我們很容易在不認識別人的情況下，只根據他們的信念或背景，將他們視為和自己沒有關係的人。這會形成一種疏離的螺旋，造成公民社會的分裂。

這是一種惡性循環。當我們與他人沒有連結，我們就不願意傾聽彼此的意見。於是我們會傾向於輕易的評斷他人，對於和我們抱持不同看法的人，把他想成最壞的狀況。這使得我們彼此愈來愈難以一起合作，克服挑戰。當我們遇到的問題愈多，我們就愈憤怒，這使害怕與不信任的惡性循環加速，進而使得我們對整個社會的疏離感愈來愈強烈。情況是怎麼演變到這個境地的？

一個因素是社會地理學（social geography）。今日，絕大多數的美國人住在郊區，而且人數正不斷成長中。[41] 根據皮尤研究中心（Pew Research Center）的調查，現在有 68%

的郊區居民是白人，城市居民只有 44％是白人。這個情況
突顯出城市與郊區種族人口的差異。[42] 即使在城市中，相同
種族或社經地位的人，也傾向於集中居住在同一個鄰里中。

　　同時，許多人認為自己的薪資一直凍漲，而社會的貧富
差距愈來愈大。此外，不論在城市、郊區或鄉村，有數百萬
美國人正在與貧困奮戰，他們得不到收入好的工作。覺得失
去自己應得地位的人，以及自認為是資源分配不均受害者的
人，因此產生愈來愈強烈的擔憂與忿恨情緒。我們從網路、
街頭抗議、電台談話性節目，以及政府內部，都聽見日益沸
騰的民怨。

　　2018 年，一個大型民調發現，79％的美國成人對於
「聯邦政府的負面論調與欠缺禮貌素養，將導致暴力或恐怖
行動」表示關切。[43] 這項民調發現，絕大多數的民眾都表達
出這種不滿，不論他們的政治立場、年齡、收入水準、教育
程度，以及居住地區是什麼。這股暗潮洶湧的焦慮把所有人
推向某個既定立場，彼此交流減少了，互相指責增加了，相
互理解也變少了，我們陷入無比的孤立狀態。

　　拜科技所賜，我們現在可以透過前所未有的各種工具投
入和參與，發現我們和不同族群的人的共同點。現在有愈來
愈多正在進行中的運動，試圖重拾文明有禮的對話，邀請人
們參與有建設性的辯論，以超越那些將我們撕裂的偏見、歧

異的觀點與生活經驗。這些運動的目標不是在一夜之間解決問題，而是協助所有的人一起面對問題。

約翰‧保羅‧萊德拉赫（John Paul Lederach）致力於建構國際和平，他也是調解衝突的專家。他曾深入思考，把人們凝聚與撕裂的機制是什麼。他很坦白的告訴我，「人類在本世紀的挑戰是，我們這個全球性的大家庭如何滿足創造歸屬權（right of belonging）的基本要素？這世上沒有任何一個社群不需要面對這個問題。」

那麼，我們應該做什麼？

在萊德拉赫看來，第一步是促進共同的歸屬感。那代表我們要到人們居住的地方，也就是到他們的家裡或社區鄰里去拜訪他們、服務他們。「當你到人們的家裡，和他們坐在一起，你其實就啟動了集體同理心——你從他們的觀點和生活方式，來看這個世界。」萊德拉赫告訴我。

他說，當你要見的人和你有所不同，即使他們對你有一些擔心或不信任，你仍然希望與他們建立連結，那麼取得這個觀點就成了一件格外重要的事。唯有透過這個方法，我們才能真正開始理解彼此的人生脈絡。

萊德拉赫的話使我想起，在過去那個醫生到病人家裡出診的年代，醫病關係比現在更親密，醫生對病人的了解也更多。我在擔任住院醫生期間，曾做過家庭拜訪，那些經驗使

我明白了家訪的價值。我還記得，我曾經家訪一位身體虛弱的年長女性。當她覺得自己以個體的身分、而不是病人的身分被看見與理解之後，她給予我的信任增加了。

而我對她的健康情況也有比較多的了解，因為她比較能夠自在的告訴我她所關心的事，包括她對某個家庭成員的擔憂，以及房屋修繕方面遇到的問題。這些問題與治療無關，卻會影響她的狀況。現代醫療基本上已經不做家訪了，但這並不改變一個事實：若要將患者視為一個完整的人，最好的方法是到他們住的地方去認識他們。

萊德拉赫說，「人們的孤立程度取決於，他們覺得自己被別人當成隱形人的程度。而這個隱形程度和地盤的模糊性有很大的關聯。因此，當你來到他們的地盤，表達對他們的關切，與他們對話，你就為這個已經失去深層連結的情境，重新注入人性的元素。」

為情境注入人性元素，是產生歸屬感的起點，當我們共處於同一個空間，我們就在促進共同歸屬感的形成。基於這個理由，自古以來，所有的社群一定會在自己的小鎮和城市，刻意建造一些同享空間。在世界各地，人們居住的房舍一定圍繞著公共廣場建造。市場、市集和音樂會這類全體居民的活動，都會在那個廣場上進行。在殖民時代，美國的社群都是以村子裡的綠地為中心，向外擴散。孩子們會在綠地

上玩耍，大人則在那裡互相認識。埃比尼澤・霍華德（Ebenezer Howard）爵士是 1880 年代出現的現代城市規劃先驅之一。他心目中的烏托邦是一個自給自足的社群，被公園圍繞，與工業區和農業區分開。這些城鎮由市民管理，所有的市民共同分享當地的經濟利益，形成一個獨特的社群歸屬感。不過，在郊區住宅區興起，汽車文化凌駕居民文化之後，這個理想就式微了。

萊德拉赫說，當人們使用同一個空間，分擔屬於那個地方的責任，分享來自那個地方的報酬，所有人就在那裡扎了根。他以社群造園運動（community gardening movement）為例來說明。在世界各地，人們一起種植果樹和蔬菜，在公共和私人土地上創造了共享的利害關係。「那種想像力有助於排除深切的失根性（ungroundedness），而失根性似乎已成為現代社會的一部分。」

萊德拉赫的話指出了這個時代的一個重要挑戰。遷徙、遠距工作與遠距商務等趨勢的出現，使社群變得更加難以打造，也失去其重要性。現代人比從前更需要某個實體的共同基礎，讓我們在那個空間裡一起生活、工作、玩樂，以及互相歸屬。

若有長期不和的團體，對彼此的不信任引發恐懼與憤怒，並因此拒絕分享空間，該怎麼辦？那種恐懼和憤怒會削

弱我們對彼此的同理心與關懷，使我們離彼此愈來愈遠，並使疏離感愈來愈強烈。在人類的歷史上，戰爭都是這樣挑起的。假如你除了在戰場之外，永遠不會和敵人碰面，要將敵人妖魔化是很容易的事。隨著全天候的節目播放與社交媒體的出現，影響變得更大了。

誠實面對，勇敢承諾

現代科技創造了一種錯覺，使我們誤以為我們真的很了解我們的敵人。我們每天在家裡隨時可以觀看影片，聽他們發表言論。我們所「了解」的面貌，往往是有誤導性的，而且是片面的，但我們相信自己所看見、所聽見的內容，即使那些影片完全是捏造出來的。於是，我們覺得需要畏懼的人，透過媒體的傳播，似乎變得離我們更近、也更可怕了。不論我們談論的是共和黨與民主黨的對立，或是中東地區的衝突，一種迫在眉捷的威脅感使我們覺得這個世界變得更不安全，也更不適宜居住了。我們過去覺得所有人都屬於這個地方的感覺，不斷被削弱。

這種焦慮最初感覺起來，或許不像是孤立所導致的孤獨，而像是一種熱烈的參與感（有可能是負面的）。但是當我們面對威脅時，我們保護自己的自然反應是封閉自己，並

對別人未審先判，而不是敞開自己，或是對別人做無罪推定。此時我們會聽不進別人的觀點，如同我們處於憤怒與害怕狀態時的反應一樣。我們可以從自己與他人起衝突的個人經驗，明白這個道理。然而，那會使我們和他人之間產生隔閡。此外，我們往往也會對他人心生輕蔑，這種心態會在我們想要凝聚在一起時，形成很大的障礙。

根據 2014 年在《美國國家科學院院刊》（*Proceedings of the National Academy of Science*）發表的一系列研究，[44]這種情況有很大部分源自一種認知偏誤，名為「動機歸因不對稱」（motive attribution asymmetry）。這種認知偏誤告訴我們：我們的信念是出於愛，而對手的信念是出於恨。這些研究發現，以色列人與巴勒斯坦人之間的戰爭，就是這種認知偏誤的展現，以色列人認為他們是為自己的同胞而戰，而巴勒斯坦人是為恨而戰，反之同理。美國的民主黨和共和黨也有這種認知偏誤，他們都認為自己的政治熱情是源自「對國家的愛」，而不明白為何敵對政黨「痛恨我們」。

這種偏誤會導致人們對敵人產生一種發自內心且自以為是的蔑視，這種蔑視不僅助長了不容異己的偏狹態度，也促成一種情緒大雜燴，使孤獨的毒害加劇。假如你必須面對的人認為你的行為是出自仇恨，那麼你注定會遭到他們的排斥，並因此感到挫敗。但假如你要去質疑你認為心懷仇恨的

人,那麼你會因為害怕與不信任而壓力暴增。

　　從事壓力大的工作或試圖解決財務困境,可能會耗費我們大部分的心力,使我們沒有餘力耕耘人際關係。一般性的恐懼與憤怒帶來的壓力,也可能對我們產生負面影響,我把它稱為「情緒負擔」。這種潛伏但危險的負擔,可能會反映在我們看晚間新聞時產生的倦怠與絕望感。它可能會消耗我們的精力,使我們沒有餘力投入有益的活動。它也可能使我們失去包容力與耐心,即使是家人和朋友也無法倖免。

　　這種情緒負擔可能蒙蔽我們,使我們對正向關係視而不見,彷彿和所有人失去連結,或者總是遇到倒楣的事。不論是公寓大樓建案的爭議、市政的辯論,或是國家立法機關的審查工作,人際疏離感使得我們要為衝突找到符合現實的解決方案,變得格外困難。幾乎所有的解決方案都涉及雙方的妥協折衷。假若我們能夠認同和我們起爭執的另一方,我們就比較可能尋求與接受折衷方案。否則,我們必然會堅持己見並走極端,要求一切都要按照我們的意思,不然就拉倒。但這只會使衝突加劇,使我們與他人愈離愈遠。

　　萊德拉赫對於這種僵局非常熟悉,因為他曾在哥倫比亞、菲律賓、尼泊爾,以及東非和西非的某些國家從事建構和平的工作。我很想知道,他在戰區用來調停爭端的某些方法,能否應用於美國本土。

　　我問他，我們該如何超越彼此的差異，展開有意義的對話，使我們能夠不動干戈，分享共同的空間。「我們需要變成朋友，」他說。「我們需要伸出友誼之手。」

　　我們要如何伸出友誼之手呢？

　　「忠於自我，」他說。「忠於自我意味向外接觸並揭露自己真實的一面，真實的對待彼此。在關係中注入某種程度的誠實與承諾，使人與人之間即使有分歧與差異，依然能夠維持連結。」

　　萊德拉赫告訴我，衝突區的人不但想法很極端，而且曾經遭到其他家庭成員的長期威脅與傷害。他說，在尼泊爾或哥倫比亞這樣的地方，怨恨與指控可以追溯到好幾代以前。互相敵視的群體在成長過程中，被教育要把對方視為威脅。那些對立在長期累積之下變得堅定無比，難以緩和。

　　「我們所做的事情之一，」他說，「是信任與凝聚。足夠的信任使人們能夠向外接觸與自我揭露，他們能以更誠實、或是更忠於自我的心態，接納他們的擔憂與恐懼。向外接觸是超越對他人的恐懼，或是超越內團體的人對外人貼上的汙名化標籤。」

　　萊德拉赫說，「向外接觸與自我揭露，是創造公民參與能力和民主精神的支柱，那是生氣蓬勃的社群不可或缺的要素。我認為真正優質的友誼是，儘管你們有所不同，但依然

保持連結。」

　　但我們要如何把這些觀念應用在美國本土的衝突上？

　　萊德拉赫從他的另一個身分（聖母大學的教授），給了我一個簡明的處方。「我給學生的建議是，請他們在班上或校園裡，找出一個和自己有某些差異的人。然後設法和他接觸，使對方願意一起去喝杯咖啡或茶。」

　　萊德拉赫強調，向外接觸的目的並不是試圖改變別人的想法，「不要試圖把你的觀點加諸別人身上，或是因為要想出更好的論點，而聽對方說話。」

　　不是這樣的，他說。向外接觸的目的只是為了找到共同點，然後根據那個共同點，獲得他人對你的信任，以「重建友誼的結構」。要做到這一點，重點在於「從小處開始，但致力於提供更優質的友誼。」

　　為了向學生說明這種承諾，萊德拉赫給學生三個簡單的挑戰：傾聽以了解對方；說話時心口合一；一輩子持續這麼做。堅持到底。

　　「我想出一個說法，叫做『一起移動』（moving together），」萊德拉赫說，「你不需要想著移動全體，你只需要想著怎麼讓幾個人對抗地心引力一起移動。」

　　對抗地心引力一起移動。我想不出比這個更好的說法，可以用來描述改變德瑞克・布萊克人生方向的一段關係。德

瑞克成長於三 K 黨家庭。而一段幾乎不可能發生的友誼，使他拋棄了白人民族主義，轉而接納各種文化背景的人。

馬修・史蒂文森（Matthew Stevenson）是德瑞克在白人民族主義群體之外，最早認識的朋友之一。馬修是正統派猶太人（Orthodox Jew），他和德瑞克都是新學院的學生，他會在大學宿舍裡辦安息日晚餐。馬修和德瑞克後來繼續就讀研究所，德瑞克念歷史，馬修念企管。對他們來說，他們之間的友誼是他們人生中非常重要的成就。

「你是怎麼開始為你們之間的歧異搭起橋梁的？」我和馬修在 2019 年聊起這段往事。

馬修說，他和德瑞克都住在學校宿舍，他住在德瑞克的對面。「我有時候會去他的房間聽他彈吉他，或是和他一起唱歌。當時還沒有任何人知道德瑞克的背景。不過，我戴著圓頂小帽，所以我的身分很公開。」

德瑞克還記得，他和馬修與其他同學曾經在他的房間裡一起看電影。他們兩個人有修過同一門課，對彼此很友善，但不是很熟。德瑞克仍然認為自己是白人民族主義者，只不過他沒有向任何人談起這件事。

德瑞克的祕密被揭發時，他正在德國當一個學期的交換學生。一位同校的高年級生在網路上張貼德瑞克的照片，並加上這樣的標籤：「德瑞克・布萊克：白人至上主義者，電

台主持人⋯⋯新學院的學生？？？」

「德瑞克的父親是『風暴前線』的創立者的消息曝光後，」馬修說道，「所有人顯然都非常震驚。」校園裡掀起了軒然大波。德瑞克大多數的同學對於德瑞克的隱瞞都很生氣。然而，當德瑞克從德國回來之後，馬修主動邀請德瑞克參加安息日晚餐。馬修也說服其他同學一起參加，他的態度不含任何對抗的意味。

「那需要很大的勇氣，」我說，「你期待會發生什麼事？」

馬修的回答簡單但有深度。「我有一個基本信念，我認為每個人的本質是造物主創造的火花，有某個東西把世上的所有人聯繫在一起。即使有人做出我認為應該受指責的行為，但我們依然擁有相同的人性，那是無法抹煞的。即使有人做出對我不利的事，或是傷害我或這個社會的事，我仍然覺得我對那個人有責任。」

我問馬修，這種不平凡的世界觀是從哪裡來的。他說，他的母親曾經有酒癮。在他小的時候，母親曾帶著他去參加戒酒無名會（Alcoholics Anonymous）的聚會。「我見到許多人處於人生中非常黑暗的階段。有一個人因為酒醉，在自家車道意外撞死了自己的兒子。我看到許多人扭轉了他們的人生，從人性脆弱點形成的風暴，轉變成希望的燈塔。」

他稍微停頓了一會兒。「所以我絲毫不懷疑，像德瑞克這樣的人也能發生轉變。」

正如萊德拉赫所建議的，馬修去接觸德瑞克的目的不是為了說服他，而是和他交朋友。「我告訴每個參加晚餐的人，不要提起德瑞克的政治觀點，因為我不希望這個聚會變成吵架大會。我認為那是了解德瑞克的難得機會。我猜，德瑞克在成長過程中，沒有太多機會接觸白人民族主義所譴責的人。」

我問德瑞克，他對那次的晚餐有什麼印象。

「我預期會有一場集體的質問，」他坦白的說。「結果並沒有發生。」

「我知道我們有共同的興趣，像是音樂和歷史，」馬修說。「假如我沒有先和他有過互動，我應該不會邀請他，而他應該也不會接受我的邀請。」

令我驚訝的是，德瑞克說，他接受邀請的原因之一是，因為那是安息日晚餐。「這改變了對話的脈絡，以及我們互動的方式。那是神聖的時刻，你不應該褻瀆它。」

接下來，馬修舉辦了更多的安息日晚餐。德瑞克成為常客，其他常客的背景包括有色人種、外來移民、猶太人，還有非異性戀社群（LGBTQ）。後來，馬修和德瑞克也會一起打發時間。馬修不參加星期五晚上的派對，因為他要守安

息。「而許多派對其實不太歡迎德瑞克，於是我們有很多一對一相處的時間，在我房間的小客廳一起聊天。不過有兩年的時間，白人民族主義是我們明知存在、卻避而不談的話題。」

我忍不住問他，「你是否曾經有過想要談那個話題的衝動？」

「我很好奇，」馬修承認。「我曾經在旅行的時候，被反猶太主義者吐口水和惡意推擠。那些對我來說並不是抽象概念。但我心想，假如我提起那個話題，只會引起德瑞克的防衛。我認為，讓德瑞克參加我們的晚餐，比滿足我的好奇心更重要。」

德瑞克說，「我們沒有一開始就起爭執，是很重要的事，因為那個時候的我們根本不可能改變彼此的想法。我明白我們為何需要等那麼久，才開誠布公的談那個話題。」

「你們都談了些什麼？」

「德瑞克的父親生病了，」馬修回憶道，「我媽被診斷出癌症時，我們曾討論過我當時的經驗。我們聊過宗教和靈性的話題，但從來不提及白人民族主義。我不希望用它來定義我們的友誼，我要等德瑞克主動提出來。」

不過，馬修曾經做過暗示。當馬修得知德瑞克打算和父親在「風暴前線」大會上演講時，馬修問德瑞克，「你這個

周末要做什麼？」德瑞克說，他要參加家庭聚會。

有一個人並不害怕直接與德瑞克談那個話題，那個人是馬修的室友愛莉森。她在馬修決定要邀請德瑞克參加安息日晚餐後，就不再參加那個聚會，但她後來還是回頭了。愛莉森是白人，而且不是猶太人，所以不是白人民族主義仇視的對象。因此她覺得，她有責任去和德瑞克開門見山的討論他的信念。「她問我，我怎麼能一方面抱持那個信念，一方面又去參加安息日晚餐，這兩者難道沒有衝突嗎？」德瑞克回憶道。在無數次的私下對話中，愛莉森不斷請德瑞克檢視並解釋自己的信念。

一段時間之後，德瑞克的信念開始鬆動。在大學畢業之前，德瑞克許多最要好的朋友，正屬於他從小被教導要仇視的族群。「矛盾愈來愈明顯。後來，我不得不譴責我家人的信念，並將它拋棄。」愛莉森那時已經成為德瑞克的女朋友。她告訴德瑞克，只是悄悄的放棄那些信念是不夠的，他必須明確的公開宣告這件事。

於是德瑞克寫了一篇文章，聲明放棄白人至上主義的信念。這篇文章後來被瘋傳。那時，德瑞克和馬修才終於把話談開。德瑞克談到了他們的對話是如何展開的：「我記得我是這樣問你的，『我很確定你知道我的家庭背景，但我們從來沒有談過這方面的事。你有察覺到嗎？』馬修回答說，

『有，當然。』」接下來，他們在酒吧邊喝邊聊，把過去兩年來發生的事都攤開來，包括德瑞克的過去，他的旅程，以及安息日晚餐如何對他的轉變產生深刻的影響。

不過，對德瑞克而言，要徹底擁抱他的新身分，需要一點時間。令他驚訝的是，他發現和新聞記者伊萊・薩斯洛（Eli Saslow）談論自己的轉變經過，對他很有幫助。薩斯洛正在將德瑞克的故事寫成一本書。

「我以為大家的反應會很負面，因為我的出身背景非常負面。然而，我發現我可以對於過去發生的事提出解釋。」當他從各種角度檢視自己的故事之後，他對於塑造他的童年的力量，以及導致他發生轉變的力量，有了更深的理解。「我能夠開誠布公的談論好的一面與壞的一面。那麼做的過程其實讓我變得更自在了。」

不過，德瑞克也為自己的轉變付出了代價。德瑞克的家人對於他公開宣告揚棄白人民族主義，一直無法釋懷，他們的心中充滿了憤怒與受傷的感覺。我和德瑞克進行訪談時，他正在佛羅里達探望他的父母，努力修復他們之間嚴重受損的關係，這是一條漫漫長路。這就是真正的人性……我們有能力愛別人（家人、朋友和陌生人），即使我們與他們的觀念嚴重分歧。

微觀民主之必要

　　某天我和社會學家兼作家帕克・巴默爾（Parker J. Palmer）聊天時，突然意識到，馬修與德瑞克在討論政治立場之前，所建立的信任、接納與共同點，說明了 1800 年代法國歷史學家亞歷希斯・托克維爾（Alexis de Tocqueville）的「前政治交往」（prepolitical association）。

　　巴默爾創立的「勇氣與更新中心」（Center for Courage and Renewal），致力於促進人們跨越彼此的分歧與差異，建立情誼。他在《美國的民主》（*Democracy in America*）中，描述了托克維爾對美國社會和政治體制的觀察。「他說，若沒有人們在前政治層面的主動交往，在各種形式的社群（家庭、朋友圈、教室、工作場所、宗教社群，以及公民空間）聚集，美國的民主不可能蓬勃發展。」巴默爾說，這些集會使人們「想起彼此之間的聯繫，並創造出一百萬個微觀民主（microdemocracy），這是巨觀民主（macrodemocracy）的基礎。」

　　巴默爾所謂的「巨觀民主」，指的不只是投票，還有公民投入和參與。假如我和鄰居家的孩子有連結，那麼我可能會想要參加學校的董事會議，即使我自己沒有小孩。假如我有不會開車的朋友，那麼我比較可能去參與推動改善公共運

輸系統的活動。假如我有參與社區農園，我就比較可能特別留意土地使用分區管制的變更，因為那會增加或減少綠化用地。與他人連結使我們除了在意自己的利益，也會開始關心其他人的利益，進而擴大到整個社群的利益，提高我們一起合作的動機。

同理，欠缺連結除了與孤獨有很大關係，也會降低我們投入公民參與的可能性。如果事情不會影響到我們認識的人，我們往往會不予理會或毫不在意。為何要去整頓清理陌生人的社區呢？如果我們認識的人都沒有在租房子，為何要關注租金管制議題呢？甚至是，假如投票結果不會影響到我們認識的人，為何還要去投票呢？正因為如此，托克維爾所描述的微觀民主才如此重要：因為未來的風險是由所有人共同承擔。

馬修與德瑞克及其他大學同學所共同建立的，確實是微觀民主。若沒有這微觀民主，他們可能永遠無法化解彼此之間的政治分歧，而德瑞克可能會繼續忽視和詆毀與白人民族主義思維相抵觸的所有看法。德瑞克自己也說，大學同學的友誼，扭轉了他如何看待社群與說服之間的關聯。

當他還抱持白人民族主義思維時，他認為說服靠的是理性、數據與論點，而人們是在被說服之後才加入社群。但因為馬修的關係，德瑞克逐漸明白，反過來的道理才是對的：

「你先找到你的社群，然後再被說服。」

　　如今，我們的社會因為許多根深柢固的衝突而分崩離析。上述那個單純的洞見或許能夠對社會上的衝突產生巨大的影響。要對生育權、氣候變遷與刑事司法等議題形成共識，不一定要先從廣泛討論和聽取眾人的意見做起。相反的，我們可以先讓持相反意見的人建立關係，在這種關係裡，人們先以同胞的身分互相認識，建立關係，而不是從每個人的政治立場出發。德瑞克說得對：當我們找到共同的價值觀和共同關切的事，我們的理性與感性的大門就會向彼此敞開。然後我們就能夠「對抗地心引力一起移動」。

　　過去的政治人物其實都明白這個道理。直到不久以前，兩黨的國會議員仍然會在學校活動的場合碰面，因為他們的孩子都上同一所學校。他們會在體育館相遇，一起打壘球。他們會經常參加相同的派對。不過，現在的國會議員在周末都回到他們的選區，而他們的家人通常也住在那裡。此外，若他們與不同理念的人交流，就會被同黨同志視為叛徒。於是，巴默爾所謂的「前政治層面的交往」逐漸消失，開始被「後政治」連結取代，也就是雙方要先有一致的意見，然後再互相連結。這個趨勢會導致人與人更加疏遠，使政治人物更加難以合作。最後使整個國家動彈不得，難以運作。

　　遺憾的是，巴默爾說，今日許多美國人抱持的是德瑞克

過去的想法：「只要你的行為、外表與想法和我們相同，你就可以加入我們。」當這變成我們獲得歸屬感必須付出的代價時，我們唯一的另一個選項是：「你可以說你想說的話，做你想做的事，但沒有人會理你。」

巴默爾所描述的，似乎是傳統文化與個人主義文化之間的差異。但是我想到了第三種碗模式，於是我對他說，「你的話聽起來像是在說，你覺得還有第三條路可走。」

巴默爾坦承，勇氣與更新中心正在嘗試打造一種在社群裡互相作伴的新方法。[45]「獨自在一起（alone together）是一種所有人各自獨處、同時互相關注的社群。」在這樣的社群裡，人們說出自己的故事，由其他人作見證—看見、聽見這些故事，在安全的共享空間裡，讓這些故事得見天日，而且不會被其他人指責。巴默爾在談的是，為第三種碗的文化創造另一種結構性元素，很像是布特尼的「模合」，或是泰特市長的「善意」。

巴默爾強調，個人故事的力量不該被低估。故事可以為龐大而複雜的議題賦予人性，並且把看似令人難以招架的問題與解決方法，縮小成可以處理的規模。故事可以讓人們凝聚在一起，成為夥伴，一同解決問題。若沒有這些故事，人們可能不知道，他們彼此之間其實有一些共同點。「社會議題的龐大架構可能令人望之卻步。然而，與某個人的人生小

故事連結，可以讓龐大的架構產生溫度，並為那個大架構提供線索，幫助人們了解，自己的經驗所具有的意義。」換句話說，唯有透過分享每個人的故事，我們才能互相連結，並開始療癒分裂的社會。

然而，要現代人靜下心來，克制想要解讀與質疑他人故事的衝動，以尊重和敞開的心態傾聽自己沒聽過的故事，並非易事。因此，巴默爾的勇氣與更新中心對於互相作伴訂下清楚的規定。「其中一項規定是，你不能糾正別人。不過，當人們開始說故事和聽故事，他們就愛上這件事了。故事清出一片空間，讓人們得以展開另一種截然不同的對話。」

巴默爾說，那是友誼的對話，因為人們經歷過「獨自在一起」之後，會覺得其他人的威脅性降低了。「陌生人的頭上沒有長角，他們不會造成任何危險。他們從遠方帶來我們需要知道的消息。」

巴默爾還說，重新定義「獨自在一起」的意義後，我們就能克服偏見，跨越愛與恐懼之間的鴻溝。「當你創造一個安全空間，讓人們可以說出自己的故事，他們就逃離社交孤立的狀態了。」

不過，「安全」是通關密語。這種社群需要一個守門員，那個人必須了解所有的風險，並且「有勇氣在火車翻車之前以肉身阻擋，因為一旦發生翻車事件，大多數人將不再

信賴那個安全空間，同時也不會再回來了。」

巴默爾告訴我，正因為如此，勇氣與更新中心不鼓勵帶領者在聚會上使用「家人」或「朋友」這些詞彙。因為這兩個詞彙假定了一種親密的聯繫，使外來者覺得受威脅或不敢加入。「當我聽到教會把『教會大家庭』掛在嘴邊，我總是感到非常擔心，」他說。「你不應該突然引進家庭的意象。你要善用機會，成為私人與公共生活之間的橋梁。」

為了說明他的意思，巴默爾告訴我，一些牧師上完領導力課程之後，會開始在自己的教會打造有專人看照的安全空間，邀請青少年和警察在那裡以「獨自在一起」的方式聚會。這個做法創造了拯救生命的可能性。「他們說出自己的故事之後，下次當他們在街頭相遇時，將會是截然不同的情況。他們的交流創造了一個不一樣的結果。」

巴默爾承認，這種做法可能不適用於極端對立的族群。德瑞克的例子是少數特例。極端主義者往往非常投入自己的立場，他們只想要改變對方，而不想進行對話。但根據巴默爾的估計，極左派和極右派加起來不到總人口的40％。「扣掉那些人，你仍然有60％的人在中間，這已經足以創造巨大的正向改變。」

歸根究柢，我們每個人都渴望與他人連結。「人類有兩種最基本的渴求，」巴默爾說，「自在做自己，以及自在的

在這個美好的世界上生活。當你只和你的自我（ego）連結，你就把自己鎖在一個非常孤獨的地方。我們對自我的覺知是一種共有的概念。不論你從神學或生物學的觀點出發，我們天生是群居動物。沒有了社群，我們會活得很辛苦，彷彿生命中少了氧氣。」

5　揭開孤獨的真實面貌

「有誰知道真正的孤獨是什麼？不是常見的尋常字眼，而是赤裸裸的恐怖。對孤獨的人而言，它戴著一張面具。」——約瑟夫‧康拉德（Joseph Conrad），《在西方的目光下》（*Under Western Eyes*）

　　孤獨是個偽裝高手。它能夠以多種面貌現身，包括憤怒、疏離、悲傷，以及各種痛苦的情緒狀態。它也能依附在其他類似的情緒的源頭，使創傷效應增強，痛苦加劇，同時使人得不到療癒。它創造了一張由傷痛、恐懼與絕望交織而成的網，使我們幾乎無法追查出痛苦真正的源頭。但假如我們仔細檢視安東尼‧杜蘭（Anthony Doran）的故事，我們往往會發現，孤獨就潛伏在表面之下，伺機而動。

　　對杜蘭來說，陸軍 A 連（Alpha Company）的弟兄就是他的家人。他們因為被分發到歐胡島的斯科菲爾德兵營陸軍

基地（Schofield Barracks Army Base）受訓而相遇，許多人和杜蘭一樣，在目睹世貿雙塔倒塌之後，決定從軍報國。他們花了十二個月的時間，以小組的形式一起工作、受訓、吃飯和睡覺。他們一起建立的不只是實質戰力，還有強烈的互相依存感，可以毫不遲疑的把性命交在彼此手中。訓練來到尾聲時，A 連登上軍事運輸機，到阿富汗展開一年的服役期。杜蘭後來告訴我，那是他人生中最棒的一年。

他說，二十三歲的他從來沒想過，戰爭竟然可以帶給他如此強大的歸屬感。「你知道你願意為坐在你左邊或右邊的同袍而死，」他說，「我們之間的羈絆就是這麼強。」同時，他們所做的工作也令他們感到自豪。他們相信自己所執行的任務，也信任彼此。

杜蘭在阿富汗的工作，包括陪同聯邦調查局（FBI）探員追蹤細胞組織成員，捉捕藏身於廢墟中的恐怖分子。阿富汗舉行首次民主總統大選時，他也曾被派去保護冒著生命危險去投票的民眾。有時候，他的小隊會執行分發食物和補給品的人道任務。由於身穿全副裝備，酷熱指數（體感溫度）有時會高達攝氏 53 度。每天他們都要面對某個人或全體隊員無法生還的可能性，但正是那份患難與共的認知，把他們緊緊的聯繫在一起。

杜蘭回憶道，無庸置疑，正是這種同袍之間的連結，幫

助他撐過了每一天。當他於 2006 年退役回到美國本土之後，他依然渴望找到那種連結。即使在十多年後的今天，那股渴望依然存在。「我很想念和那幫弟兄在一起的日子。我們大多數人都會不假思索的願意再度回到戰場上，只為了重溫那種同志情誼。」

雖然我曾聽過其他士兵說過類似的話，但杜蘭的堅定態度還是讓我相當震撼。他感受到（與失去）的同袍羈絆，對他的意義如此重大，甚至願意冒著生命危險，只為了再體會一次這種羈絆。他和同袍弟兄為何不能在和平的時空裡，維持戰時的連結呢？

就和許多退伍軍人一樣，杜蘭對於軍隊的結構與任務都可以適應得很好，相形之下，他覺得平民生活相當混亂且沒有意義。他開始感到迷失。回到紐澤西的家鄉後，沒有人能理解他的經驗。不論是朋友或陌生人，別人的所做所為在他看來，都顯得自我中心和瑣碎無聊。他開始被憂鬱和嚴重的焦慮纏身。

他曾試著向同袍尋求援助，但是每當他打電話給那些弟兄時，總覺得自己打擾了他們的生活。他覺得其他弟兄輕輕鬆鬆就回歸了原來的生活，享受和家人相處的時光，並且忙著找工作。就和許多身陷孤獨深淵的人一樣，杜蘭拿別人的情況和自己做比較時，往往低估了別人的情緒孤立程度。

「他們似乎把生活安排得有條有理，」他說，「我後來才知道，他們有些人對我也有這樣的印象。」

真實情況是，軍中的嚴格規範，訓練他們要隱藏自己真實的情緒狀態。他們的基本心態是堅強與克制。在面對戰爭的危險和不確定性時，那種自我克制對他們非常有幫助。在軍中，他們學會不要把感覺表現出來，或是談論私人問題，向他人求助更是一大禁忌。「你就是不能做，」杜蘭告訴我，「我們受過精良扎實的戰鬥訓練，但沒有人教我們如何面對退役後的生活。」

杜蘭的軍中生活強化了他的童年制約。他的父親是愛爾蘭裔美國人，是一位警官。每天工作十二個小時，一有機會就加班，以維持家計。杜蘭家的男生從小就被期待要「像個男人」，要把所有的感覺封鎖起來。這意味杜蘭無從表達、更別提要管理創傷後壓力症候群帶給他的痛苦。

杜蘭覺得愈來愈孤立無援，而且找不到人傾訴他在阿富汗與回到家鄉後的種種經歷，於是他開始靠喝酒和藥物來麻痺心中的痛苦。一開始，他吃的是醫生針對他的背痛開給他的鴉片類止痛藥，曾經有兩度因為用藥過量差點喪命，其中一次他還留了遺書。他多次因為非法購買處方藥物被逮捕，進出勒戒所的次數多到他自己也記不清。

他的哥哥喬瑟夫曾在伊拉克服役。喬瑟夫後來也染上毒

癮，並死於海洛因服用過量。杜蘭並沒有為哥哥的死哀悼，因為他已經麻木到沒有任何感覺了。

不久他失去了住所，只好住在車子裡。家人迫於無奈，只好讓他回家，住在他小時候的房間裡。

2013 年 1 月的某個寒冷夜晚，杜蘭的父母在客廳看電視，他窩在床上，手裡拿著一小袋海洛因。無止境追求更嗨的感覺令他厭倦，自我憎恨的心痛使他疲憊不堪，而最令他痛苦的，或許是失去與朋友的連結所導致的孤獨，他決定尋求解脫。

杜蘭把套索的兩端分別套在門把和自己的脖子上。當他向前跨出一步，開始感覺繩索切斷了氣管裡的空氣時，一股強烈的恐懼感流竄到他的全身。他雖然不想活下去，但也不想死。好不容易掙脫繩索之後，他癱在地板上不斷大口吸氣，脖子上還有瘀痕。但他還活著。

杜蘭並沒有因此大徹大悟，也沒有下定決心要改過自新，家人和朋友也沒有關切與介入。他只得到一個結論：與陰魂不散的痛苦共存，繼續活下去。

遺憾的是，他的毒癮仍在。一次又一次的短期戒毒計劃始終沒有發揮效果。尚未走出喪子之痛的雙親，哀求杜蘭繼續嘗試治療，但情況一直沒有轉變，直到有一個人匿名付了十五萬美元讓他到治療中心，進行將近一年的住院治療。

　　杜蘭在 2013 年 2 月入住治療中心。一開始，他在團體治療時間只是靜靜的坐著，一句話也不說，但他會聽其他人說話。慢慢的，他開始在別人的故事裡，看見了自己的故事的某些片段。接下來，他漸漸的敞開心房，有時提出一些問題，偶爾也分享一些自己的看法。當他開始在這個群體中得到安全感之後，他才允許自己將脆弱的一面示人，揭露他背負已久的痛苦。

　　經過很長一段時間之後，杜蘭終於意識到，孤獨對他造成的負面影響有多麼深。他曾試著用藥物麻木自己的絕望，但他真正需要的是與他人的連結。他開始在這個新的文化中建立新的友誼，重新感受到了久違的同袍情誼。他學習信任在治療中心的新朋友，如同他當年信任 A 連的弟兄。新朋友的信任和鼓勵，再加上家人的堅定支持，使杜蘭找到了擊敗心魔的力量。他那一年沒有再碰酒精或藥物，直到現在。

　　體會過人際連結將他從懸崖邊拉回來的強大力量之後，杜蘭開始致力於幫助其他人，如同他當初得到別人的幫助一樣。現在，他會和退伍軍人、為癮頭所苦的人，以及備受煎熬的退伍軍人家屬，分享他的親身經歷，並傾聽他們的心聲。他幾乎總是能在他們的故事中，發現潛藏的強烈孤獨感。他希望讓別人明白，他們其實並不孤單。在幫助他人的過程中，杜蘭的人生目的變得更堅定了，他逆轉了孤獨的螺

旋下行力量，找到新的人生意義和方向。

痛苦的偽裝面貌

1889 年出生的芙芮達・佛洛姆賴克曼（Frieda Fromm-Reichmann）是位猶太裔德國精神科醫師，她或許是第一個注意到孤獨往往會潛伏在一些令人困惑的情況底下的人。

她對孤獨的興趣是被一位年輕患者開啟的。這位患者在剛開始接受治療時，完全處於僵直狀態。當佛洛姆賴克曼用充滿同情的語調，請她描述她所承受的痛苦，那位患者豎起了一根手指頭。佛洛姆賴克曼說，「你覺得孤獨嗎？」這個單純的回應從此改變了那位患者的行為。她接下來持續用手勢溝通，維持了好幾個星期，到後來才完全擺脫孤獨帶來的焦慮與痛苦。

對佛洛姆賴克曼來說，這個成功案例是個轉捩點。從此以後，她開始將嚴重的孤獨，與單純的「孤單」或哀悼的獨特經驗分開。最關鍵的是，她發現受孤獨所苦的患者通常不願意承認自己很寂寞。她寫道，「我認為這可能是因為，在這個團體意識文化中，孤獨是最不受歡迎的現象。」[1]

佛洛姆賴克曼觀察到，有些孤獨的人會對最親近的人做出反社會行為，迫使對方遠離自己。他們會暴怒或退縮，不

斷辱罵或假裝冷漠。內心雖然渴求他人的陪伴，行為卻總是把別人嚇跑。她所描述的情況彷彿是在說退伍軍人杜蘭。

與人類演化有關的研究告訴我們，促成這種行為的主要原因是害怕，它有時會累積成恐懼，埋藏在孤獨造成的創傷的深處。它是一種害怕受到傷害的恐懼，這種恐懼的對象是可能會拒絕我們的人。它也是一種害怕被拋棄的恐懼，這種恐懼有可能使我們對拋棄或忽視我們的人，產生憤怒，甚至是暴力行為。

經過多年的觀察，研究者發現孤獨與暴力之間有關聯性。在一項研究中，當研究者告訴受試者，他們會孤單到老，或是他們的伴侶已經拒絕與他們維持關係，他們往往會對伴侶做出抨擊或嘲笑的行為。[2] 此外，檢視暴力犯的背景後，往往可以找到證據，證明他們有孤獨的傾向。

一般的孤獨經驗很少會引發極端的暴力行為；暴力行為通常涉及許多因素，不只是孤獨而已。但假如孤獨是導致某些人產生暴力行為的原因之一，人際連結能夠幫助他們遠離暴力嗎？為了尋找答案，我去拜訪了位於洛杉磯的「防止再犯罪聯盟」（Anti-Recidivism Coalition, ARC）。

聯盟創立於 2013 年，它提供了居住、就業與教育方面的各種支持服務，給數百名服刑出獄的人，也提供一個願意支持他們的安全社群，幫助他們過著「沒有犯罪、沒有幫

派、沒有毒品」的生活，重建人生。聯盟的價值有目共睹：據估計，2018 年約有 11％的防止再犯罪聯盟學員重回監獄，而全加州的再犯率為 50％。[3]

聯盟的總部位於洛杉磯，距離市政中心只有幾個街區之遙，主要的建物是倉庫和停車場。我在某個寒冷的下雨天，開車前往防止再犯罪聯盟。辦公室是個寬敞的開放式空間，地上鋪的是實木地板，感覺比較像是矽谷的新創公司，而不是非營利社服機構。用玻璃區隔出來的會議室裡，一直有人在開會。

這個地方充滿了活力，學員、實習生、政策研究者、治療師與志工在走廊上穿梭走動，人們三五成群的一起討論、大笑，以及解決問題。

那天，我遇到了好幾個願意與我分享人生經驗的學員。第一位是理查・羅培茲（Richard Lopez）。羅培茲已經快要四十歲，身上到處是刺青，包括他的腦袋瓜，身穿卡其褲和正式襯衫。假如他的身上沒有刺青，一定會被當成在星期五以休閒裝扮上班的企業顧問。雖然他的犯罪記錄裡充滿了暴力史，但是當他以溫柔的語氣說起九歲的兒子時，儼然是個不折不扣的慈父。離開監獄之後透過這份工作得到的滿足感，使他流露出滿滿的自豪，但他的表情卻又洩露了內心揮之不去的深深悲傷。

　　羅培茲成長於加州威爾明頓（Wilmington）的國宅「丹納海灘村」（Dana Strand Village）。這批住宅在 1942 年建造時，是為了安頓在二次大戰時期在造船廠工作的臨時工。羅培茲出生時，這裡已經充斥著毒品、幫派與暴力。「有點像是一個自成一格的小世界，」羅培茲這樣描述他童年成長的地方，「你有可能開車經過這個住宅區，而完全不知道裡面正在發生槍戰。」

　　羅培茲是排行中間的小孩，他覺得自己必須努力爭取父母的關注。父親長期酗酒，通常不知道自己的孩子在做什麼，或是人在哪裡。羅培茲的母親一天到晚在工作，直到有一天，她突然離家出走，那時羅培茲正值青春期。

　　羅培茲逐漸開始覺得自己不屬於這個家。他說，「有時候我回到家之後會很想哭，因為我覺得我好像少了什麼東西」，那個痛苦至今仍能從他的語氣裡聽出來。「當時我很孤獨，但我並沒有意識到。」

　　為了尋找歸屬感，他開始跟同樣在家裡覺得很空虛的其他青少年在一起。許多青少年不被允許表達悲傷或脆弱，於是他們的孤獨感通常以憤怒的形式表現出來，然後被導向犯罪行為。羅培茲在十三歲時因為偷車被逮捕。接下來的五年，不斷進出洛杉磯少年輔育院。他一被放出來，立刻去找在街頭混的朋友，而他們大多已經加入幫派。羅培茲的朋友

要他也加入幫派，但被他拒絕了。他很痛恨在成長過程中，一直圍繞在身邊的幫派。但有一天，他和朋友走在街上，一輛車突然開到他們旁邊停下來，車子裡坐著當地幫派的小混混。小混混盤問他們是從哪裡來的。這句行話有個作用，用來分辨他們隸屬於哪個幫派。

羅培茲的心裡突然興起一個念頭。他直視那幾個小混混的眼睛，用自豪的態度大聲說出某個當地幫派的名稱，朋友都驚呆了。然後那輛車就開走了，因為那些小混混和羅培茲所說的那個幫派沒有過節。羅培茲至今還記得，當他的朋友知道他終於加入他們的大家庭時，都興奮得不得了。

後來的那些年羅培茲一直在思索，他在那個時候為什麼覺得自己必須加入幫派。他找到的最好的答案是：想得到歸屬感的渴望在長期壓抑之後，終於浮出水面，取得了主導權。這個說法使我想起了德瑞克的類似說法，關於他在白人種族主義運動中成長的感受。羅培茲說，幫派或許有很多負面的東西，但它提供了一個社群，讓你覺得自己受到重視。

「剛加入幫派時，你得到的愛幾乎會把你淹沒，因為每個人都會來擁抱你，」羅培茲告訴我，「每個人都會說，『歡迎加入，兄弟。幹得好，兄弟。你現在是我們的一分子了，兄弟，你現在是家人了。』我當時還很天真，覺得自己得到滿滿的愛，而我必須回報他們。在幫派中，回報的方式就是

使用暴力，去外面製造混亂。」

羅培茲不忍心告訴家人，他已經加入幫派，因為他知道家人會替他擔心。因此，他把幫派分子的身分當成祕密，在家裡絕口不提。很快的，他開始感到痛苦與後悔。無法把這件事與他最親近的人分享，使他覺得更加疏離與孤單。

羅培茲說，他的孤獨後來轉變成憤怒，憤怒又再轉變成暴力。2005 年，警方查獲他身上夾帶的槍械與彈藥，以謀殺未遂的罪名將他逮捕。他因為持槍的指控被判了 180 天的刑期。2007 年，他與敵對幫派成員械鬥之後，被警方以施暴的罪名逮捕。他的前科使刑罰大幅加重，被判十四年又四個月的刑期。「那裡面發生的事情非常黑暗，」羅培茲低聲的說。

不過，監獄的隔離卻使羅培茲開始改變。入獄不久，女友告訴他，他就要當爸爸了。他當時既開心、又心痛，因為他知道他的兒子可能會和他一樣，沒有父親陪他一起長大。

「我從那時開始改變自己，讀更多書，也更常禱告。我開始去上學，拿到高中同等學歷，然後去上大學。我開始去拿一大堆證書，包括教養小孩的證書。我很喜歡這一切。」

我和羅培茲談話時，他已經服完十年的刑期，剛出獄半年。他那時已經和家人建立了新生活，找到一份工作，讓他可以養家活口，買一輛車，還擁有一個銀行戶頭。這一切都

要歸功於防止再犯罪聯盟提供的多元支持，包括工作、住所，還有其他的重返社會計劃，以及社交支持團體。

但羅培茲的心理狀況復原得比較慢，「我每天都在戰鬥，在心理層面，努力打敗那個怪物，牠總是告訴我，我無法擺脫我的過去。孤獨感到現在還是會影響我。」

他和妻子雖然感情很好，但他發現自己很難把過去的某些經驗說給她聽。就和從戰場退役返鄉的杜蘭一樣，羅培茲覺得，沒有加入過幫派或進過監獄的人，一定無法理解他的情況。此外，他身上的刺青總是把別人嚇跑。

他能夠全然自在的無話不說的對象，只有一個人，那就是他的九歲兒子。兒子與他的對話不夾帶任何評斷的意味，使他覺得自己是個正常人。對羅培茲而言，兒子是上天賜給他的禮物。「我們的對話使我重新和人性的根源連結，因為我喪失人性已經好長一段時間了。我現在每天早晨起床後會對他說『我愛你』，而他也會對我說『我愛你』。那種感覺真是不可思議。」

羅培茲在我們的對談中提到「愛」的次數，多到令我感到訝異。他認為愛是孤獨的相反，愛是欠缺連結的解答。他也明白，愛自己和愛別人是密不可分的。

羅培茲最後談到了他想給年輕的自己的一個忠告：「和朝著對的方向前進的人交朋友。你會在那群人身上找到你需

要的愛。假如你結交的是做壞事的朋友，你也會得到愛，但那是一種虛構的愛。它是假的，只是暫時性的。」

羅培茲的這番話讓我很感興趣，但同時有點不解。他加入幫派是為了滿足生命中的情感缺口，而且他達到目的了。幫派成了他的家，得到他的效忠。他為幫派的弟兄冒生命危險，如同杜蘭願意為 A 連的弟兄出生入死，但羅培茲為何說幫派給的愛是「假的」？

暴力效應

菲利浦・萊斯特（Phillip Lester）幫我解開了謎團。

就許多方面來說，萊斯特與羅培茲的人生軌跡幾乎完全相同。萊斯特現在四十多歲，個子高高瘦瘦的，留著長長的雷鬼捲髮，說起話來輕聲細語。他十六歲時，曾因為四次謀殺未遂接受審判，後來入獄服兩個刑期，總共二十一年。

萊斯特成長於洛杉磯中南部，被祖母扶養長大，給他愛與穩定的生活。然後，幫派進入了他們的社區。那些人身穿色彩鮮豔的衣服，用酷炫的手勢溝通。然後暴力也進來了。

他在八歲的時候第一次經歷槍戰。「我和我叔叔站在街角，」萊斯特說，「有幾個人出現在我們面前，問我們從哪裡來。我叔叔立刻朝他們開槍，同時逃進身後的建築物裡。

對方也朝著他開槍。不過，我並沒有被嚇到。我只是心想，『哦，該死，真的？假的？』我完全不知道事情的嚴重性。祖母的房子後來有好幾次被鎖定為目標，遭到飛車掃射。我也曾在後院中過兩次槍。叔叔後來在家中遭到槍殺。」

萊斯特最終還是加入了某個幫派。但他發現，幫派裡的關係和外面世界的友誼不同：幫派的愛是有條件的。

「我後來意識到，幫派分子效忠的對象不是你，而是幫派的規矩。即使我從小和你一起長大，假如你決定去做幫派禁止的事，像是告密，我會立刻和你斷絕關係。」

我請萊斯特和羅培茲反思孤獨與暴力之間的關係，羅培茲毫不遲疑的回答說，「我認為孤獨與暴力之間是一種詭異的手足關係。在我成長的地方，每個人都很孤獨，四處尋找發洩的出口。當你覺得孤獨時，你會對周遭的人懷有很強的敵意。我會挑任何一件小事爆發，以那件事為藉口，做出暴力行為。」他描述的暴力效應，和杜蘭所說的鴉片類藥物的效應很像。「暴力可以暫時頂替孤獨，但當亢奮感消退之後，孤獨感又會回來，而且變得更強大、更飢渴。你根本無處可逃，它變成了你生命中的主宰力量。你可以試著去了解它，但只會徒勞無功，你可以用酒精、藥物或是任何你想得到的其他東西來安撫它。但是到最後，它依然存在。你必須面對鏡中的自己。」

羅培茲的分析令我想起卻斯林，以及她幫助澳洲中年男性的經過。那些男性為孤獨所苦，但他們以挫折、憤怒、不耐煩和壞脾氣，來表達心中的痛苦，而他們發洩的對象通常是配偶。難怪他們的配偶到後來常會覺得非常挫敗，不知該如何是好。

經年累月不斷發洩怒氣的結果，是使人變得冷酷麻木，包括當事者和他周遭的所有人。

萊斯特指出，這使得要和其他人連結變得更加困難。「就像是你人性中的某個部分變麻木了。有些人帶著這種麻木過一輩子。你會發現自己處於一個孤獨且孤立無援的地方，因為你覺得沒有人了解你。」孤獨會招致暴力，而暴力使孤獨更加根深柢固。

那麼，什麼才能中斷這個循環呢？對羅培茲而言，是家人的愛。對萊斯特來說，是防止再犯罪聯盟這個社群。自從出獄之後，萊斯特全心全意投入防止再犯罪聯盟的使命，一方面幫助別人，另一方面也從支持小組得到幫助。脫離暴力團體之後，他開始看見另一種方法，可以形成與鞏固歸屬感與互相結伴的感覺。在防止再犯罪聯盟，人們會以坦誠且不評斷的態度看待你。「這裡的人只有一片真誠，」他說，「這裡是家。他們看見的是真正的你。」

善意力量大

　　萊斯特想要在防止再犯罪聯盟幫助別人，杜蘭立誓要幫助為孤獨與絕望所苦的軍中同袍與退伍軍人，羅培茲下定決心要幫助兒子在平安與愛的環境中長大，以及男士棚的成員基於不明言但顯而易見的需求，為彼此和社群服務，這些例子都有相同的主軸。這些人際連結不僅拯救了他們的人生，而且有一個共同點，那就是服務他人的精神。這使我想起卡喬波夫婦觀察到的結果。他們與現役美國陸軍士兵合作，致力於提升社會復原力。他們發現，展現善意與寬厚，是降低孤獨感與提升幸福感最有效的具體做法。

　　「幫別人一個小忙，會在無形中使對方覺得有義務回報這份善意，」卡喬波夫婦在《哈佛商業評論》中寫道[4]，「當一方的行動被另一方視為出於善意，互惠的社會規範會激發感激與互相尊重的感覺，促進合作，並強化人與人之間的信賴與羈絆。」

　　當佛洛姆賴克曼向處於僵直狀態的患者展現善意，並對她的真實感受產生興趣，就促成了這樣的結果：將孤獨的面具扯下，為建立關係奠定基礎。

　　正因為如此，在所有的主流宗教信仰中，服務都扮演了重要的角色。信眾或會眾被期待要互相幫忙，就和我們的部

落祖先一樣。當他們這麼做之後,會覺得自己與神更親近了。關鍵是,大家普遍認為,給予者、接受者與神所形成的三角關係,可使給予者和接受者都得到服務的獎賞。

孟加拉詩人泰戈爾(Rabindranath Tagore)寫道,釋迦牟尼教導他的追隨者,要尋求「並非藉由不工作而得到的解脫,而是透過對的行動做出無私的奉獻所得到的解脫」。[5]古印度的《奧義書》(*Upanishads*)明白指出,「當一個人的快樂來自另一個人的自願犧牲,將令神明歡喜」。[6]

在基督教信仰中,耶穌對窮人和有需要的人慷慨付出與奉獻,因而受到世人尊敬。此外,仁慈被視為核心美德。大多數的基督徒相信,幫助他人是信仰的展現。

在猶太教信仰中,「正義」的誠命和「給予」有相同的源頭。除了為窮人付出時間和金錢,還強調「慈心」,也就是給予的精神。他們也推崇一個古猶太觀念:修復或療癒這個世界。歐巴馬和柯林頓都將此視為服務的願景。

在伊斯蘭教信仰中,服務被寫進經文中。《可蘭經》不僅要求富人要為窮人服務,也告訴窮人要如何服務他人。先知穆罕默德揭示,信仰的基礎是重視人際連結,他還建議人們要將微笑視為展現仁慈的舉動,而仁慈是個珍貴的禮物。

就和先知穆罕默德一樣,十二世紀的拉比邁蒙尼德(Maimonides)明白,善行的首要目的是提升給予者和接受

者之間的關係。因此，邁蒙尼德教導說，互動的品質和善行的內容一樣重要。慈悲的給予裡，容不下羞辱、優越感和依賴。社會學家克里斯欽・史密斯（Christian Smith）與希拉蕊・戴維森（Hilary Davidson）曾說，「我們從給予中獲得，因緊握而失去。」[7]

這一點至關重要。服務不一定要繁重艱鉅、使人苦惱或是令人筋疲力竭，但它必須出於善意。在理想情況下，這種善意透過服務，變成我們本質中更深的一部分，並融入我們的人格中。因此印度聖雄甘地曾說，「找到自我最好的方法，是在服務他人中捨棄自我。」[8]

最近有許多研究者從神經學觀點繼續挖掘這個主題。其中一位是史提夫・柯爾。[9]柯爾告訴我，服務與目的和意義有緊密的關係，在社交聯繫中都扮演了重要的角色。不過，服務或許對於療癒孤獨造成的創傷，提供了關鍵的鑰匙。

柯爾指出，孤獨所導致的過度警覺，其核心是自我中心（egocentric）。極度孤獨的人因為備感威脅，於是只專注於保護自己的內心不受傷，沒有剩餘的精力可發揮同理心，或是關心別人。不過他說，「除了自己的健康和安全保障之外，我們也重視許多其他的東西。」包括大自然、藝術、政治，或是貧困問題。即使在孤獨的時候，那些議題仍然會激勵我們，到博物館或是食物銀行擔任志工。「因此，從神經

生物學的觀點來看，讓受到威脅的人把注意力集中在他們關心的事物上，是一個效果相當好的技巧。」

2016 年，神經學家娜歐蜜·艾森伯格與共同研究者指出，幫助他人的經驗會降低大腦中壓力與威脅中樞的活躍程度，包括杏仁核、背側前扣帶迴，以及前島。他們同時觀察到，與關懷和獎賞有關的大腦部位（腹側紋狀體和中隔區）的活躍程度提高了。[10] 這代表幫助他人會降低我們的壓力，同時提高我們的幸福感。因此，幫助他人是一帖重要的解方，可以解除孤獨與疏離造成的痛苦

2017 年在《老年醫學期刊》（*Journal of Gerontology*）出版的另一項研究確認了這個效應。這個研究根據近六千名美國人的資料，比較寡婦與已婚女性的孤獨比例。[11] 毫不令人意外的，一般來說，覺得孤獨的寡婦比例比已婚婦女高更多。然而，有一個引人注目的例外：在一些服務性活動中擔任志工每周超過兩小時的寡婦，她們的孤獨程度不比擔任志工的已婚婦女更高。助人有效的消除了喪偶造成的孤獨感。

我們其實不該感到訝異。助人能讓我們感到滿足，覺得人生有目的，同時讓我們的行動變得更有意義，因為它將我們行動的價值延伸到別人身上。簡言之，助人使我們覺得自己仍然具有重要性，這是一種很好的感覺。

柯爾說，服務的類型就不是那麼重要了，並沒有哪個助

人方法是所謂的「最好」或「適用於所有人」。對象也不一定必須是其他人。當我們感到孤獨時,或許會覺得加入直接幫助弱勢孩童或年長者的團體,會有很大的壓力,但我們對動物的愛,可能會引導我們去加入流浪動物救援組織;我們對環境的關心,可能會啟發我們去參與清理海灘或森林的活動;我們對文學的喜愛,或許會引領我們去公共圖書館擔任志工,幫忙把書本歸架。任何一種服務都可以,只要你是出於真心去做,而且覺得它對你有意義。

根據柯爾的說法,當我們強烈覺得自己的人生有目的和意義,「上述兩個大腦系統的平衡狀態會發生變化。其中一個系統負責逃避危險或威脅,並做出反應,另一個系統負責的是尋找、發現與渴求。」尋找、發現與渴求系統一旦啟動,就會凌駕逃避威脅的系統。這會創造一種「療癒狀態」,使我們不再把焦點放在自己身上,進而可能帶給我們解脫。

這種解脫會反過來使我們能夠以更輕鬆的心態,與其他正在助人、或接受幫助的人互動。如此一來,所有人就能朝著相同的目標一起努力,並且獲得共有的目的和意義。當我們與其他人並肩在圖書館或流浪動物之家服務時,就會感受到這種社交與情感層面的相互性。

基於同樣的理由,志工組織、社會運動團體、宗教團

體，以及防止再犯罪聯盟推出的計劃，對於幫助人們脫離孤獨，扮演了至關重要的角色。它們提供安全的機會，使人們在與他人連結時，重拾了人生的意義、價值與目的。

我先說清楚，只是關心某個議題是不夠的，光是加入某個團體也是不夠的。當我們與其他人同在一起，採取行動達成共同的目標，真正的療癒綜效才會發生。「重點不在於遇到其他人（至少在一開始的時候），」柯爾說，「而在於找到目的，並參與某個比自己更大的藍圖。」

畢竟，我們是社交動物，而我們的身體知道，只關心自己並不是人類的正常狀態。因此，當我們與其他人一同完成某個正向的事，我們的大腦會透過神經生物系統的作用，獎賞我們。換句話說，行善使我們得到良好的自我感覺。

柯爾強調，這種對孤獨產生的影響是間接的。「聚焦於某個目標或使命，或許能幫助孤獨的人重新參與一些活動，使他們真正明白，其他人不一定會帶來威脅。於是，他們可能會建立社交關係與社交資本，從那些關係與資本得到足夠的資源，讓他們覺得自己的狀況還不錯。」

柯爾提出的觀念是，服務的作用像是為孤獨開個後門，讓社交生活起死回生。雖然我覺得這個觀念在我的個人經驗上獲得驗證，但是當我從客觀的角度思考之後，我發現有一個知名組織，一直在運用這個具有療效的「後門」，長達將

近一個世紀。

驅動癮頭

比爾・威爾森（Bill Wilson）是戒酒無名會的創始人之一。他非常清楚服務對於戒酒無名會成員產生的治療效果，也很清楚孤獨與成癮之間的關係。除了酒癮，這個三向關聯也同樣適用於其他的成癮，包括鴉片類藥物、賭博、線上遊戲與食物。威爾森是把此三者連接起來的第一人，他的目標是幫助酒癮者。

威爾森寫道，「幾乎所有的酒癮者都受到孤獨的折磨。[12]在我們的酒癮失控、周遭的人開始與我們斷絕往來之前，幾乎所有人都嚐過得不到歸屬感的痛苦滋味。或許我們生性害羞，不敢主動去靠近別人，或是我們選擇用活潑喧鬧、熱情親切的形象，努力想要贏得他人的注意力和陪伴，卻一直得不到（至少我們是這樣想）。彷彿面前總有個神祕的障礙擋在那裡，我們既跨不過它，又搞不懂它。」

威爾森是透過親身的酒精成癮經驗才明白這個道理的。戒酒幾個月之後，威爾森認為，假如他要繼續滴酒不沾，他需要和某個同樣經歷過酒癮的人互相作伴，那個人能夠以對等的地位和他聊事情，尤其在報復性痛飲的衝動浮現時。威

爾森後來找到的伴，就是同樣為酗酒所苦的鮑伯醫生（Dr. Bob）。他們之間的關係不僅催生了戒酒無名會，也形成一種互助服務的基礎「贊助者制度」（sponsorship）。在這個制度裡，酒癮者互相配對，其中一人擔任值得信賴、會保守祕密的導師，幫助彼此與酒精保持距離。正如戒酒無名會的宣傳單上寫的，「我們根據經驗知道，當我們把清醒狀態送給別人，自己的清醒狀態也會倍增！」[13]

這句話的意思是，服務是雙向的禮物。贊助者運用他們的個人掙扎、成功經驗、策略與毅力，來引導、鼓勵與幫助其他成員，藉此將他們的清醒狀態「送給別人」。這種服務並不是犧牲，有助於增進贊助者與接受者的復原。這正是柯爾所謂的「找到目的並參與某個比自己更大的計劃」。

當孤獨在人們的生命中留下一個破洞，人們用來麻痺痛苦的不健康行為，不只是使用暴力、藥物和酒精，食物、性，甚至是工作也能被用來掩蓋空虛。這些替代物通常以我們無法察覺的方式與孤獨連結，有時這些替代物會彼此互相連結。不過，它們全都可能對我們造成傷害。

布萊恩・羅賓森（Bryan Robinson）是位心理治療師，他研究人們用工作來麻痺孤獨感的情況，他本人也有這個情況。透過他自己的一生，以及數百次的個案訪談，他追蹤了這些人從童年時期發展成工作狂的人生軌跡，並寫成《放輕

鬆：關掉你的工作並開啟你的人生》（*#Chill: Turn Off Your Job and Turn On Your Life*）。[14] 對羅賓森及他訪談的對象而言，孤獨是這個故事的主角。

羅賓森的父親是個酒癮者，他從來不曾尋求協助戒酒。羅賓森告訴我，從小時候開始，父親一回到家，他和妹妹就要遭殃。「當你還是個孩子的時候就遭受那種壓力，你的身體會無法承受，你會變得過度警覺，隨著等著壞事發生。然後，有些人透過酒精緩和那種焦慮，有些人利用食物，有些人則是埋首於工作。」

羅賓森的避難所是工作和承擔責任。實際上，他把自己當成家裡的大人。「在心理學領域，」他說，「我們稱之為『親職化』（parentification）。」他把保護妹妹視為自己的責任，也負責做所有的家事。他的在校成績名列前茅，「做事帶給我擁有掌控與穩定的錯覺。」

他還記得自己會編一些故事，以身陷困境的孩子為主角，來安慰自己。「我會讓那些孩子克服難關。我幾乎被混亂滅頂，那是我試圖控制自身處境的方法。孤獨就更不用說了！」表面上看起來，年紀輕輕的羅賓森把一切打理得很好。他看起來很能幹、很有能力，而且超級主動。「事實上，一切都是為了維持某種掌控。矛盾的是，不論你使用哪一種應對機制，你後來都會失控。」

　　他所做的事看起來很像是服務他人。他在高中時為教會寫了一齣聖誕節戲劇。他是導演，並負責設計與製作布景，同時身兼主角。「當然，你周遭的人都覺得，太好了。他們會拍拍你的背，熱情稱讚你，但你的內心其實千瘡百孔。」實際上，他並不是透過真正的服務與他人互動，而是利用各種工作與其他人保持距離，掩蓋因為得不到父母疼愛所產生的孤獨。工作和他人的認可無法填補他心中的空虛，或是讓他跟別人產生更緊密的連結。

　　這種模式一直持續，一路從大學、研究所、成為大學教授，甚至到他找到人生伴侶。「我沒日沒夜的工作。節日與周末也工作。我一個朋友也沒有。我的主要人際關係是一場災難。我有腸胃道的問題，但我並不知道我的人生到底是怎麼回事。」因為外在指標不斷告訴他，他很「成功」，雖然他覺得內心有一個破洞。

　　他藉著埋首於工作，逃避整理在內心世界肆虐的恐懼與焦慮。然而，那是一件雖然痛苦、但有必要做的事。他刻意不去找別人交流互動，並不是因為他不喜歡和別人聊天。「假如你不讓別人進入你的內心，也不讓自己靠別人太近，你的心就不會被別人踐踏。於是，孤單似乎是防止自己受到傷害的解方，雖然它會囚禁我們。」

　　羅賓森記得，有一次他和家人到海邊度假，他必須把工

作資料藏起來，偷偷背著家人工作。「就像酒癮者偷藏酒瓶一樣。我的家人會說，『我們去沙灘散散步。』而我會伸懶腰打哈欠，假裝很累，告訴他們我想要小睡一下。等到他們走遠，我就把大學的研究計劃拿出來，卯起來工作。」

羅賓森承認，並不是所有的工作狂都如此極端，但有些文化會大力獎賞這種行為。在日本，這種情況甚至有一個專用詞彙：過勞死。但在美國，他說，「我們並沒有一個說法可以用來稱呼它，因為我們的文化否認這種情況的存在。」

當羅賓森開始參加治療聚會，來支持治療酒癮的家人時，他的否認開始瓦解。「我不知道我發生了什麼事，但它幫助我開始意識到，我也有成癮問題。」他去參加戒酒無名會家屬團體，這是一個協助酒癮者的家人和朋友的支持團體。在那個團體裡，「十二個步驟」（Twelve Steps）鼓勵他放下掌控，承認自己的人生已經難以管理，並對自己進行「徹底且無畏的道德盤點」。

「我還記得，當我離開聚會時，心情是如此的寧靜與鎮靜，」他說，「我只是坐在那裡聽別人說話，聽聽他們正在做什麼，以及如何應對自己的處境。」然後他發現了工作狂互助會（Workaholics Anonymous）的聚會，這個團體對於加入者的唯一要求是：渴望停止強迫性的工作。「我逐漸充分意識到，我利用工作的方式，和我父親利用酒精的方式一

模一樣。」結果是把自己最需要的人推得遠遠的。

羅賓森開始練瑜珈和正念靜心。「那些練習把我帶到內心的一個更深的地方，幫助我做更深的連結，關於我曾經做了什麼，以及我未來能採取哪些不同的做法。我一定要用另一種方式認識我自己，一種更深、更緊密連結的方式。」

羅賓森說，任何人若無法關掉雜音，重新組織、重新充電與重新集中精神，就可能會被相同的分心忙碌模式影響。當羅賓森開始收回人生的時間和空間，他發現自己比較能夠讓周遭的人進入他的內心，並且開始關注他自己的人際關係。「與自己同在、與周遭的人同在，開始帶給我一些我從來不曾體驗過的東西。」

羅賓森發現，他很享受星期六下午和丈夫待在花園裡，一邊喝馬丁尼、一邊工作，他的丈夫很喜歡種蘭花。他也發現，他開始學會欣賞大自然裡的美與聲音。不再心心念念接下來該做什麼之後，他比較能夠把注意力放在眼前的人身上。「我比較能夠安住在當下，這對我的身體產生了截然不同的影響。」羅賓森把這種轉變描述成「從內而外引導，而不是從外向內施壓」。

羅賓森的轉變帶來的第一個、也是最顯著的回報，是他的婚姻狀況得到改善。羅賓森告訴我，他早期的研究顯示，工作成癮會提高離婚率，父母工作成癮的孩子，比較容易有

焦慮與憂鬱的狀況。他分享自己的心得,「當你嗜工作如命,你的工作就成了最重要的事,而婚姻關係感覺起來往往像是義務。」夫妻之間真正崩壞破裂的東西,是互相連結。

羅賓森還記得,自己的丈夫「跪著求我陪他。我當時的想法是,你妨礙了我人生中最重要的一些事,你好大的膽子!那種想法欠缺同理心,也沒有同情心。」現在,羅賓森改變了優先順序。「把對我愛的人的承諾,排在第一位。」

打破工作成癮與孤獨的惡性循環,對羅賓森的職場表現產生了意外的正向影響,「弔詭的是,當我放慢步伐,保持覺察與連結,我變得更有生產力、也更有成效了。」彷彿是現代版的龜兔賽跑故事,羅賓森證明了,放慢與平穩真的能讓你贏得比賽。

羅賓森的最後一個收穫屬於個人層面。「我變得比較快樂、也更滿足了,」他說,「我很忙,但我樂在其中。我不覺得是工作追著我跑,驅使著我前進。我覺得是我在推著工作前進。」

看不見的傷口

我很難不注意到,上述的孤獨故事中有多少是起源於童年的創傷。家庭暴力、幫派暴力、兇殺、父母離異,以及遺

棄，這些事幾乎不可能創造出快樂的童年和健康的孩子。這些人生早期的傷口可能留下長期的傷疤，其中大部分是社交焦慮。

事實上，一個人最初的人際關係能夠、也應該成為社交能力的基礎。在理想的世界裡，每個嬰孩所屬的宗族會提供他足夠的社交互動、引導，以及溫暖情感，讓這個孩子帶著有安全感的身分認同與強烈的歸屬感長大。你相信周遭的親朋好友會以關懷與洞察，回應這個孩子的所有舉動。在他們看來，這個孩子將會學到社交互動的價值與複雜性，以及如何建立強韌健康的關係，還有如何培育信任，長大後成為可靠且有貢獻的社會成員。然而，我們看到的實際情況是，這個世界並不完美，理想的人際關係更不可能存在。

公共衛生專家通常把童年時期發生的創傷經驗，稱作「童年不良經歷」（adverse childhood experiences, ACEs）。這個名詞涵蓋了生理、心理與性虐待；身體或情感忽視；父母中有一人是酒癮者或家暴受害者，有家庭成員入獄或被診斷出精神疾病；父母中有一人因為離婚、死亡或離家出走而不在孩子身邊。[15]

若沒有充滿慈愛的關係做為緩衝，來自童年不良經歷的巨大有害壓力，有可能損害孩子發育中大腦的結構與功能，導致學習與行為方面的問題，降低免疫力與妨害成長，甚至

在基因層次產生影響。童年不良經歷分數高的孩子，比較容易出現成癮、憂鬱、輕生、心臟疾病、肺病與癌症的狀況。他們比較難以建立信任關係，感到孤獨的風險也較高。

美國醫學協會的小兒科期刊《JAMA Pediatrics》以二十三個州的成年人為調查對象，在 2018 年發表了一項研究。結果發現，60％的人至少有一個童年不良經歷，25％的人有三個（或以上）。[16] 他們或許迫切的想要與人連結並且被接納，卻做不到，因為他們從人生經驗學到，要防範被人利用或傷害。柯爾說，「他們會搜尋威脅存在的任何微小跡象。」柯爾幫助我了解，情感傷疤通常會使人們對威脅與拒絕變得更加敏感。

那麼，解決方法是什麼呢？我們不能因為這些孩子遭到虐待與忽視，就放棄他們。

既然有那麼多證據顯示，早期創傷會對孩子造成巨大的傷害，為何還是有許多人戰勝逆境，成長為完整健康的人，並且擁有強大的支持社交網絡？

這個令人好奇的問題促使加州大學戴維斯分校教授艾米・維納（Emmy Werner）在夏威夷的考艾島（Kauai），展開了超過六十年的劃時代研究，主題是童年心理韌性。[17]

考艾島以棕櫚樹和純淨的海灘聞名，還有柔和的信風、散發馨香的迎賓花環，以及動作優美的草裙舞者。但夏威夷

的貧窮率位居美國第十三位，多元種族的居民也必須面對各種困境，和美國本土居民沒有兩樣。維納和她的團隊在1955 年展開研究。考艾島有一個優點，就是維納和她的團隊可以利用那一年在島上出生的所有孩童為對象（698 名），每隔一段時間追蹤這些孩子的狀況，直到他們四十歲。

這個研究之所以具有劃時代的意義，在於它聚焦的並非困境（例如創傷和疾病）所造成的傷害，而是找出那些克服逆境、創造幸福人生的人，辨識他們的力量從何而來。

接受研究的孩童中，有近三分之一出生於貧窮或是問題重重的家庭，包括家庭不和、父母離異，以及物質濫用與精神疾病的家族史。承受四種以上風險因子的群體中，有三分之二後來產生嚴重的學習困難、行為問題，以及精神健康問題。但研究者把注意力放在另外三分之一的人身上，也就是高風險族群中那些成大後成為「有能力、有自信、有愛心」的人。這些吃過苦頭的人，在四十歲之前建立了家庭與事業，許多人成為疼愛子女的父母。一想到他們成長過程的艱難處境，我們不禁好奇，他們的韌性是從哪裡來的？

答案在於，童年時期最強大的保護因素，大多是社會性的。[18] 基因當然也有影響，天生性情溫和與聽話的孩子，自然比較容易得到大人的照顧與支持。不過，社會支持才是造成差別的關鍵。從小能夠與父母或代理親職的家庭成員形成

緊密羈絆的孩子，擁有較多優勢。這些代理人可能是年紀較大的手足、父母的兄弟姊妹，或是祖父母；每個孩子的生命中只需要一個這樣的人就夠了。重點在於，這個代理人必須付出關愛與陪伴，而且情緒狀態夠成熟穩定。

這些得到關愛照顧的孩子在成長過程中，學會倚賴可靠且值得信賴的社群關係。他們會轉向老師、牧師、鄰居、教會成員，或是朋友的父母，從自己的家庭之外，「徵召」能夠幫助他們的人，在遇到危機的時候，獲得情感支持與忠告。年紀再大一點的時候，他們會尋找真正關心他人且性情穩定的人生伴侶，建立既是朋友、也是戀人的關係，然後一起打造健康的婚姻，把孩子健康的養大。

維納把這群克服逆境的人描述為「脆弱但不屈不撓」。在這個群體中，女性多於男性。她注意到，研究中的女性「依賴一個更大的社會支持網絡，幫助她們應付生活中使她們備感壓力的事件與煩惱」。[19]

這些關係扮演了至關重要的角色，有效緩和了童年不良經歷造成的負面影響。維納在 2012 年接受訪問時被問到，歸屬感與依附關係對於這些孩子日後的成功，具有多大的重要性，維納清楚的確認了這一點。[20] 她回答說，「我認為，這真的是最重要的基礎，其他的一切都建立在它之上。」要形成這種依附關係，並不需要仰賴特別的基因或特質。它需

要的是，我們在分享愛與善意的過程中，學到的人際連結與社交技巧。

考艾島研究發現的韌性，後來也獲得其他研究的證實。[21] 現在我們普遍認為，要防止與解決童年時期的有害壓力，最重要的方法是打造健康的社交連結。[22][23]

痛苦的過去或許會提高我們遇到壞事的風險，但我們並非注定只能坐以待斃。遭遇困境不代表人生已經被毀了。維納與其他人的研究告訴我們，我們能夠拯救彼此。我們所有人都能透過與彼此的關係，找到療癒和更光明的道路。

萊斯特在防止再犯罪聯盟告訴我一句很有道理的格言：「假如你好好打造一個孩子，將來就不必修補一個成人。」審視過考艾島的研究，再思考這句格言之後，我不禁心想，假如我們能擴大應用維納發現的結果，不知道會怎麼樣？美國的「大哥哥大姊姊」計劃（Big Brothers Big Sisters, BBBS）提供了一個令人振奮的答案。

「大哥哥大姊姊」是美國歷史最悠久、規模最大的青少年導師計劃，它創始於一個世紀以前的 1904 年，宗旨是減少青少年犯罪。今天，這個組織的願景是，所有的孩子長大後都能在人生中有所成就，不論他們的背景是什麼。這個組織幫助孩子的方法，是將高風險的孩子與成人志工配對成一對一的導生關係。孩子可能從五歲就開始加入，一直到二十

歲左右。他們經常與導師碰面，場地與活動自選。

　　2018 年的調查顯示，參與配對的孩子在七個領域都有進步：信任父母、對冒險行為的態度、在校成績、期望受多少教育、對於做作業的自信心、同儕內的歸屬感，以及某個特殊人物是否存在於周遭。[24] 較早的一個對照研究發現，配對十八個月之後，孩子使用非法藥物、逃學或打人的機率比對照組更低。他們對課業比較有自信，和家人也相處得比較好。[25]

　　這是非常有力的證據，證明只要有一個大人付出關心，就能改變孩子的未來。然而，即使是最有心支持孩子的大人，當他不在孩子身邊的時候，他就無法保護這個孩子，防止他受社會創傷。

　　我很清楚，因為我是過來人。

　　上中學時，我曾連續上了八周的木工課。班上有兩個同學總是叫我「甘地」（他們並沒有稱讚我的意思），而且總是以我的印度血統和較深膚色嘲笑我。那是我上七年級時最痛苦的經驗，我因此很害怕上學。那個小霸王的個子比他的跟班高大許多，而那個跟班和他的少數幾個朋友經常顯露出受委曲的模樣。現在回想起來，我猜那個跟班是因為孤獨才加入那個小霸王的惡行，他一定覺得，他必須加入霸凌的行列，那個小霸王才願意把他當成朋友。否則就會遭到排擠，

並成為被嘲弄的對象。這個互動原理和羅培茲加入的幫派的「虛假的愛」相同。人們如此渴求得到歸屬感，使得被排斥的可能性變成威力強大的群體執行機制。

不過，我自己的孤獨無疑在整個互動關係中，也扮演了某個角色。研究者發現，霸凌者會鎖定孤獨的孩子為目標，是因為比較不會有人會為他挺身而出。[26] 同時，被霸凌的經驗會使那個孩子變得更害怕、更退縮與更孤獨。

在 2015 年一項針對孤獨與霸凌的調查研究中，加州大學教授雪琳・帕夫里（Shireen Pavri）提出了和柯爾相同的循環效應。「認為自己每周至少被霸凌一次的孩子，他們覺得孤獨、無助和被冷落的頻率也比別人更高。」[27] 即使霸凌行為停止了，他們的孤獨感也不會立刻減少。這代表社交與情緒效應在霸凌行為停止之後，仍然會持續一段時間。帕夫里進一步說明她的研究結果，「童年遭到欺凌的成人，顯示出有較低的自信心、較高的孤獨感、更難維持友誼，長大後繼續被欺凌的風險也比較高。」[28]

服務他人能解除孤獨

假如霸凌的情況不嚴重，我們就不必太擔心。然而，霸凌的情況與它所造成的衝擊，在全世界都呈現令人非常憂心

的情況。

　　根據國家教育統計中心（National Center for Education Statistics）的數據，2015 年有 21％的美國孩童表示曾在學校遭到霸凌。[29] 世界衛生組織對二十八個國家青少年進行的調查發現，18％的少年和 15％的少女，在過去三十天內曾遭到霸凌。被霸凌的頻率愈高，他們提到的身心問題就愈多，包括頭痛、睡眠問題、緊張、孤獨，以及覺得被冷落。[30]

　　當然，並不是所有遭到霸凌的人都會受到永久的創傷。若孩子有個社交圈，擁有真心交往且願意支持的朋友，往往能夠復原。此外，不論是大人或小孩，解除孤獨的一個最有效的方法，就是服務他人。

　　古徹學院（Goucher College）的學生諾亞・布洛克（Noah Block）在十四歲時，意外的發現了這個方法。那時學校要求他挑選一個社群服務計劃。布洛克在那時已經被霸凌多年。「上小學時，」他回憶道，「我唯一的朋友是有特殊需求的小孩。我還記得，當我九歲或十歲時，我每天早上都不想醒來。後來我去找我母親談這件事。我告訴她，我很想自殺，但我也想試著尋求協助。」

　　父母的堅定支持幫助布洛克度過了那幾年黑暗的日子。他們明白他的感受，而且非常在乎。當學校沒有採取行動保護布洛克時，父母就幫他轉學。他們是他的盟友、他的軍

師，也是他的社交導師。但他們無法消除他的孤獨感，或是改變校園裡的互動關係。布洛克沒有料到，社群服務竟然幫他解決了這些問題。

布洛克到基督教青年會（YMCA）擔任志工之後，他的人生開始轉變。當地的少年法院由 YMCA 的修復服務部門（Restorative Services department）與高等法院系統共同執掌，取代了傳統的少年刑事司法系統，採取非對抗、同儕修復式的做法。像布洛克這樣的年輕志工要扮演陪審員、法警、辯護人與法官的角色。他們的當事人是違法但願意承擔後果的孩子。當事人的故事讓布洛克對於自己的創傷與掙扎，產生了新的觀點，而他也發現，有時候他能幫上忙。

「雖然我們的人生經驗不同，」布洛克告訴我，「我們的共同點使我們在少年法院相遇，有機會聊起家庭和創傷等等。我聆聽那些青少年的故事，並且和對這些議題很有熱情的其他年輕人一起共事。自從我遭到霸凌以來，那是我第一次建立真正的友誼。」

孤獨會使人深切的感到無助與失去希望，而那正是霸凌者想要傳達的訊息，他們一心只想讓受害者覺得自己軟弱且沒有價值。布洛克在少年法院發現了一件事：他的人生有意義、也有目的。他有力量改變其他青少年的人生，那些人面對的是他不了解的危險與挑戰。透過與那些青少年連結、傾

聽他們的問題，以及從他們的角度看事情，他慢慢明白了這些道理。他發現自己擁有的同情心與智慧，能夠提供那些青少年一些有用的諮商。而他在這個過程中，對自己的問題產生了新的看法，那個收穫是無價的。如同他能為那些遇到困難的青少年找到出路，他也能替自己找到未來。

布洛克現在十九歲，他說，在少年法院的工作「從根本改變了我。」幫助其他人療癒了他，讓他覺得自己很重要，並且在這個世界找到了歸屬感。

從出生到死亡，我們都需要得到歸屬感，並需要別人幫助我們學習、成長、癒合傷口，以及為彼此服務。我們透過服務形成的羈絆，不僅能打破孤獨的下行螺旋，還能治癒我們的創傷，並供應源源不絕的安全感。

我的祖父用行動體現了這個道理。祖父在印度的某個小村莊過著極為貧苦的生活，祖母死於結核病之後，他一個人獨力養大六個孩子。儘管如此，他仍然每年花時間到一個又一個的村子為青年旅社募款，以便讓他村子裡的孩子有地方可以讀書。他自己連小學都沒有畢業，但他下定決心要幫助村子裡的下一代受更好的教育。他堅信，我們與他人的羈絆非常珍貴，而且夾帶了一個幫助與服務他人的責任。這個信念不僅定義了他，同時帶給他力量。

有時候，別人會向他暗示，他的優先順序搞錯了，「你

自己的孩子都吃不飽了，你還去為別人家的孩子到處募款。腦袋是不是壞了？」他只是簡單扼要、但震撼力十足的回應，「那些孩子也是我們的孩子。」

　　祖父在我小時候就過世了，但父親經常提起這個故事。祖父這句溫和但令人震撼的話，深深烙印在我的心中。對於「連結」的定義，它至今仍是我所知道最棒的說法之一。

第 二 部

孤獨的解方

6　理解自己、接納自己

「最常見的一種絕望，是沒有做自己。」——齊克果

「你無法真正愛別人，除非先愛自己。」——弗雷德·羅傑斯（Fred Rogers），《你很特別》（*You Are Special*）

瑟瑞娜·邊（Serena Bian）走進大學宿舍時，看到空蕩蕩的房間裡，只有前任住宿者留下的一些紙屑和一張床，頓時對於未來的新生活產生一種很深的不安。她即將在賓州大學展開新鮮人的生活，而她對賓州一無所知。她在這裡人生地不熟，在那一刻，她開始懷疑自己能不能認識新朋友。這個念頭讓瑟瑞娜覺得很茫然。即使在六年之後，瑟瑞娜一想起這個回憶，心中依然會浮現害怕的感覺。

其實，瑟瑞娜當時已經初次嘗到孤獨的滋味。她的反應完全符合卡喬波在二十年前提出的典型模式。她的身體發出

警訊，就和孤伶伶一個人在凍原求生存的人類祖先一樣。沒有跟族人在一起，一個人待在陌生之地。即將遇見的群體裡可能有敵人，她需要做好防備，保持高度警覺，並盡快找到同族的人。遺憾的是，瑟瑞娜的族人在數百公里之外，而她不知道要如何找到替代的人。

瑟瑞娜生長於密西根郊區，她的父母在 1970 年代從中國移民到美國求發展。初次見到瑟瑞娜時我就發現，這位年輕女性說話的語氣雖然輕柔，但她同時散發出好奇心、理想主義，以及對人性的堅定信念。她告訴我，「在白人占絕大多數的環境裡，身為少數的亞裔美國人，我在很早的時候就學會如何處理文化孤立的狀況。」但那並沒有使她的童年失去光彩。事實恰好相反。她有許多愛好，而且在她就讀的小型私立學校裡，她覺得那裡的同學了解她。她在中學時，開始對永續和環保議題充滿熱情。「我開始養蜜蜂，交了一些很棒的朋友，學校裡有幾位人生導師對我很有信心。」她也在這個時期第一次談戀愛。

瑟瑞娜要去上大學之前，就和許多大學新鮮人一樣，人生發生了很大的變化。離家不久前，她和男友分手了。當她抵達大學校園時，心碎、想家、沒有朋友，以及環境的巨大變化，使她一時不知所措。「離開我花了十八年慢慢建立的人生之後，我要怎麼在這個陌生的地方從零開始？」

　　她沒有料到、也沒有意識到的是，她拋下的不只是她的人生，還有她的自我認同。就和我們大多數人一樣，瑟瑞娜的家人、朋友、學校和鄰里組成的「族人」，創造了她的童年身分認同。而她還不曾在脫離那些人際關係和歸屬感的情況下，重新定義自己。因此，當她獨自進入截然不同的大學環境時，她彷彿失去了幫助她看見自己的所有標記，頓時覺得自己不僅在別人眼中成了隱形人，連她都快要感覺不到自己的存在了。

　　更糟的是，新生訓練期間有人告訴她，賓州大學的第一周將會是「此生最精采的一個星期」，因為從日落到日出，校園裡有參加不完的熱鬧派對。對瑟瑞娜來說，這個可以遇見數百名大一新鮮人的「機會」，相當於一種衝向大學新生活的最後通牒，所以她非參加不可。

　　她的個性內向，但她還是努力適應新環境，連續兩個晚上參加迎新派對，但最後的結果都是和一群陌生人一起喝個爛醉。新生訓練的最後一個晚上，那天恰好是她十八歲生日，她發現自己「和某個不認識的傢伙勾搭上。我進到他的房間後立刻醒悟過來，這根本不是我會做的事。我告訴那個男生，我想回家。所幸他人很好，甚至還送我回宿舍。」

　　雖然那個晚上的豔遇沒有超出調情的範圍，但自我懷疑與強大的焦慮感，依然讓瑟瑞娜很崩潰。她是不是選錯了學

校？還是她哪裡出了問題？她應該試著改變自己來融入環境嗎？還是應該成為一個獨行俠，永遠保持警戒與防衛？讓情況更難熬的是，她找不到任何一個可以信賴的人，能傾吐心中的恐懼與慌亂。她周遭所有的人似乎都很享受這場狂熱的人生派對。孤獨扭曲了她的感知能力，使她眼中的別人和自己都顯得一樣不可信。

「沒有人告訴你大學一年級的日子有多辛苦，」她一邊回想、一邊這麼說。「當你在人生中第一次脫離你的根，預期一切會平順的過渡到新狀況，是個不切實際的想法。」不過，真正的問題在於，當別人第一次期待你以個人身分與更廣闊的世界接觸時，你卻一點也不了解自己。

假如瑟瑞娜當時知道有多少大學生和她有相同的感受，情況就會好多了。加州大學戴維斯分校在 2019 年的一項調查顯示，[1] 半數的大學新鮮人表示，交朋友比他們預期的更困難。[2] 另外有超過 60% 的人表示，過去一年覺得非常孤獨；有近 30% 的人表示，過去兩年覺得非常孤獨。

對瑟瑞娜來說，賓州大學的規模使情況雪上加霜。賓大就像是費城裡的一個小城市，瑟瑞娜覺得，在人來人往的校園中，自己只是個模糊的面孔。「校園裡經歷相同感受的學生人數之多，足以形成從眾心態：保持低調，隱身在人群中。假如你落後別人很遠，通常也不會有人發現。當你的班

級如此之大，你的挑戰會變得加倍困難，你也很難和教授打好關係。」

在剛開學的頭幾周，瑟瑞娜在下課時間會躲進洗手間偷偷哭泣。當其他的同學相約去吃午餐時，她並沒有主動表示想要加入，「只要我沒有計劃要和別人一起做些什麼，我就會覺得孤單和被冷落。然而，若是我做了計劃和同學一起做些什麼，我們之間的互動又膚淺到不行。我們會聊希臘人的生活方式、派對的事，或是為學業和成績而擔心。」她很渴望重溫高中時代的深刻對話。在費城，她還不曾與任何一位大學同學形成那樣的羈絆。

「我就像是局外人。我會聽見朋友一群群離開宿舍去參加派對，而我躺在床上看影片，覺得自己非常渺小。」

接下來，瑟瑞娜發現她的孤獨感改變了，但並沒有減輕。「我把自己搞得很忙。假如沒有為上課做準備，我就報名加入新社團，參加各種研討會或學術會議，到圖書館或咖啡店做作業。我靠著念書和課外活動讓自己分心，以免被孤獨纏身。忙碌幾乎變成了一種病！」她的說法呼應了羅賓森對工作成癮的描述。

瑟瑞娜依然沒有朋友。賓大的社團有很多人想加入，競爭很激烈，獲准加入的大一生非常少。瑟瑞娜也是被拒絕的其中一個。對瑟瑞娜來說，大學生活充滿了孤獨與碰壁經

驗。「我覺得好茫然，對人生中的一切感到極度困惑。」

瑟瑞娜的孤獨經常夾雜著自責和自我批評：「我覺得自己和其他人格格不入，所以問題一定出在我身上，一定是我有問題。」其實，並不只有她有這種感覺，只不過她沒有意識到，有很多人也和她一樣。根據加州大學戴維斯分校的調查，覺得在大一時很難交到朋友的大學生中，有四分之三的人表示，他們以為其他人都可以輕鬆的交到新朋友。[3] 這是孤獨運作的重要模式：強化孤立感，扭曲自我意識。

大一放寒假回家時，瑟瑞娜遇見了一位高中時期的老師。老師一見到她，就注意到她說話的語氣失去生氣，眼神失去光彩。她問瑟瑞娜，「你會不會覺得自己有點憂鬱？」

「我當下立刻意識到，我肯定有憂鬱的狀況。基本上是孤獨導致的憂鬱。」

瑟瑞娜對永續議題或是養蜜蜂不再感到興奮，也不再渴望認識新朋友。對於她曾經熱愛的事物、曾經扮演的重要角色，以及曾經帶來意義的事物，她已經不再關心。她彷彿不再屬於她自己，或屬於任何人。

瑟瑞娜和父母坐下來談，考慮是否要轉校。事實上，和瑟瑞娜有相同問題的人並不在少數。孤獨和憂鬱是大學生輟學的兩個重要預測因子。[45] 根據對華盛頓大學進行的研究，2014 年離開學校或轉學的學生當中，有 41％表示，「覺得

社交生活很孤單」是他們決定離開學校的原因之一。[6]

　　當瑟瑞娜在那年春天重返學校後，她決定接受治療。她買了一輛自行車，有時騎車去逛美術館，或是沿著河岸騎車，重新去做她從前喜歡或關心的事。做這些事幫助她把自我感找回來，但是她與別人互動時，依然覺得找不到平衡點，需要很多試探。「我覺得假如我離開學校不再回來，我不會想念這裡的任何人，我也不覺得有任何人會想念我。」

　　然而就在那年夏天，情況出現轉機。放暑假回家後，瑟瑞娜在都市農場找到一份工作，每天讓雙手沾滿泥土，她非常喜歡田裡的工作。她也報名參加為期一個月的瑜珈師資訓練課程。按照她的說法，那是個「煥然一新」的體驗。

　　「治癒我的不是瑜珈，而是那個群體。」參加師資班的那十五名學員來自不同的人生階段和背景。有阿嬤、新手爸爸、職場媽媽、研究生，以及從夏威夷專程飛來密西根上課的一對夫妻。他們互不相識，但共同的目標為他們開啟了與彼此的連結。

　　瑟瑞娜說，瑜珈課的上課氛圍和大學的校園文化截然不同，那裡洋溢著安全、溫暖、包容與接納的氛圍。「我們不急著評斷別人，而是花時間去了解每個人的故事。我從這個群體學到，在人生的每個時刻，我們都在經歷屬於自己的掙扎。我也學到，某個人的生活從表面上看起來似乎井然有

序，但事實有可能完全相反。」

這個課程之所以能夠把這群學員凝聚在一起，是因為他們有相同的價值觀（像是善意與誠實）和興趣（像是練瑜珈）。而對這群學員來說，價值觀和興趣是他們非常重視的東西。因此，這群人反映出了瑟瑞娜的自我感，並強化了她的歸屬感。但這些新的關係無法像她過去建立的親密友誼一樣，定義她是怎樣的人。對其他學員來說，瑟瑞娜是個陌生人，反之亦然。每個人必須帶著自己的自我感，以自己的方式加入這個群體。透過加入這個群體並揭露真實自我的過程，瑟瑞娜找到了她在大學裡找不到的內在平衡與信念。

她發現，這個瑜珈群體所獲得的力量，主要來自互相分享彼此的脆弱。這裡允許學員敞開自己，有話直說，還鼓勵他們分享內心最真實的感覺和恐懼。

瑟瑞娜在這個過程中學會欣賞自己擁有的人性，並以更加開放、接納與寬容的態度對待自己。她不僅重拾價值感與核心身分認同，同時透過與他人的互動和關係，找回保護與彰顯那個身分認同的能力。她覺得自己的內在獲得平衡，而且穩穩扎根，她在大一那年沒有得到自信，現在從這個體驗得到了。

「當我離家上大二時，」她說，「我下定決心要在學校裡創造更多連結。」

　　一開始，她先做簡單的嘗試，像是單獨邀請同學一起去喝咖啡。但她和同學並不聊是非，而是坦白的聊起她在大一那年感受到的孤獨。令她意外的是，幾乎所有人都回應她說，他們也經歷了某種程度的孤獨。

　　瑟瑞娜對於這個新發現感到很好奇，於是製作了一個簡單的匿名意見調查表，隨機請七十二名賓大學生填寫。「有非常多人表示，他們最希望在賓大得到的是『更深刻、更真心的對話與友誼』，而且人數之多，令我非常震驚。」

　　同時，瑟瑞娜對於實體空間和建築物對於人類互動與文化改變所產生的影響，開始發生興趣。她注意到，校園裡的所有空間似乎都存在著既定文化。「這代表只要你一進入賓大校園，就會感受到競爭、忙碌與社會階級。」她想知道，她有沒有可能打造一個「創造最大限度深度人際互動」的實體空間。她想像，在這個空間裡，人們的互動方式可以像她的瑜珈課同伴一樣。每個人可以自由且安心的展現真實的自己，和別人分享他熱愛與關心的事物，也就是「真情流露」。每個人以「己所欲，施於人」的精神，用發自內心的同情心與善意對待彼此。所有人重視的是真心的想法和感受，而不是膚淺的表象。換句話說，他們是由內而外與彼此連結，不是由外而內。

　　為了做實驗，瑟瑞娜透過 Airbnb 在校園外租了一個房

間，邀請一群互不相識的賓大學生晚上在這裡聚會，聊聊自己的心事和故事。她把這種聚會稱為「空間聚會」（Space Gathering）。

「我是真的在人行道上堵陌生人，問他們有沒有興趣和同校的學生聚會幾個小時，彼此認識，聊一些有意義的話題。」大多數人都向她表示，他們渴望感受一種開放坦誠的人際互動，就和瑟瑞娜的渴求一樣。

第一次的聚會募集了二十名來自不同班級和社會背景的學生。瑟瑞娜希望參與者不聊是非八卦，也不受到干擾，因此她請所有人一進門就把手機收起來，然後安靜的坐著，等待所有人到齊，「我們會先進行一個練習，兩兩配對，然後盯著對方的眼睛看，持續三分鐘。接下來才開始做自我介紹，但不是根據刻板印象的標籤、而是用自己的故事來介紹：你的生活中有哪件事，現在正進行得非常順利？而在哪方面你撐得很辛苦？然後在接下來的三個小時，分享自己對於校內社交生活的體驗和看法，以及熱愛與擔憂的事物。」

「活動結束之前，那個空間裡洋溢著充滿啟發性與希望的能量，」瑟瑞娜回憶道。

只有短短三個小時的時間，為何可以讓互不相識的一群人感受到如此深的連結？瑟瑞娜相信，關鍵在於創造一個空間，讓人們能夠放下先入為主的社會期待，在不必擔心遭到

批評的前提下，開誠布公的說出自己的故事。「我們每個人都有擔憂、志向和希望。我們共同擁有的經驗，像是孤獨、焦慮和憂鬱，比我們所想的更多。」

第一次的「空間聚會」非常成功，於是瑟瑞娜開始每隔幾周就辦一次聚會，邀請新成員加入。她的目標並不是讓每次的參與者變成好朋友，而是喚醒他們的共同人性，藉此啟發他們，在回到校園後，以更多的善意和同情心對待其他學生。瑟瑞娜希望藉由一個又一個的故事，一點一點的調整賓大文化的價值體系。

瑟瑞娜也希望能夠放下她在大一時對別人的錯誤評斷。「我必須調整自己的思維，開始相信人性本善，相信每個人都正在經歷某種戰鬥。我們都在試著找出答案。我必須接受一個事實：我無法複製高中的友誼。我必須學習如何看見每一段關係的獨特之處，並好好珍惜它。」

這種調整也幫助她欣賞自己的轉變。「我變得比從前開放許多，而且對別人超級感興趣！」

瑟瑞娜開始遇見和她有相同渴望的人，他們都希望得到更深、更真心的連結。她在大二那年遇見了幾個死黨，在大三開始之前，她已經可以在朋友圈裡感受到真正的歸屬感。瑟瑞娜告訴我，她的幾個好朋友來自「空間聚會」，但這個過程是間接的。「我可以透過『空間聚會』認識很多普通朋

友，然後把他們變成可以信任的知心朋友，因為我曾經和他們有過幾個小時的深刻對話。」換句話說，那些坦誠的對話有助於人們彼此認識，進而建立長久的關係。那些技巧也可以應用在「空間聚會」以外的場合，用來建立和強化友誼。

對瑟瑞娜來說，她所得到的啟示是，並非所有人都一定要變成好朋友，而是我們需要培養一種文化，鼓勵所有人表達與分享自己真實的人性。要培養那種文化，其中一個方法是利用面對面的直接對話。換言之，瑟瑞娜基本上是在現實世界裡創造那樣的文化。

「每次聚會結束後，我會請參與者推薦一個和他有最大差異的朋友，來參加下次的聚會。」結果，人們對人際連結的渴求如此強烈，瑟瑞娜的聚會幾乎只靠口耳相傳，就獲得了極大的迴響。在畢業之前，瑟瑞娜已經舉辦了四十五次的「空間聚會」。她還製作了一個腳本，讓想要辦這種聚會的其他學生可以使用。

賓大的學生班・波尼克（Ben Bolnick）參加過瑟瑞娜的聚會。他告訴《賓夕法尼亞日報》（*Daily Pennsylvanian*），瑟瑞娜的「空間聚會」填補了一個重要的缺口。他說，「每個人都需要和其他人一起思考、討論，使我們的想法、概念和掙扎變得更有血有肉。有時候，我們沒有太多機會做那些事。」[7]

做自己的朋友

　　是什麼因素讓瑟瑞娜最後能夠掌控她的孤獨感？支持她的雙親、家鄉的朋友和瑜珈課社群當然扮演了重要的角色。但我認為最重要的因素是，她在那個關鍵的夏天，重新和自己的內在連結。那個扎實的內在連結為她奠定了建立新關係的基礎，從內在出發，與外界產生連結。

　　瑟瑞娜重新和自己連結的旅程，使我想起神學家多瑪斯‧牟敦（Thomas Merton）在 1960 年的著作《沙漠的智慧》（*The Wisdom of the Desert*）中的一段話：「假若無法跨越我們與自己之間的鴻溝，航向月球又能使我們得到什麼呢？這是最重要的發現之旅，若沒有它，其他的發現不但無用，而且只會成為災難。」[8]

　　牟敦的洞察呼應了瑟瑞娜所說的「我覺得自己非常渺小」。當我們覺得自己與社會脫節，往往會覺得世上無人了解我們。但問題不只是其他人沒有看見我們，孤獨的迷霧也模糊了我們的內在之鏡，遮掩了我們的內在力量，使我們看不清能貢獻的價值、人生的意義，以及喜悅與驚奇事物的源頭，而人生中的喜悅與驚奇事物，往往能使我們覺得自己與周遭的世界相連結。這種看不清事實的情況，可能使我們脫離正軌，忘了我們喜愛人生中的哪些部分，也忘了用我們應

得的同情與理解接納自己，做自己的朋友。

　　以瑟瑞娜的情況為例，有時候，失去連結的狀態反映出的是環境的突然變化。瑟瑞娜覺得，自己的安靜、好奇且充滿想像力的思考者和自然主義者的身分，在她的高中能夠被看見並得到欣賞，這是相當正向的經驗。然而在賓大，這裡的同學需要花一點時間，才能了解她所熱愛與關心的事物。到最後她會發現，校園裡其實有很多和她志同道合的人，只不過，她一開學時因為被陌生人圍繞而感到緊張，這使她一時看不見那些人，而那些人也看不見她。當我們到新的學校上學、到新公司上班，或是搬家到另一個地方或國家，我們會覺得人生地不熟，尤其當我們害怕被人指指點點時，也會落入類似的深淵。當我們置身於這些新環境中，因為太過寂寞和害怕，以至於不去尋找自己和他人的共同點，這時文化震撼有可能使我們與他人愈離愈遠。

　　不過，即使沒有換新環境，我們仍然可能將本能暫時遺忘。我們的處境難免會隨著時間的演進而發生變化。我們會變老，會換工作，周遭的人也會來來去去。我們遇到的經驗與人，有可能會挑戰我們對於自己和這個世界的先入為主看法。這些變化大多是自然發生、有必要，而且是健康的。我們努力學習、成長、拓展技能，深化我們擁有的知識和我們對自己的了解。這是個重要的歷程，而且會一輩子持續進

行。然而在過程中，外在的影響力會不斷迫使我們以不一定自然或健康的方式改變自己。這些外在的影響力有可能會滲入與扭曲我們內在的決策歷程。

現代社會不斷用各種理想目標轟炸我們，像是致富、成為名人，以及擁有完美的身材。那些理想目標大多是一般人無法達到的，也不一定是大多數人想要的，卻被商人包裝成誘餌。這些誘餌提出的主張鮮少是真實的。假如我們高估了物質與表象層面的目標，就有可能看不見對我們而言真正重要的。或許也會失去機會，遇見那些為我們的人生帶來深度與意義的朋友和目標。就像中了樂透的詹姆斯，在一夜致富之後所發現的事。

在現今這個媒體導向的世界中，有些對我們最有害的理想目標，是社交性的。社交媒體的訊息流使我們相信，擁有數百個好友和粉絲，以及排得滿滿的約會、旅行和派對，才算得上是擁有完美的社交生活。若我們忠於自己，選擇一個人看電影，或是在周五夜晚決定待在家裡，上述壓力可能會使我們覺得自己跟不上別人的步伐。

社會也會設定實踐抱負的行為規範，暗示我們：苛責自己，才有動力做得更好、更多。這種自我批評以一種危險的方式，與伴隨孤獨而來高度警覺結合在一起。當我們感到孤獨時，或許會覺得必須責備自己，就像瑟瑞娜苛責自己一

樣，因為我們沒能成為自己設定的理想形象。在這個過程中，往往會放大自己的弱點、低估自己的力量，不相信自己的本能與直覺。

這種自我批評可能以批判性、甚至是譴責性的內心獨白表現出來。在承受壓力的當下，可能會對自己說一些我們絕對不會對好朋友說的話。舉例來說，約會或開會的結果令你失望時，你會說一些話為自己打氣，還是咒罵自己的不足？假如你的體重增加了，你會告訴自己以後要選對食物、多一點時間運動，還是責難自己的體質和個性？

根深柢固的競爭與錯配的價值系統，也可能使負面的內心獨白變本加厲。我在醫療體系裡見證過這種情況。當我還是實習生時，有一天，另一位實習生加入我們的小組討論，並一臉沮喪的把她手上的文件丟在桌上。「我覺得自己非常失敗，」她幾乎是在自言自語，「我從來不曾在上午的病例討論會第一個說出診斷，我也無法像其他的實習生一樣，快速背出所有的臨床試驗。我唯一的長處是陪病患聊天，讓他們心裡好過一點！」從實習一直到現在，我那位朋友一直是個優秀的醫生。但她處於競爭非常激烈的文化中，那個文化獎勵科學與理性知識，而不是同情心。醫學院教授不會因為和藹對待患者，並照顧他們的身心需求，而獲得升等。他們是透過發表研究論文或是為大學爭取補助，而獲得肯定。實

驗室的新發現比同理心和同情心更重要，這種文化使我的朋友覺得自己總是有所不足，並看輕自己身為治療者的天分，低估自己的價值。

當我們遺失了內在的羅盤，我們心中的扎實感和身分認同可能會開始流失。在理性層面，我們或許知道自己是有價值的，也認為我們可以為別人的生命帶來光亮。然而，若外來的訊息一再告訴我們應該變成另一個樣子，要對那些訊息視而不見真的很難。

於是，許多人會試著像瑟瑞娜在第一個學期那樣，把自己變成另一個人。我們或許會模仿周遭其他人的做法，假裝很快樂、假裝很忙，或是裝出一副充滿自信的超然態度，顯示出我們不屑或不需要與他人連結的模樣。那種裝模作樣或許是全天候上場，或許是偶爾為之，只有在出門之後才開始演戲。這種情況也許會持續好幾個月、甚至好幾年。但這很累人，而且所建立的關係遲早會演變成令人失望的結果。即使我們過著「正常」的社交生活，孤獨依然會悄悄在表象之下不斷累積，它的迷霧也持續存在。

對瑟瑞娜來說，大一那年的情緒騷亂與令人分心的「忙碌」，只是使她離棄個人特質，包括溫暖、幽默、有創造力，以及寬厚待人。當她在家鄉時，那些特質使她覺得自己處於最真實、最有價值的狀態。高中時，她可以自然的向死

黨展現那些特質，並在這個過程中提高自信，強化自我感。但是她當時還不明白，把朋友的支持轉向內在，利用那份支持學習和自己做朋友，有多麼重要。

為了要在這個世界上獨立生活，我們都需要學習將對待好朋友的善意、鼓勵和坦誠，也拿來對待自己。例如，遇到困難時，給自己打氣，利用散步來釋放壓力，或是覺得快要感冒時，告訴自己早點上床睡覺。我們把曾經得到的溫暖與支持話語蒐集起來，用在自己身上。這種建設性的內心獨白會提醒我們，我們是誰、我們熱愛與重視的是什麼，以及我們為何必須繼續向前進，就像好朋友會對我們做的一樣。

持續的獨自練習，培養這種自我疼惜的習慣，可能需要花一點時間。不過，好朋友在身邊時，瑟瑞娜從來不需要這種內在支持。當大學裡沒有任何人提醒她，她有多麼重要，就撐不下去了。就像肌肉長期不使用會變得難以使喚，瑟瑞娜的情感力量與生活動力也是如此。賓大的課上完一個學期後，孤獨感使她離自己愈來愈遠。

在那個神奇的夏天，瑟瑞娜重拾對園藝工作和養蜂的熱愛，並放慢步伐，在家鄉和瑜珈課這些相對安全的環境中，反省自己過去半年的生活。另外，她也從瑜珈課學會用坦誠和有意義的方式交新朋友，這一切使她重新找回自己。對她來說，高中同學對她的看法是真實且完整的，那種感覺帶給

她很大的滿足。或許她在大一那年覺得自己拙於社交，只是源自她當時承受的壓力。因為大一的她覺得，自己必須在校園裡採取另一套行為。事實上，經歷重大的過渡轉折時，少許的自我懷疑是正常的，不代表她做錯了或是有問題。不過，她的瑜珈課同學使她想起那些她從前可以自然呈現的特質，而那些特質是她覺得自己最有價值的部分。

當瑟瑞娜重拾過去那些帶給她人生方向與使命感的興趣、熱情與價值觀，她再度開始對自己產生自信，不再透過家人和小時候的朋友了解自己是誰。當然，她和他們依然緊密連結，但她同時能夠將自己視為一個獨立自主且有價值的個體。在這個過程中，她再次自我肯定，確認自己是個值得交的朋友，並因此創造了一個正向反饋迴路，使她成為自己的朋友。

她站在朋友的立場，看見了自己對永續議題的投入、對於形成深刻且有意義的人際關係的渴望，以及對於環境和社交行為相互影響的強烈好奇心。這些都讓她知道，自己是個有價值的人，而她對自己還有很多不了解的地方。就和我們所有人一樣，瑟瑞娜的人生是現在進行式，她的成功都源自她所犯的錯，以及她從錯誤中學習到的東西。

瑜珈課同學互相分享彼此的脆弱之處，教導瑟瑞娜明白，沒有人是完美的，也沒有人能夠完全理解周遭的每個

人。每個人都有缺陷，都會經歷失敗。關鍵在於，經歷挫敗後，要學習並擁有更深的同情心，而不是變得憤怒或忿恨。這份新的智慧，加上更深厚的自我感，使瑟瑞娜能夠從朋友的立場（而不是以恐懼為出發點），更溫柔和善的對待自己和他人。這賦予她勇氣，使她在回到校園後，改變曾經帶給她痛苦的生活方式，同時幫助自己獲得內在平衡。

自我認識

「認識你自己」（know thyself）是刻在德爾菲（Delphi）的古希臘阿波羅神廟入口處的箴言，它也曾在埃及的石棺上出現。在《新約聖經》裡，這個箴言以比喻的形式呈現，出現在「登山寶訓」（Sermon on the Mount）中：「人點燈，不放在斗底下，是放在燈台上，就照亮一家的人。」登山寶訓被基督徒視為耶穌教導門徒的言行準則。

我們要如何解讀這些教導呢？首先，若要與他人連結，認識自己比我們所想的更重要，也更有挑戰性。了解他人往往比了解自己容易許多，這是事實，因為我們必須具有一定程度的客觀性，才能對任何事物有所了解。然而當我們成為被了解的對象時，就難以保有客觀性。

深入的向內自我觀察，可以使我們對自己有一些認知，

影響我們成為什麼樣的人。

　　若要進一步認識自己，我們需要後退一步，思考幾個問題。這些問題揭露了我們重視的是什麼，以及為何用目前這種方式待人處世：你最喜歡做的事情是什麼？為什麼喜歡？你害怕的事情是什麼？面對壓力時，你如何回應？你最感恩的事情是什麼？你渴望得到什麼？我們需要檢視自己的個性，思考自己的特質和傾向與別人有哪些相異之處、哪些相衝突之處，以及哪些互補之處。我們也需要理解，每個人有不同程度的焦慮、社交需求和情緒波動。要了解自己的信念與興趣，我們需要先了解周遭的社會態度，然後判斷我們認定的「事實」是什麼，以及不自覺的從別人那裡接收了哪些觀念。這些面向只是自我的一小部分，難怪自我覺察是一件極難辦到的事。

　　沒有人天生就了解自己，這種認知也不是一夜之間就能獲得的。不過，我們往往會在人生的關鍵階段（像是青春期和早期成年期），對自己有跳躍式的大量了解，因為在那些階段，我們人格的一些面向會遭到考驗，並且在各種新情境下顯露出來。這正是瑟瑞娜在大學的前兩年所經歷的事情。我們透過經常性的反省、主動與他人互動，並且積極的與各種挑戰交手，來了解自己是誰。

　　自我認識的目的並非追求完美，而是要獲得洞察與自我

接納。我們不需要解決所有問題，也能了解自己。認識自己也不代表我們不能做任何改變，也不等於自我本位或自我擴張，我們的目標是誠實的檢視天生的本能，以及各種感受和行為，對它們有更深入的了解，使我們能根據這些了解做出選擇，而不是與它相衝撞。或許我們的某些人格特質或行為，依然讓我們覺得不自在，但自我覺察能幫助我們找到建設性的方法，消除不自在的感覺。

　　若要了解我們與孤獨的關係，很重要的一點是，了解自己的內向性或外向性如何影響我們的社會互動偏好。這兩個詞彙描述的是光譜的兩個極端。雖然很少人屬於極端的內向或外向，不過，大多數人通常還是會有某個傾向。假如我們傾向於內向，我們通常會比外向的人更不喜歡社交活動。這種傾向並沒有好壞之分，但我們的文化似乎賦予外向的人更多社會優勢。廣告裡的人物往往呈現愛好交友的形象，彷彿他們才是常態。各個大學總是會為大一新鮮人舉辦迎新派對，好像所有的大一生都迫不急待想要和一大堆陌生人交朋友。政治人物必須去結識各式各樣的人，彷彿巨大的社交胃口是睿智領導力的基本條件。而社交媒體的使用者似乎總是在忙著交朋友、約會、晚上和朋友出去玩。

　　假如你接受了這些隱含的訊息，你可能會以為，和外向的人在一起比較好玩。

外向的人天生渴望有人陪，這是事實。假如你非常外向，你大概會喜歡和一大群人在一起，也會喜歡應接不暇的社交互動。你可能會喜歡認識新朋友，而當你獨自一個人時，或許會想要找人作伴。不論是大型演唱會、還是團體出遊，對你來說，人多的社交活動才有樂趣。

對非常內向的人來說，和好朋友窩在圖書館的某個角落深聊，或是自己一個人瀏覽書架上的藏書，才是最有樂趣的事。假如你非常內向，可能喜歡把大部分的時間用來獨處，寧可和一、兩個好朋友相約碰面，而不是去面對一大群人。

為了要進一步了解內向和外向的區別，我去找了蘇珊・坎恩（Susan Cain）。她以內向的人為研究對象，在 2012 年出版了極具開創性的著作《安靜，就是力量》（Quiet）。[9] 她解釋說，內向和外向的區別，和我們天生獲取能量的方式有很大的關係。若讓外向的人獨處一個晚上，他可能會覺得又累又無聊，若讓他去參加大型活動幾個小時，反而可以讓他變得精神百倍，即使他在那裡一個人也不認識。相反的，內向的人會從獨處和安靜的對話獲得能量，而團體活動很快就會讓他覺得筋疲力竭，即使他玩得很開心。

「內向的人可能不想透過街區派對或是教會的聚會，與他人連結，」坎恩告訴我，「這不代表與人連結不會使他們感到精神振奮，只不過那不是他們喜歡採用的方式。」

　　內向和外向的人都會感到孤獨，但情況不同。「每個人的需求各不相同，」坎恩說，「當那些需求沒有獲得滿足時，我們就會感到孤獨。」外向的人可能會因為獨處太久，而覺得孤獨，而內向的人可能在被陌生人包圍時，感到孤獨。我想先說明一下，每個人都需要有意義的人際關係，只不過偏好的步調、頻率和投入程度會因人而異。

　　不論內向還是外向，究竟要花多少時間與他人共處，又要花多少時間獨處，找出適當的平衡點可能是個挑戰。這個平衡點有時取決於日常生活的現實情況。為了工作和家庭，我們大多數人必須參與一些活動，像是開會、聚餐，以及生日派對。同時，我們大多數人每天需要把一部分的時間用來通勤、工作、等待或是做白日夢。重點在於，我們要留意自己對不同情境的反應是什麼。哪些活動使我們覺得平靜？哪些活動使我們緊張不安？沒有所謂的正確答案，但找出你自己的答案是很重要的事。如此一來，我們才能找到方法迎合自己的喜好，同時維持必要的連結，使我們在家庭和職場都能安心。

　　不過，光是有自我認識是不夠的。我們的身分認同、偏好與需求會隨著時間改變，有時是由於我們所承受的壓力與脅迫而改變。為了在面對這些波動時，讓自己保持完整、穩穩扎根，以及與自己的內在充分連結，我們還需要少許的自

我疼惜。唯有靠自我疼惜，我們才有可能在愈來愈了解自己之後，依然能夠接納自己。

自我疼惜

傑克‧康菲爾德（Jack Kornfield）是美國最知名的佛僧與禪修老師之一。我在十六年前到他在加州伍德艾卡（Woodacre）創立的靈岩冥想中心（Spirit Rock）上課時，從他那裡得知自我疼惜的概念。而康菲爾德是在多年前，在印度的達蘭薩拉初次見到達賴喇嘛時，學到了自我疼惜的概念。康菲爾德和一群禪修老師問尊者，他們要怎麼幫助別人根除自我憎恨或缺乏自信的情況。

「尊者和他的翻譯員似乎聽不懂這個問題，」康菲爾德大笑著說，「不疼惜自己、不愛自己的概念，不存在西藏文化中。」

那件事以一種溫柔的方式，讓康菲爾德明白了自我疼惜的概念。同情心形成了自我認識和自我接納之間的天然橋梁，而對自己展現慈愛，是渡過那座橋的第一條路徑。明白那個道理之後，康菲爾德從此將幫助人們學習「如何將疼惜與愛向內在引導」，視為一生的志業。

當不了解我們的人評斷與嘲笑我們時，自我疼惜可以幫

助我們不受到傷害，或至少可以減輕傷害程度。它使我們從受苦中得到成長，而不是被拖入痛苦深淵。它也能幫助我們看見內心的光亮（不論那光亮看似多麼微弱），使我們不被黑暗與自我懷疑吞噬。這種威力強大的力量很難簡單說清楚，可能需要用一整本書的篇幅來討論，但我們可以先從一件事做起，那就是意識到它對於減輕孤獨帶來的痛苦及重拾自我的重要性。

康菲爾德運用佛教的慈心禪（或慈愛冥想），來幫助人們培養自我疼惜的能力。這種禪修方式可以幫我們把頭腦（自我認識）與心（慈愛）融合在一起。

雖然練習慈心禪的目標之一，是把這種理性與感性的融合結果應用在自己身上，康菲爾德解釋說，「我發現，一開始練習就要人們愛自己，是一件很困難的事，因為我們文化盛行的觀念是自我批評與自我憎恨。因此，我一開始會請大家把慈愛送給他們所愛或關心的人。」

慈心禪透過複誦類似這樣的句子：「願你心中慈愛滿溢。願你平安，不受內在與外來危險的傷害。願你身心健康。願你自在快樂。」幫助你讓感情湧現出來。

當我們複誦這些句子時，要在心中想著我們所愛的人。「基本原則是，要從最容易開啟你的心的地方做起，」康菲爾德告訴我，「你要陶冶一種有品質的愛，而每個人的心中

都有那種愛。」

　　讓心沉浸在感恩與慈悲裡，可以使人體驗修復與鎮定的感受。「有時候會有其他的情緒浮現，」康菲爾德說，「但你就隨它去。」

　　心裡想著一、兩個你愛的人，重複幾次這樣的冥想幾分鐘之後，下一步是想像他們凝視著你，把同樣的愛與善意回送給你。「想像那兩個朋友會如何祝福你，」康菲爾德說，「想像他們說，『願你平安，受保護。願你安寧與健康。』然後把一隻手放在你的胸口，接受那份祝福。當他們祝福你時，你也祝福自己。花一點時間複誦相同的意念，同時在心中召喚相同的感覺。當你能在心中體驗那種愛，就有能力把那份愛送給別人，包括那些你覺得難搞的人。」

　　康菲爾德說，這種練習會鼓勵我們欣賞自己的優點和善意，並且原諒沒有達成期待或願望的自己。慈心禪這類善意取向的冥想練習，現在雖然還沒有太多人研究，但初步的研究結果指出，這種練習有助於提升同情心、自我疼惜與正向情緒。[10][11]

暫停時刻

　　慈心禪就像其他類型的自我內省一樣，需要我們騰出獨

處的時間和空間。我們需要發揮耐心並靜下心來，訓練注意力，使它往我們的內心走，聚焦於思緒和感覺，找到真正的意義和價值的內在源頭。心理學家發現，這種聚焦式獨處有助於提升創造力與親密感。它會啟動大腦的某個部分，把意義注入我們的生命，也會帶給我們一些與自己連結的空間，進而強化我們的身分認同感。[12]

　　問題在於，我們活在一個永遠在追趕的世界裡。科技、媒體、全球新聞、時尚、經濟競爭、氣候危機、政治衝突，以及（太多的）戰爭，迫使我們不斷前進、改變、工作、奮鬥和競爭，為下一個意料之外的挑戰做好準備。我們大多數人在職場和家庭裡都承受許多壓力。除了財務與健康方面的挑戰之外，還有許多事情使我們憂慮，以致無法靜下心來重新整理自己，獲得內在平衡。不論是在虛擬或現實世界，有各種大大小小的事情需要我們留意，做出各種回應、決定與承諾。在這樣的紛亂之中，獨處似乎顯得有點無聊、浪費時間，或是根本不可能辦到。

　　如今，我們需要一同努力，才能重新擁有獨處的機會。刻意清空內心的一部分空間，充分的感知所有的感覺與想法。對許多人來說，這意味著要嚴格管制各種干擾來源，以維護安靜獨處的時間。根據發展心理學家的說法，我們需要在不受任何干擾（像是手機訊息、電郵和最新消息通知）的

情況下，才能觸及最深的想法和感覺。在今日，這樣的自由得來不易，但這同時表示，刻意安排某個固定的時間讓自己獨處，是一件格外重要的事。

　　獨處時不一定要到遠離塵囂的大自然裡，或是立誓保持靜默。我們可以利用靜心或禱告、到大自然裡散步，或是在公園裡、通勤時、上床睡覺前沉思幾分鐘，進行自我反思。

　　這些暫停的片刻讓我們可以與自己的內心連結，也有助於我們與他人連結。當我們允許心思毫無目的遊蕩，就能學習解讀情緒和感覺，傾聽身體想傳達的訊息，以及追蹤我們的思緒。讓自己放鬆下來，反思行為和選擇具有的含義與造成的影響，試著去理解別人對我們做出的反應。當令人難受的思緒浮現時，像是失望的感覺或是衝突帶來的痛苦，我們可能會覺得不舒服。大多數人會傾向於躲避這種體驗，並試著不去想這些事。那正是瑟瑞娜把大一那年塞滿活動的原因。然而，騰出時間反思使我們感到痛苦的事，讓自己從中獲得成長，也是很重要的事。

　　事實上，這樣的反思往往有助於我們做出決定，而我們在做完決定之後，才能夠放鬆下來。

　　獨處本身無法讓我們更了解自己、或變得更有同情心，重點在於我們如何利用那段時間，和自己相處。獨處賦予我們機會，傾聽自己的內心，然後以善意與同情心處理它們，

即使那些想法令我們覺得痛苦或難堪。

　　暫停時刻若與感恩和愛的感覺結合，效果會變得格外強大。那是我就讀醫學院時，一位教授教我明白的道理。這位教授身兼人母、醫生、老師、研究者和管理者等多重身分，每天忙得不可開交。她幾乎不可能有時間靜坐冥想，或參加靜修活動。但是每當她在看診之前洗手時，她會多用幾秒鐘的時間讓溫水流過雙手，同時想著她心中感恩的事，包括有機會能參與患者療癒的過程、家人身體健康、那天上午為學生上課時得到的快樂。我們能在最短暫的片刻，從感恩獲得力量，而那些片刻能夠改變我們如何看待自己和周遭的人。那位教授是最早教導我這個觀念的人。

　　假如我們一不留神，忘了運用暫停的力量，只需要回想一下心跳的運作方式就好。心搏週期分為兩個階段：收縮期（把血液擠壓輸送到重要器官）和舒張期（心臟肌肉放鬆）。許多人認為，收縮期是心臟發揮作用的時候，所以收縮的時間愈長愈好。但事實上，舒張期（放鬆階段）才是冠狀動脈裡充滿血液，供應心肌所需氧氣的時候。因此，暫停才是心臟獲得供養的時刻。

　　當我們要為與他人建立關係做準備時，獨處內省與自我覺察扮演了非常關鍵的角色。當我們調整自己，與內在信號與頻率同步時，自然會擁有更多的同理心（大多是在無意識

的情況下發生）。然後我們就能夠辨識別人的內在信號，並感同身受。這種內在調頻的動作可以幫助我們感受到內在平衡、自信心和平靜，為我們打造自我認識的基礎。根據這個基礎，我們就可以與外界建立強健的連結。

我們或許會注意到自然界的一些模式，像是蜻蜓的斑斕色彩、壯觀的雲層逐漸堆積形成的過程，或是在無雲的夜空欣賞與讚嘆銀河的璀璨與壯闊。我們也可能透過周遭的人，發現人性中美好的一面──父母讀故事書給孩子聽時所流露的慈愛，在通勤列車上看見人們展現寬厚善意，讓座給有需要的陌生人，以及小男孩溫柔牽起妹妹的手，兄妹倆手牽手走在一起。我們在這些時刻體驗到的，是獨處中的連結。

我們也可以透過藝術，獲得獨處時的連結感。坎恩曾告訴我，讀者和作者、作曲家和音樂聆賞者之間的連結，「就像是當你從書中讀到的描述，和你曾經有過的體驗一模一樣時，那種靈魂交會的感受。」我們透過書中人物的掙扎，鍛練同理心和同情心。

坎恩把閱讀比喻成歸屬於「志同道合的社群」的過程，我很喜歡這個說法。有時候，你需要的是在現實生活中遇到的同伴；有時候，你需要的是書中的同伴。我們對音樂的感覺就更明顯了。當我們聆聽音樂時，就像是和音樂家與作曲家分享相同的情緒和弦。若是聆聽音樂會的現場演奏，共享

這情緒和弦的人還包括其他的聽眾。有誰在聽到天籟之音時，不會起雞皮疙瘩呢？同樣的，我們可以透過視覺藝術，與他人分享美感帶來的純粹喜悅，以及畫家或雕塑家的創造性想像力。

這些體驗對於我們的連結感和安全感至關重要，提醒我們從來不曾徹頭徹尾的孤獨。它彷彿迫使我們把焦點從聚焦於自我向後拉，感受到一種更平靜、甚至是靈性的歸屬感，與其他人和這個宇宙的歸屬感。

我們出於本能，渴求與他人和天地萬物建立關係，因為歸屬感涉及的不只是被接納、被了解與被愛，還意味分擔他人的憂慮和責任。這種根本的需求可以回溯到部落時代的演化根源，它存在於我們的基因裡。

驚奇讚嘆的感覺也是如此。達契爾・克特納（Dacher Keltner）是加州大學柏克萊分校的心理學教授。他的學術生涯主要研究的是「起雞皮疙瘩」時刻的原因和力量。他指出，其他的哺乳類動物在受到驚嚇時也會起雞皮疙瘩，但只有人類會在感到驚嘆時起雞皮疙瘩。克特納對「驚嘆」的定義是，面對超出我們理解範圍的神祕浩瀚事物時，所做出的反應。克特納在《紐約時報》的文章裡提到，那種時刻能夠「把我們的焦點從狹隘的自利，轉移到群體的利益」，[13] 擴大我們的使命感和重要感，使我們想起，所有人歸屬的家其

實浩瀚無比。那些時刻也會激發與天地合一的感覺，使我們擁有更多的同理心和無私之心。

　　為了測試這個觀念的效果，克特納和同事在校園進行了一個實驗。[14] 他們找來兩組人，讓第一組人站在一片壯觀的六十公尺高的藍桉尤加利樹林前，請他們向上仰望樹林一分鐘。然後讓另一組人站在相同的地方，但請他們凝視附近的一棟大樓一分鐘。接著，克特納安排一個人走路經過那群受試者，然後「不小心」掉落一盒筆。結果發現，比起凝視大樓的那組人，仰望大樹的受試者幫忙撿起的筆，數量比較多。仰望藍桉樹引發的驚嘆感覺雖然只持續一分鐘，但已經對受試者的行為產生正向影響，那份驚嘆使他們看見周遭的世界，對世界更有反應，而且是更善意的反應。

　　克特納向我感嘆說，美國文化使人們沒有時間得到這類的體驗，尤其是與大自然接觸的體驗。許多人盲目的埋首於工作和科技產品中，沒有意識到自己錯過了什麼。「在這個人際連結式微的時代，多一點驚奇讚嘆的感受對我們會非常有益，」他說。

　　上述體驗可深化我們與自己的連結，並提醒我們都屬於某個互相連結的大局，而且我們與彼此的連結比所想的更緊密。這個想法會使我們感覺自己的渺小，同時帶給我們安慰。每個人都有許多可以感恩的事物，也有能力幫助他人。

當我們帶著自我認識與同情心出發，彼此互相連結，就擁有能力改變人生，同時療癒這個世界。

7　建立堅實的人際網絡

「交到朋友的唯一方法，是先伸出友誼之手。」──愛默生，〈談友誼〉（Of Friendship）

「當我們感到絕望或迷惑時，他靜靜坐在我們身邊；當我們經歷悲傷與喪親之痛時，他陪在我們身邊；他能夠忍住不問我們問題、不試著治療我們、不試圖療癒我們，並且陪伴我們面對自己的無能為力，這樣的人才是真正關心我們的朋友。」──亨利·盧雲（Henri Nouwen），《始於寧謐處》（Out of Solitude）

　　想像一下人際連結的過程。一開始，我們先與自己連結，接下來是去接觸其他人，然後我們之間的關係會變得緊密。這個過程要怎麼稱呼？最合適的稱呼可能是「友誼」。

　　在人生的每個階段和位置，我們都需要朋友。友誼的精髓是一種黏著力，它可以把伴侶、家人、志同道合的人和社

群凝聚在一起。它是職場與私人關係成功的基礎。然而,有些人比較不擅長交朋友並維持友誼,而這個障礙可能導致孤獨形成。反過來說,擅長維持友誼的人,可能擁有天生的保護屏障,使他們免於長期或嚴重的孤獨。所幸,維持友誼的能力是可以培養的。

但所謂的擅長維持友誼,指的是什麼意思?還記得,我小時候對於要怎麼交朋友,感到非常困惑。真希望當時有像莎拉・哈梅爾(Sarah Harmeyer)那樣的榜樣可以學習。

哈梅爾告訴我,當她小的時候,人生圍繞著兩個摯愛:一個是食物,另一個是人。她在很小的時候就明白,她熱愛的這兩種東西是天生絕配。打從人類存在以來,一起吃飯就是共通的習性。一方面,這是個務實的做法,因為人類一天要吃好幾頓飯,一次煮多人份的食物比重複多次煮一人份的食物更有效率。另一方面,多人聚在一起享受色香味俱全的美食,會讓這頓飯吃得更愉快。而這種共享的快樂具有促進情誼的效果。因此,食物在建立友誼的過程中,往往扮演了核心的角色。

在年輕的時候,哈梅爾就非常喜歡辦聚餐活動。上大學時,她甚至定期在宿舍房間裡開午間「輕食店」。不過,她在快要三十歲時從休士頓搬遷到達拉斯,從此忙於活動企劃的全職工作,便把這個嗜好遺忘了。她單身,一個人住,在

新遷入的社區裡,她一個人也不認識。

「我沒有孩子,所以沒有理由走到屋外,」哈梅爾回顧八年前的日子時這麼說,「我也沒有養狗,所以無法趁著溜狗的時候認識別人。」但是當一位牧師朋友識出她有「凝聚人的能力」之後,情況開始改觀。

他說,「你天生喜歡為人們製造相處的機會,也喜歡與人分享愛,以及用非常真實的方式與人連結。」他建議她嘗試在社區裡開發與分享這份熱情。

「然後我開始回想我人生中最美好的時刻,」她告訴我,「那些時刻總是發生在餐桌旁。我喜歡用那種方式把人凝聚在一起。」

但哈梅爾的家很小,而她想要的是至少可以容納二十人的餐桌,因此她只能在自家後院辦聚餐。她買不起一張那麼大的餐桌,唯一的方法是請她的父親幫她做一張。哈梅爾的父親沒有做過餐桌,不過他喜歡用木頭雕刻東西。

這些問題都沒有造成阻礙。哈梅爾的父親為她製作了一張近六公尺長的桌子。他們把這張桌子放在後院,上方還吊掛了水晶吊燈。哈梅爾要打造一個「社群」,目標是用那張餐桌舉辦五百人的聚餐。

她在那裡連一個人也不認識,於是她利用社交應用程式Nextdoor 來幫她。透過 Nextdoor,她可以觸及附近的三百

戶家庭。於是她邀請所有人來參加「一人帶一菜」的餐會。

「我在邀請函上寫得很直白，」哈梅爾回憶道。「我說，『假如你從來不曾離開你家，到外面認識鄰居，要不要考慮來參加這個聚餐？我在這裡一個人也不認識，而我想要認識你。帶一種飲料和一道餐點來和大家分享，我會提供現場音樂表演。』結果，那天晚上有九十個家庭出席餐會。知道人們其實希望被邀請之後，我的野心開始變得很大。」

哈梅爾本來就知道人們渴望與其他人連結。但是她驚訝的發現，鄰居熱切的想要認識彼此，而且輕輕鬆鬆就克服了職業、社會地位和文化背景的差異。那張大餐桌似乎發揮了大型安全帳篷的功能。

「這張桌子屬於每一個人，」哈梅爾說。「人們來到這裡都能自在的做自己，並覺得可以向彼此學習一些東西。我曾看過我的水管工坐在企業主管旁邊。我也曾見過八年級生坐在自己的老師旁邊。圍坐在我的桌子旁的人，涵蓋了所有的種族、宗教信仰和性傾向。」

不過，第一次的聚餐（以及後來的數百次聚餐）能夠順利舉辦最主要的原因是，哈梅爾出於直覺知道，形成友誼的要素是什麼，而且她有意願讓那些要素開花結果。第一個要素是熟悉感和自在感。她發現，只要利用一些小技巧，即使在陌生人之間也能孕育那些感覺。

　　「在讓大家坐下之前，」哈梅爾告訴我，「我會走到每個人身邊，說出他的名字，把他介紹給其他人。例如我剛認識你，我記得你叫喬治，我就會告訴大家，『嘿，這位是喬治，他是個很棒的爸爸，我之所以知道，是因為當他一講起兒子今天早上的棒球比賽，眼睛就閃閃發亮。他也是一位律師。假如你有任何疑問，可以到這個座位來找他。』你會發現，當你用名字稱呼某個人時，他們的臉上會自然浮現發自內心的微笑！這會給他們信心，在坐下用餐之後願意主動和旁邊的人聊天。」

　　這個方法聽起來很普通，但我同意她的看法。姓名和私人小故事可以有效的促進連結，尤其當姓名的發音被正確唸出來時（我的姓名通常會被唸錯，所以每當有人費心唸對時，我總是會注意到，而且感謝他的用心）。哈梅爾也會善用辦活動的必備工具，像是座位牌、座位配置圖，幫助人們記住彼此的名字，並且安排讓可能聊得來的人坐在一起。

　　哈梅爾也明確的把一部分控制權交出來，讓每個人都負一點責任，透過服務彼此，培養友誼的另一個要素，也就是互惠互助。「我會對大家說，『我知道我是主人，但說真的，這頓飯吃得愉不愉快，每個人都有責任。所以假如你看到有人的水杯快要空了，就去幫他倒水。你也可以幫坐在身邊的人倒酒。假如你想出點力，就幫忙把盤子收進屋裡，如果你

願意，就幫忙把碗盤放進洗碗機裡。』」

我發現，哈梅爾提到「幫忙把碗碟放進洗碗機裡」，其實有很深的用意。她告訴我，她總是會請客人幫忙收拾碗盤，因為「有許多人很內向，他們想要做點事，才不用一直和別人聊天。」

哈梅爾了解，人們互相連結的方式各不相同。有些人是因為聚在一起講笑話而結為好友，有些人則比較可能透過私下聊天的方式，建立情誼，像是一邊聊天，一邊一起把碗盤放進洗碗機。

她也明白，健康的友誼是建立在雙向溝通上。「我甚至跟大家說，『我希望我們今晚能多聽少說』，結果很好玩，因為你會看到人們低聲問旁邊的人，『她指的是什麼意思？』但說真的，或許每個人來到這裡，是為了想要學習和連結，有沒有這個可能？」

聚會快要結束時，哈梅爾會把所有人召集起來，丟出某個觀念、問題或是詞彙，讓大家進行小組討論。那些是一般人不太會去思考、或是太過私人的主題，因此不太可能自己主動提出來。它有點像是瑟瑞娜的「空間聚會」所討論的東西。這是這場聚餐的重頭戲，也是我們每個人渴望從友誼中得到的東西。「大家的分享讓我很感動。我看見了他們比較有深度的一面。就在那個餐桌上，真正的尊重及少許的愛正

在交流。」

對哈梅爾來說，愛不只是一個抽象的概念，還是一種生活方式，也是她對友誼的看法的核心。有一年，有位鄰居問她，能不能到她家過聖誕節，因為他沒有家人朋友住在附近。於是哈梅爾決定要幫他擴大朋友圈。她發邀請函給社區裡的鄰居，邀請「想在聖誕節和某個陌生人一起吃午餐」的人。結果回應的人超出了她自己的朋友圈，「我從來沒見過的人也出現了。」這些人原本都必須自己一個人過聖誕節，而所有的人都明白那是什麼滋味。一位客人指著草坪上的四個大型裝飾性字母並說，「這個地方帶給人的就是這種感覺。」那四個字母是：L-O-V-E（愛）。

現在，哈梅爾已經認識她所有的鄰居。她四十三歲，沒有結過婚，也沒有孩子，但她有一大堆家人和朋友。她知道當她有需要時，可以找誰幫忙，不論是備用手電筒，或是可以傾吐傷心事的對象。她也認識一些不曾出席聚餐的鄰居，這些鄰居因為她主動邀請他們，而想要和她交朋友。

哈梅爾的故事提醒我們，我們都有能力凝聚眾人。或許我們不像哈梅爾一樣，能夠無所畏懼或熟練的邀請不認識的人，進入自己的生命中。或許我們比較喜歡一次交一個新朋友，而不是舉辦派對。不論我們正在和伴侶規劃未來、和鄰居一起吃飯，或是在火車上與陌生人聊天，哈梅爾的餐桌所

分享的一些關於友誼的觀念，提供了每個人都能應用的重點，幫助我們拓展、增強與深化與他人的連結。

打造專屬的朋友圈

卡喬波夫婦在研究孤獨的解決方法時發現，對我們的社交和情感狀態最有益的關係，是互惠關係。換句話說，互相扶持的朋友往往能夠建立最健康的友誼。而那種互惠關係會反過來，幫助人們得到安全感，同時免於孤獨的侵害。這是優質的社交連結運作後產生的結果。

卡喬波夫婦所談的，並不是至交好友。如同哈梅爾舉辦的聚會所呈現的，互惠原則甚至適用於完全不相識的人。基於這個理由，哈梅爾鼓勵她的賓客不要只顧著說話，也要聽別人說話，而且要參與服務，不是等著讓別人侍候。比起單向式的互動，彼此分享與真誠傾聽的朋友之間，會有更強的連結感。因此，不論心理治療的效果有多好，也無法取代真正投桃報李的友誼。瑟瑞娜從她的瑜珈團體和空間聚會的朋友身上體驗到的，正是這種友誼。這種友誼從根源治癒了她的孤立感。而萊斯特和羅培茲加入防止再犯罪聯盟時，感受到的也是這種友誼。

是什麼因素使一段關係帶有「互惠性」？彼此傾聽與協

助很重要，但最根本的因素，可能是那些互動之下的東西：情感的交流。朋友會想要花時間待在一起，而且會刻意找機會相聚。他們能讓彼此感到自在，也會努力想要了解對方。他們有共同的興趣，彼此尊重。在最基本的層面，朋友會展現對彼此的關心，進而反映出對方的人性價值。

當朋友挺我們時，他們使我們體會到，我們值得人愛，進而覺得自己還滿不錯的。關心別人也可能使我們覺得人生更有使命感和意義，因為關心別人的舉動顯示出，我們有能力讓別人的生命變得更美好。友誼透過各種方法，創造出一個正向反饋迴路，教導我們在與他人連結時，也不要忘了讓自己與愛連結。

只可惜，許多人把友誼和交易型關係混為一談，只想透過友誼取得社交或職業地位，或是物質上的幫助。羅納德·沙普（Ronald Sharp）在瓦薩學院（Vassar College）開了一門友誼文學的課，他在 2016 年的訪談中，曾對這種混淆表達感嘆。他說，友誼的重點「不在於某個人能為你做什麼，而在於當你們在一起時，會變成什麼樣子，」他繼續說，「在某種意義上，待在一起什麼事也不做，已經變成一種失落的藝術了。」[1]

孤獨也可能阻礙友誼的互惠性形成。因為當我們覺得孤獨時，迫切的社交需求可能使我們忽略其他人的心事，或是

沒能做出回應，即使對方是我們的朋友。在 2017 年刊登於《大西洋》的訪談中，卡喬波解釋說，孤獨會使我們變得過於急躁，過度聚焦在自己身上，只關心自己的情緒狀態。[2]因此，即使是和好朋友碰面，假如我們感到孤獨，而且獨處太長一段時間，我們可能會不自覺變得比較強勢，說話變得比平常更快、也更多，因為我們太渴望得到與人連結的感覺。假如我們能留意孤獨可能造成的扭曲，並記得暫時停一下，試著聽對方說話，將有助於緩和這種情況。

友誼需要用善意耕耘。這種善意需要具備坦率的關心與信任、同理心與誠實，以及大量的理解，使連結能夠順利形成，並且維持下去。「沒有人能夠總是用最完美的方式對待自己和他人，」卡喬波在 2008 年的訪談中如此說。[3]正因為如此，寬恕成了友誼中的一項關鍵要素。

基於上述所有因素，友誼會產生一個深刻的附帶效應，那就是激發感恩之心。當我們展現自己脆弱的一面之後，對方給我們的愛依然不變，我們會對此心懷感恩。另外，我們也會對於互相信任、共同度過的美好時光，以及在友誼中找到歸屬感，心懷感恩。而歸屬感是將朋友凝聚在一起的終極黏著力。

當然，並非所有的友誼都同樣親密。即使是優質的社群連結，也會有不同的親密度、強度和深度。

　　英國演化心理學家羅賓・鄧巴（Robin Dunbar）發現，人類對不同類型友誼的需求程度，相似度極高。假設你位於社交圈的中心位置，然後想像一個由中央靶心向外畫出的三個同心圓，分別為內圈、中圈和外圈。鄧巴告訴我，自狩獵採集時代以來，人類就學會形成像這樣有遠近之分的友誼。

　　這三個連結之圈大致上與孤獨的三個方面相對應：親密性、關係性和共同性。我們每個人都需要至交和可推心置腹的密友，我們和他們之間有很深的情誼，這情誼充滿互相的關懷與信任。我們也需要普通的朋友和社交關係，從中得到扶持與連結。我們還需要讓自己歸屬於不同的社群，包括鄰居、同事、同學和朋友，我們和他們擁有的是共同的目標和身分認同。

　　就最簡化的演化觀點來說，在最內圈，我們會倚賴少數幾個人保護、支持與提供養分。這些人包括我們的戀愛對象，遇到危機時會前去投靠的至交和家人，以及我們喜歡經常和他們膩在一起的人。我們與這些最內圈的人之間有最強的羈絆，但也需要為他們付出最多的時間和精力，來維持這些關係。因此這種對象的人數是有限的，大約為十五個人。

　　鄧巴表示，我們出於本能會把 60％ 的時間和精力，用在內圈的朋友和至交身上。其餘 40％ 的時間和精力，我們大多會花在中圈和外圈的朋友身上。當我們需要得到支持

時，他們不是我們第一時間去找的人。但假如我們向他們求助，他們很可能助我們一臂之力，反之亦然。這些人包括每年會碰幾次面的老朋友和老同學，過節放假時會去找的親戚，當我們結婚或生孩子時，會通知他們這些好消息的人，以及偶爾相約一起吃飯的鄰居。

中圈和外圈的關係比不上最內圈，這是很自然的事。我們花最少的時間和精力交往的人，往往會落在最不穩固的朋友圈。然而，這三個圓圈裡的成員並不是固定不變的。許多人會隨著時間的推移，自然而然的改變所在的位置，例如從學校畢業後，死黨有可能變成感情比較淡的朋友，或是原本不熟的同事後來變成推心置腹的至友。舉例來說，哈梅爾發現，有些來參加聚會的賓客原本互不相識，但後來變成了好朋友。她自己也有一些好朋友因為搬家到其他地方，而移動到中圈或外圈的位置。

我們花較少時間相處的人，就可能移動到比較外圍的圓圈。鄧巴認為，若沒有透過面對面溝通，給彼此充分的陪伴，最核心位置的友誼也會凋萎。我們需要刻意抽出時間和精力，來經營我們想維持的友誼，設法解決與他們的衝突，以及在彼此需要幫忙時伸出援手。

就某些方面來說，科技讓我們可以透過網路視訊，和身在遠方的朋友和親人見面，維持感情的品質，也能幫助我們

更容易和朋友聯絡，相約見面。然而，科技也可能奪走我們原本用來經營有意義連結的時間，導致那些友誼逐漸變淡。我們很容易就會逆轉 60 / 40 的時間分配比例，花更多時間用通訊軟體和幾乎不認識的人聊天，而不是和我們所愛的人進行有意義的連結。當我開始用社交媒體和朋友保持連結之後，我發現它把我的社交時間的重心，從內圈朋友悄悄轉移到中圈和外圈去了。比起和現實生活中抽出時間和好朋友碰面，進行難以啟齒的對話，在臉書上祝一百個不太熟的好友生日快樂，通常更容易辦到。假如我們不夠小心，科技往往會讓我們不知不覺朝著品質較差的社交互動發展。

隨著溝通管道的選項變多，我們對於直接互動中隱含的不確定性，也變得有所保留。電話鈴聲響起時，我們會遲疑是否要接起來，因為我們不知道這通電話要講多久。我們往往會迴避面對面的提問，因為用文字訊息回答會比較輕鬆。我們會盡量避免讓別人臨時來家裡串門子，以免被沒完沒了的聊天綁住，或是導致生活作息上的一些不便。然而，人際關係的多采豐富正來自它的內涵質地，好比某個人說話的聲音、對方的微笑和肢體語言，以及在隨意聊起的話題中意外出現的真心話。但令我們意外的是，當我們和朋友進行那些有風險的互動之後，幾乎總是會覺得更滿足。

內圈：至交與密友

在 1938 年的經濟大衰退期間，哈佛大學展開了一項長期研究，以 1939-1944 年的二百六十八名男性畢業生為對象，試圖找出哪些因素有助於人們擁有健康且幸福的人生。

這個研究是史上歷時最長的研究，至今已經超過八十年，現在仍然持續在進行。最初那批參與者有不少人後來成為成功的政治人物、創業家和醫生，也有一些人違法犯紀與身陷財務問題。從一開始，這個研究就將原始參與者的妻兒都納入。它還併入另一個同時期的研究，以波士頓最貧困地區的 456 名年輕男性為對象。[4]

羅伯特・沃丁格（Robert Waldinger）是這個研究的現任主持人，他和善、有耐心、聰明靈活，而且虛心受教。沃丁格表示，當他剛接下研究主持人的工作時，心中懷抱了一些預期的想法：營養的飲食、運動和遺傳基因是幸福與健康的關鍵要素。沃丁格是個禪修者，因此他也明白靜坐和其他靈性修練的重要性。但這個資料豐富的研究得出的一個與健康有關的核心要素，是他完全沒有料到的：親密關係。

沃丁格表示，哈佛的資料顯示，比起智商、財富或社會階級，內圈人際關係更能預測一個人能否活得健康幸福。有一個能在半夜三點打電話求助的對象，有助於維護我們的身

心健康。「五十歲時對自己的人際關係最滿意的人，」沃丁格在 TED 演說中表示，「到了八十歲時身體最健康。」[5] 那些親密關係也是防止親密性孤獨形成的最佳利器。

　　這種親密關係雖然令人安心，而且具有療癒力，卻不是全然沒有衝突的。事實上，我們比較常起衝突的對象，往往是我們的好朋友和親密伴侶。我們經常被他們激怒，或是對他們感到失望，反之亦然，這是因為關係親密的朋友對彼此付出了許多情感。不過，我們之所以選擇對他們坦率直言，並投注許多情感，正是因為他們創造了一個可以讓我們放心做自己的安全空間。

　　親密關係雖然可能涉及性關係，但它也是肢體性的關係。肢體接觸能使我們的大腦釋放大量化學物質，其中之一是催產素。催產素使我們更聚焦於社交訊息，強化我們和朋友與家人之間的關係，確保我們受到照顧和保護。肢體接觸也能促使大腦釋放腦內啡，這種類鴉片神經肽是一種天然的止痛和激發亢奮感的物質。

　　我請鄧巴解釋原因，他以人類的靈長類近親的社交梳理（social grooming）習性來說明。社交梳理能夠有效的刺激大腦，釋放有助於強化親密關係的化學物質。鄧巴告訴我，這些化學物質讓大猩猩覺得非常舒服，以至於牠們一天願意花三個小時來互相梳理毛髮。不論是梳理者還是被梳理者，

他們都能獲得這種舒服的感覺，這會強化他們之間的聯繫，降低彼此的壓力。當我們出於愛和友誼碰觸彼此，也會得到類似的舒服感覺。就和靈長類動物的情況一樣，這些化學物質發揮了類似情感維繫的作用。

肢體接觸引發的情感具有強大的效果，因此，人們的至交好友大多是他們的配偶或戀愛對象，是合情合理的事。我們把這個人稱作「重要他人」（significant other）是有原因的，因為我們期待這個人會永遠陪在我們身邊（理想上），他也是我們在半夜三更聊心事和求助的對象。

然而我們要記住，親密關係不一定含有愛戀的成分。事實上，使人神魂顛倒的戀愛有可能造成一些不利的內圈代價。伴隨熱戀而釋放的腦內啡和催產素等化學物質，會使戀人基於生物性因素，把焦點全放在對方身上，尤其在剛陷入熱戀、生理性吸引力最強烈的時候。鄧巴告訴我，這會降低他們的社交活力或是與其他人連結的意願。戀情在短時間內或許令人亢奮，但假如這段眼裡只有彼此的關係，把其他的重要友誼全部排除在外，或是忽略其他友誼的時間太長，這段戀情有可能會導致關係性與共同性孤獨。當這段戀情穩定下來，社交荷爾蒙與神經傳導物質的釋放減少，就有可能引發社交危機。假如戀情最後以分手收場，失戀的悲傷也可能引發親密性孤獨。

　　歷史比較悠久的文化似乎了解，把戀愛看得比其他情誼更重要其實非常危險。歷史學家史蒂芬妮・昆茲（Stephanie Coontz）在《紐約時報》的特稿提到，直到一百年前，「大多數的社會認為，把夫妻情感與核心家庭的關係看得比對鄰里、家族、公民責任和宗教信仰的承諾更重要，是一種反社會行為、甚至是病態的自我耽溺。」[6]

　　與世隔絕的戀愛關係往往是脆弱的，在承受壓力時容易破裂，而健康的親密關係（不論是配偶或摯友）能夠從外圍圓圈的朋友得到社交緩衝。那是因為我們從所有的支持性友誼得到的安慰、鎮靜力量和情緒能量，可以強化我們的情緒核心。我們的核心愈強健，就能給周遭的人愈多支持。

　　如今，我們面臨了不同的挑戰。雖然許多人仍然想追求「世上唯一」的理想真愛，但在美國，選擇結婚的人有逐漸減少的趨勢，[7]二十五歲以上沒有結過婚的成年人比例來到史上新高，從 1960 年的十分之一變成現在的五分之一。[8]

　　這樣的社會變化促使我們停下腳步，環顧四週，然後意識到，我們可能需要刻意重新規劃社交生活，來保護親密關係的重要來源。無話不說的密友，可能是我們的戀人或配偶，也可能是我們的至交、室友、表兄弟姊妹或親手足。內圈友誼就和親密關係一樣，可能以各種形式呈現。許多單身的人會把時間花在家人及社交網絡上，這會使他們比只活在

兩人世界的夫妻或情侶更不容易感到孤獨。重點在於，我們所有人（不論是否結婚）都需要去愛人，也需要被了解我們的人所愛。

中圈：偶爾碰面的朋友

內圈人際關係固然至關重要，但能夠涵蓋一百五十人左右的中圈人際關係，也同樣不可或缺。在這個社交地帶，我們不一定知道彼此內心深處的祕密，但我們喜歡有所交會的感覺。中圈朋友可以為我們提供重要的緩衝作用，防止關係性孤獨的形成。

在成長過程中，許多人可能把普通朋友的存在視為理所當然。學校的班級、運動、營隊和社團，給我們許多經營中圈友誼的機會。我們每天在學校或是住家附近，會遇到大部分的朋友。這種隨興自在的連結在成年期比較難建立，尤其在我們離開家鄉，為事業和家庭打拚的時期。這一方面是因為我們比較沒有時間參與社交活動。在另一方面，對於競爭和地位的顧忌，也會使建立友誼變得更加複雜。事業成就和財富的差距，可能導致不信任和嫉妒，使得人們難以評估彼此的相互關係。這正是社會上的名人和企業高階主管經常會覺得孤獨的原因，也是許多人至今仍然倚賴小時候的朋友

圈，費心維持最早建立、也最可信賴的友誼，而不去冒險交新朋友的原因。

不過，多數人仍然可以用小時候的方法，交到中圈朋友：加入團體。不論是什麼年紀，人們通常是透過聚會結識彼此，而我們往往根據共同的興趣和活動聚在一起，像是運動、藝術或是社區的「一人帶一菜」餐會。加入某個團體有助於減輕壓力、修復情緒傷痛，以及找到人生的意義和目的。因此，許多團體是基於解決共同的問題而形成，現在的許多治療方式，也都包含團體治療的部分。

這種療癒效果大多來自我們在聚會時的互動方式。我們說出自己的故事，一起大笑，一起唱歌跳舞、一同演奏音樂。我們一起運動、散步和做事。我們有時付出、有時獲得，我們呼喚與回應，彼此同步。這種行為自然的存在於地球上的每一種文化中。按照鄧巴的說法，它是社交梳理作用經過長期演化的結果。

梳理需要一對一的直接肢體接觸才能進行，對於大型的團體連結來說，這是個沒有效率的方法。因此，人類經過演化，發展出一種使人覺得舒服、同時為許多人同時創造歸屬感的方法。

鄧巴告訴我，大笑是最有感染力、最為普遍，也最出於直覺的人際連結工具。它像碰觸一樣，可以激發腦內啡的釋

放，因此當我們一起大笑時，會變得更快樂、更自在，也覺得周遭的人更加親切熟悉。達賴喇嘛運用他那有感染力的大笑，和群眾與世界領袖連結。大笑之所以能夠減輕我們的壓力，使我們心情變好，是因為它能引發正向的生理反應，使我們打成一片——人類很少會一個人獨自大笑。在喜劇俱樂部裡，當某一位觀眾開始哈哈大笑，其他人幾乎也會跟著大笑。在派對上，當某個人哈哈大笑，其他人會本能的露出微笑，然後轉頭尋找什麼事這麼好笑。在戲院裡，電影情節裡的笑話通常會引發一、兩個人先帶頭開始笑，然後其他人跟進，最後形成眾人的一陣大笑。幽默會在覺得某一件事很好笑的一群人之間，創造聯繫，它是一種人際共通點。

同樣的，節奏性的同步聲音與動作，也是一種人際共通點。鄧巴說，當我們覺得孤獨時，結交中圈朋友最好的一個方法，是加入合唱團，不論是理髮師四重唱、教會唱詩班，或是當地的藍調或搖滾樂團。鄧巴的研究發現，比起創意寫作與製作手工藝這類團體活動，唱歌所創造的社交聯繫可以使人感到更加滿足。他把團體合唱創造的聯繫力量，稱作「破冰效應」。

同步性活動中產生的互相密切配合，會使團體活動帶來的好處倍增。鄧巴指出，任何一種形式的肢體運動都會引發腦內啡的釋放，但有同伴一起同步運動，可以使效果大幅提

高。不論是慢跑、騎自行車、跳舞，幾乎任何一種運動都是如此。當我們的動作要和其他人協調一致時，那種互動會使自然產生的興奮感變得更加亢奮。鄧巴跟我提到，他曾針對學校的划船隊進行一項研究，結果發現，比起單獨划船，同步划船可以使腦內啡的釋放提高百分之百。相同的動作、共同的經驗，以及腦內啡引發的相同亢奮感，在促進團隊情誼之際，同時提高了團隊的表現。

除了腦內啡效應，還有許多生理現象能夠解釋，為何世界各地的人都有傳統的民俗歌曲和舞蹈，美國學童在學校為何要一同朗誦「效忠宣誓」（Pledge of Allegiance），大多數的宗教聚會為何把會眾合唱或念誦變成固定儀式，以及為何全世界有數百萬的運動人口。當我們和朋友同在一起時，這些化學反應會給我們獎賞，提高我們的歸屬感，為我們帶來身心上的益處。

外圈：同事和點頭之交

當然，生命中有許多人與我們的連結落在比較外圍的地方，但他們仍會帶給我們歸屬感。這些外圈關係包含我們透過工作上的偶然互動、在住家附近、在公民和社會組織、在宗教場所或是網路上，所結識的和氣友善的點頭之交。這個

社交網絡可以涵蓋五百人以上，讓我們透過相同的經驗產生連結，幫助我們在共同的身分認同中，得到更多安全感。與這群人擁有的共同目標和興趣，可使我們免於共同性的孤獨之苦。

這種距離比較遠的關係，不具備密友之間的開誠布公，但他們的眼神和微笑，能以一種微妙但有意義的方式，使我們覺得自己得到理解。熟悉的人會使我們覺得受到歡迎與接納，幫助我們產生扎根的感覺。經年累月之後，他們也會變成我們的朋友。

在職場與人連結

許多最重要的連結來自職場。現代人每天花在職場的時間多過待在家裡；與同事的互動頻率，比和私人朋友更多。因此，我們在職場需要得到有意義的連結，才能樂在工作。不過，這種友誼需要一點鼓勵和推力。

我擔任公共衛生署長期間，幕僚人數成長太快，我們又忙著處理迫切的公共衛生議題，以致許多團隊成員沒有機會好好認識彼此。這個團隊包括一位受勳陸軍護士（她多年來為囚犯提供牙齒醫療照護）、一位傑出的鋼琴家兼牧師、一位曾經參加奧運的跑步運動員，其中幾位成員的家人有成癮

問題。雖然大家相處得很融洽，但我們並不太了解彼此的豐富人生經歷。為了拉近距離，我們在會議中安插了「挖掘內幕」（Inside Scoop）的環節，來增進彼此的連結。在每周的幹部會議中，每位團隊成員要用五分鐘的時間，透過個人照片分享關於自己的一些事。每個人透過展示照片，與其他人分享他的生活樣貌，而我們透過傾聽，來認識這位同事希望我們看見的他。

　　我到現在還記得某位成員的「挖掘內幕」內容。他過去曾在海軍陸戰隊服役，而且引以為傲。我以為他會談論他在軍隊裡的經驗，結果他分享的是他和父親的複雜關係，以及他如何透過自己孩子的音樂天賦，看見父親的精神長存於世間。他還說，母親是他心目中的英雄，當他面臨挑戰時，只要想起她的榜樣，就可以把他心中的懷疑化為力量。他和我們分享這些心情時，眼睛閃耀著光芒。在那一刻，我覺得自己和他產生了很深的連結。他的坦誠啟發了我，使我也想要反思和父母的關係。這些短暫的坦誠分享時刻，有助於鞏固我們之間的情誼。

　　「挖掘內幕」很快就成了我們最期待的活動。每個人看到其他同事的真誠反應之後，都覺得自己獲得了更多重視。那些原本在討論中始終保持沉默的成員，後來也開始發言。結果，所有的團隊成員開始在工作時，顯得不再有那麼大的

壓力。大多數人告訴我，他們覺得和其他同事及工作任務的關係，變得更密切了。

　　儘管大多數工作需要集體合作來完成，但在個人主義的推波助瀾下，零工經濟成長翻倍，許多人成為獨自工作的個人工作者，包括共乘司機、自由接案顧問，以及即時跑腿者（on-demand assistant）。職場的人際關係使工作兼具社交與經濟上的回報，而產業界的自動化趨勢，正在對人際關係形成威脅。這些因素都會在職場形成更強的疏離感與孤獨感。

　　根據蓋洛普（Gallup）2017 年「全美職場狀態」（State of the American Workplace）調查顯示，[9] 只有 40％的美國員工強烈認為，自己的主管或同事是真正關心自己。一部分的原因可能是，許多職場文化直接或間接不鼓勵在職場結交朋友，尤其是跨階層的往來。某些職業類別也是如此。2018 年有一個針對一千六百二十四名全職員工進行的調查指出，最孤獨的職業是與法律和醫學院學位相關的職業。[10]

　　席格‧巴薩德（Sigal Barsade）是賓州大學華頓商學院（Wharton School）的組織行為學教授。她在 2018 年針對職場的孤獨感進行研究時，發現孤獨除了會對個人造成情緒傷害，對企業也有害。研究資料顯示，孤獨的員工對雇主與同事都比較不投入。在面對壓力或衝突時，孤獨的員工會傾向於認為，某些人際關係不值得花力氣去維持。[11] 這種態度會

在組織裡擴散，影響潛在的人際連結。當社交聯繫開始在同事之間逐漸淡薄，溝通和協作於是產生不信任感，進而影響整個團隊，甚至是各個部門。

蓋洛普的報告指出，除了個人發展機會與明確的目標之外，正向的人際關係也是影響員工投入的重要因素。蓋洛普進一步發現，當組織文化展現對員工的尊重和人際關係的重視，員工之間的情誼就能夠激發富開創性的討論，為團隊、組織和個人帶來益處。換句話說，員工的社交狀況與職場的整體健康息息相關。

儘管如此，組織仍然非常排斥在職場建立友誼的概念。蓋洛普有一個調查詢問的是，[12] 員工是否「在職場擁有一個好朋友」，結果《華盛頓郵報》的一位專欄作家質疑，「這是什麼問題？你以為我們還在高中嗎？」

不過，蓋洛普所指的不是親密的朋友。這個問題的宗旨，是幫助受訪者將真心支持且持久的人際關係，與膚淺、脆弱且負面的人際互動區分開來。研究者想了解的是，人際連結的普遍性品質，包括點頭之交之間的關係。

蓋洛普發現，當員工在公司裡有朋友，他們就會有心站在公司的立場採取行動；而在公司沒有朋友的人，就不會這麼做。這些行動包括分享有用的資訊、發表建設性的意見，以及無所畏懼的給予他人反饋意見。但更重要的效應是，員

工也從中受益。當我們遇到異議時，若我們在公司裡有朋友，我們會比較有安全感、更有復原力、更冷靜，而且更可能在身心方面互相支持。蓋洛普發現，當甲團隊有三分之二的人認為他們在公司裡有好朋友，乙團隊有三分之一的人認為他們在公司裡有好朋友，平均來說，甲團隊發生意外的機率，比乙團隊低 20％。[13] 蓋洛普問甲團隊的人為何會如此，他們只是淡定的回答說，朋友之間會互相照顧。言下之意是，朋友會互相關心，留意彼此的狀況，對可能發生的危險發出警告，以及主動預防工安事件發生。

　　蓋洛普發現，職場裡有朋友對女性格外重要。女性員工會因為朋友的存在，而更加樂在工作，在工作上有更好的表現，同時比較不會考慮離職。在職場裡有朋友的女性，她們的壓力比較低、與人的連結比較緊密，也更信任同事。[14] 研究者把這個現象稱為「關係能量」（relational energy）的作用。

　　「關係能量」指的是，所有社交互動中產生（或消耗）的情緒能量。根據密西根大學「正向組織中心」（Center for Positive Organizations）主任韋恩・貝克（Wayne Baker）的說法，關係能量通常會引發連鎖反應。第一個是情緒反應，當我們與他人形成強大的正向連結時，會覺得心情很好。第二個是認知反應，它會釐清我們的想法，提升記憶力與認知

表現。簡言之，人際連結通常會使我們的心情比較好，更加投入眼前的工作。當我們的活力被激發並投入工作，會產生第三個反應——生產力。

貝克與羅布・克羅斯（Rob Cross）在 2003 年進行了他們的第一個「關係能量及其對個人表現之效應」研究。[15] 貝克告訴我，他們透過組織調查的方式來進行這個社交網絡研究，提出了一個重要的問題：「當你和這個人進行例行性的互動時，對你的能量值有什麼影響？」[16]

貝克與克羅斯的團隊研究的不一定是友誼，他們針對的是「優質連結」，這是珍・達頓（Jane Dutton）與愛蜜莉・希菲（Emily Heaphy）在 2003 年自創的名詞，用來描述可以使人們生氣蓬勃的發展、促進組織達成目標的工作關係。[17] 不論這種連結維持的時間是長是短，它的特徵是溫暖、寬厚與參與感。當我們遇見某個人，若他對我們表達真正的關心與興趣，我們的心情會為之一振，這就是優質連結。請回想一下，當你剛開完會或是剛下班、覺得自己快要累癱時，朋友向你表示關心，你會有什麼感受。或是當你即將要開一個重要的會，同事給你真心的鼓勵、對你說一些讓你安心的話，你的頭腦是不是因此變得清晰許多。

在我創立非營利與商業組織的過程中，我發現，同事之間的關係會透過巴薩德所謂的「微時刻」（micro-moments，

也就是自然發生的小小互動）獲得強化。例如，當你直視某個人的眼睛，問他今天好不好，真心想知道他的狀況；當你端一杯咖啡給加班到很晚的同事；當某個人需要一點時間才能給你答案，而你耐心的等待。這些雖然是微不足道的小小互動，但可能創造驚人的效果。

優質連結所創造的活力，影響的不只是心情，還有工作表現。貝克與他的團隊利用一個大型醫療用品公司的主管與部屬，來進行測試。[18][19] 首先，他們測量主管與團隊成員之間的關係能量。四星期之後，他們運用標準的投入程度衡量問卷，調查每位員工在工作崗位上的能量值。一個月之後，他們再衡量員工的表現。

研究結果顯示，與主管關係能量比較高的員工，投入程度比較高，工作表現也比較好。貝克告訴我，「我們知道，優質連結可以提升關係能量。」

貝克發現，優質連結的一個要素是互相幫忙，這包括尋求協助，「給予的祕密在於開口請求，而那是很大的突破。」有一次，我觀察貝克為一群企業領導人做訓練時，他向我解釋說，「職場中90％的協助行為，是回應他人的請求。但是大多數人在需要幫助時，卻不願意開口。」

我也覺得開口尋求協助是很困難的事，所以我完全能理解他的意思。人們擔心，假如開口請人幫忙，就會被對方視

為愛依賴、能力不足、軟弱或是愚昧無知。他們認為，向別
人承認自己遇到問題，有損聲譽。但貝克發現，這些想法都
不是事實。「有研究指出，只要你提出的請求是經過深思熟
慮的，人們反而會更加肯定你的能力，而非看輕。」

　　貝克說，多數人都希望能幫助別人，但那不一定是人們
的直覺想法。「我們發現，參與請求協助和接受協助的過
程，並由此建立人際網絡，其實會提升人們的情緒能量，降
低負能量。」

　　貝克說，當請求和接受協助的動態互動融入組織文化
中，經過一段時間之後，人們會開始建立能夠改變職場行為
與信念的正向關係。「他們在慷慨大方的幫助別人時，看見
了請求協助的重要性，在日常互動中更常試著這麼做。」

　　優質連結也能創造達頓與正向組織中心的同事所謂的正
向尊重，或是「覺得被了解與被愛、在連結中受到尊重與照
顧的感覺」。[20] 這種效應是由雙方當下的交流創造出來的：
尋求協助的人展現脆弱的一面，而提供幫助的人做出回應。
優質的人際連結不僅使人感到愉快，而且可以激勵人心與振
奮精神。這種連結能為我們的生命增添許多意義。

　　很少企業主能像艾力・威茲維格（Ari Weinzweig）與
保羅・塞吉諾（Paul Saginaw）一樣，全心擁抱優質工作連
結的力量與價值，他們在密西根州安娜堡（Ann Arbor）創

辦了金爵曼（Zingerman）集團。這個在地食品集團以盧本三明治、酸奶油咖啡蛋糕，以及精選禮盒聞名，但這家公司之所以得到員工和顧客的喜愛，是因為威茲維格和塞吉諾所創造的企業文化，使所有人覺得自己受到重視，而且與其他人有所連結。

當我和威茲維格在金爵曼旗下的餐廳「路德屋」吃飯時，威茲維格對我說，他們所做的一切都是出於直覺。「我們並不是坐在辦公室裡，規劃以連結為核心的文化。我們只是心想，用這種方式生活和工作，是非常合情合理的事。在大自然的生態系統裡，一切都互相連結。當我們不重視我們和社群、我們彼此之間，以及我們與自己的連結，一定無法過得好。若在工作場所做出違反人類天性的行為，就會製造出危機，導致疏離、憂鬱和孤獨。這個情況有一部分來自於不尊重人性，以及不尊重每個人做為人類的獨特貢獻。」

金爵曼花了很大的心力防止疏離感與孤獨感的發生。

為此，威茲維格和塞吉諾在新進員工報到後，親自為他們上課，透過這個機會認識彼此。對威茲維格和塞吉諾來說，公司裡的每個人都很重要，不僅是因為他們扮演的角色，也因為他們是多元且多面向的人類的一分子。

「從每位員工報到開始，我們就訓練他們成為領導人，並讓他們深入組織的活動，」威茲維格告訴我，「即使你的

工作是清理餐桌，你接觸到的顧客仍然比我還要多，所以打從一開始，你就是個領導人。」

我問威茲維格，公司的員工要怎麼互相認識。他說，他們不會告訴員工要主動去了解其他人，但環境氛圍會鼓勵他們這麼做。「假如你的文化是彼此關心，互相了解，那麼人們自然而然就會這麼做。」

彷彿要用實例說明他和塞吉諾所創造的信任與包容文化一樣，威茲維格把頭轉向剛好出現在附近的員工瑪拉·費格遜（Mara Ferguson），問她有什麼看法。瑪拉告訴我，她在金爵曼的第一份工作是在公司開的麵包店當收銀員。兩年後，她轉調到公司的培訓機構「金訓」（ZingTrain），負責辦理公司的內部訓練活動。在那段期間，她寫下了自己想在組織裡擔任的新角色，其中之一是主講人聯絡員。她目前正在擔任那個職務，根據她的描述，它是「為全組織服務的一人包辦式主講人聯絡處」。

費格遜認為，威茲維格和塞吉諾是金爵曼的職場文化得以維持的幕後功臣，「所有領導人都向這個文化學習。」她還記得，她在上新進員工訓練課程時，威茲維格仔細聆聽她的個人背景故事，並做出真誠的回應。在那之後，每當威茲維格遇到她時，總是會問起一些關於她個人的事情，關於她的家人、曾經做過的工作，以及未來的展望。她看得出來，

威茲維格真的記得她的個人背景。用這種方式對待員工的雇主並不多，但威茲維格和塞吉諾對每位員工都是如此，而且他們並不認為這有什麼了不起的。

對威茲維格來說，那是很正常的舉動，因為對於人的不同面向感興趣，是人類的天性。「大自然裡沒有哪一種動物一生只做一件事。因此，指派員工只做一種事，是違反自然的做法。」那對公司也沒有好處。因此，金爵曼為員工提供各式各樣的課程，為他們培養各種能力，同時使公司的社交與情感文化變得更加豐富。所有的人會一起上課學習，不分單位與身分。「你打造了一個更健康的照顧關係圖、一個容納所有人的網絡，讓人際關係能夠跨越組織的界線。經理會和洗碗工聊天，這是人類很正常的行為，但在其他的組織裡不會發生。」

營運結構也可以鼓勵連結發生。員工都可以參加任何部門的會議，包括金爵曼集團的董事會議。卡車司機可以幫忙規劃菜單，廚師也可以為網路行銷策略提供點子。對威茲維格來說，這樣做的好處之一是，消除人們認為「領導階層永遠知道自己在做什麼」的誤解。雖然大家都很努力想讓公司更好，但每個人都有可能犯錯，這是事實。

對於員工的表現不論好壞全盤接受，可以使員工在工作上展現自己的所有面向。人們來求職時，也不必假裝自己是

完美的。威茲維格以一位名叫亞曼達的年輕女性員工為例，向我說明。亞曼達來應徵西餐廚師之前，是一位搖滾樂手，在巡迴演出時生病而退出樂團。「我來金爵曼應徵工作時，身心俱疲，覺得世界棄我而去，」她對我說。她多年來過著巡演生活，經常睡在巴士上，而樂團的其他成員總是對她說，女樂手的實力永遠比不上男樂手，再加上樂團裡的人際互動單調乏味而且只有交易關係，她開始感到厭倦。她覺得沒有人把她當成一個有血有肉的人來看待。此外，她也覺得很孤獨。在金爵曼，她不但被雇用，而且受到其他人的親切歡迎。

這種接納令亞曼達驚訝不已。「廚房裡的工作人員全是男性，我是唯一的女性，而且其他人的年紀都比我大。還有，我從來沒有做過西餐廚師的工作，」她回憶道，「但我從來不覺得自己和其他人有任何隔閡。在金爵曼，他們告訴我，你有太多的事情可以在這裡完成與達到。他們讓我受非常多的訓練，也給我很多的鼓勵。那是我一直留在這裡的原因。我一來到這裡，他們就以我原本的樣子接納我。」

有一天，亞曼達偶然聽到老闆對她的直屬主管說，他對某個平面設計圖不太滿意。亞曼達在大學主修的是平面設計，於是她毛遂自薦，表示她想試試看。於是他們給她機會嘗試，結果，她就這樣被提升到行銷單位的職務，她的繪畫

作品也被掛在餐廳裡。此外，在威茲維格的鼓勵之下，她在公司成立了一個音樂社團，讓公司裡其他的音樂人能聚在一起玩音樂，並且與當地社群合作，也為當地社區表演。亞曼達在金爵曼認識的人，並不是所有人都和她成為好朋友，但重要的是，所有的同事都是與她真心相待的朋友。

陌生人的善意

我們從職場的縮影學到的許多道理，基本上可以應用在社會及我們的日常社交行為。當我們外出購物、帶孩子到公園玩、甚至只是站在路口等紅綠燈的時候，是否透過與他人的互動，促成優質連結與服務的發生？是否把其他人視為一個多面向的個體，而不只是在生活中發揮某種功能的人？是否覺得自己在所屬的社群裡被看見，並想要主動參與社群的活動？所有人都可以透過金爵曼這類的模式，營造更多的歸屬感，即使當我們置身於一群陌生人之中。

當貝克在測試關係能量對企業員工造成的影響時，他驚訝的發現，即使是片刻的優質互動，也能使人們有更高的意願與他人分享資訊與資源，並且互相幫助。反過來說，若社交互動帶有冷漠、苛刻、敵對或是輕蔑的意味，即使只是短暫的交會，也會使人覺得很累，並降低合作的意願。[21] 換句

話說，關係能量能夠朝著正面與負面的方向發展。優質連結激發的正向能力，有可能對我們產生巨大的影響，即使我們彼此互不相識。

　　這代表在我們的生活中，除了朋友圈之外，其他的人也很重要。社交世界裡充滿了陌生人，我們與他們的互動有助於防止孤獨形成，覺得自己和這個世界更有連結。

　　另一個研究團隊在 2011 年夏天對這個概念加以測試，當時芝加哥市公布了通勤火車上不鼓勵乘客交談的規定。根據芝加哥市的調查結果，84％的受訪者支持這項規定。但芝加哥大學心理系教授尼可拉斯・艾普利（Nicholas Epley）與茱莉安娜・施羅德（Juliana Schroeder）覺得，這個數字無法反映全部的事實，於是他們設計了一個研究，找來三組通勤族。他們請第一組人主動和身旁的乘客聊天，請第二組人不要和任何人說話，他們沒有給第三組人任何指示。這三組人都預測，假如他們在車上與陌生人交談，這趟乘車體驗應該會變得比較不愉快、比較沒有收穫。但他們的實際體驗卻恰好相反。[22]

　　比起不聊天和沒有得到任何指示的那兩組人，主動和陌生人聊天那組人覺得通勤體驗變得更愉快了。此外，內向者和外向者都同樣享受和陌生人聊天的體驗。

　　這樣的結果與教導我們要害怕「危險的陌生人」的文化

制約相違背。在某些情況下，「陌生人很危險所以要小心提防」的常識有存在的必要，但事實上，我們遇到的大多數人並不會比我們自己更有危險性。我們設法避免的即興互動，其實大多可以帶給我們豐富的感受。

幾乎所有人都可以從他人善意的舉動得到一點收穫，即使只是一個微笑或是一句鼓勵的話。那些舉動其實有助於所有人放鬆，進而降低威脅感。

有許多人誤以為，所有人都不想被陌生人搭訕。基於這個想法，我們不會在賣場排隊結帳時，主動和身旁的人聊天。我們告訴自己，我們不想被打擾，擔心別人會以為我們生性八卦，喜歡主動和別人聊天。然而事實上，即使是不想被打擾的人，仍然樂於與人產生友好的互動。研究資料也顯示，當我們主動與他人連結時，心情會變得更好。

我是個內向的人，我最近利用到咖啡店工作的機會，私下進行了一個非正式的研究：強迫自己向坐在隔壁的人微笑，並主動和他聊幾句。每當我要去倒水或是上洗手間時，我不會把所有的私人物品收進包包裡，而是請身旁的陌生人幫我照看我的東西。我從來沒有遇過任何不愉快的事。

當我第一次這麼做，並且發現信任別人並請求協助竟然帶給我非常愉快的感覺，令我印象深刻，也覺得相當驚訝。不過，對方的反應卻讓我更驚訝。有一次，當我回到座位

時，一個年輕人對我說，「謝謝你信任我，讓我幫你照看你的東西。大多數的人不會這麼做。這種感覺真好。」我和他的互動幾乎沒有花多少時間，但這個互動造成的正向效應，卻在我的心中停留了很長的時間。它使我覺得這家咖啡店更熟悉、更親切，而且每天都很期待去那裡。這就是陌生人展現的善意可能對我們的影響。

這個經驗印證了艾普利與施羅德在火車通勤族身上發現的事。善意、感恩和寬厚對於好友之間的互動很重要，對於我們與陌生人的短暫互動也同樣重要。向住家附近咖啡店裡的咖啡師微笑；讓電梯門開久一點，等鄰居一下；開車時讓要過馬路的一家人先行。這些互動只花幾秒鐘的時間，卻能創造有意義的連結感。它提醒我們，我們對別人是有意義和價值的，藉此微妙的加深我們的自我價值感。

在孤獨寂寞普遍存在的現代社會中，這個提醒格外重要。我們大多數人其實經常和孤獨的人互動而不自知。孤獨會導致人們進入過度警覺的狀態，變得緊張與焦躁不安。對於處於這種狀態的人來說，善意能夠使他們卸下心防。我們永遠不知道，哪個表達謝意或寬厚待人的片刻，會為某個在人生中孤軍奮戰的人，打開與其他人連結的心門。

紐約大學社會學教授艾瑞克·克林南伯格（Eric Klinenberg）開始研究都市鄰里的社會基礎建設時發現，與

陌生人的連結是一件攸關生死的事。

1995 年，克林南伯格還是個研究生時，史上最嚴重的熱浪襲捲芝加哥，造成了一個令人不解的悲劇：有數百名獨居者死亡，大多數為非裔美國人。因為熱浪而死亡的居民當中，只有 2％是拉丁美洲裔美國人，但他們占芝加哥人口的 25％，而且有非常高的比例處於貧病交迫的狀態。

拉丁美洲裔社區的死亡率，為何會比住在北朗代爾（North Lawndale）的非裔美國人低如此之多？克林南伯格將他的調查結果記錄在《熱浪》（*Heat Wave*）一書中。[23] 這本書將原因指向這兩個社群的社會與空間脈絡。

「芝加哥的拉丁美洲裔美國人通常居住在人口稠密的社區，」克林南伯格告訴我，「商業活動繁忙緊湊，公共空間活力旺盛。而高死亡率的非裔美國人大多住在不斷落沒的地區，那些地方的公司、商店和居民所剩無幾。」住在落沒社區的居民沒有共享空間的意識，也沒有刻意尋找人與人的共通點。於是沒有人知曉他們身在何處，更無法得知他們需要幫助。

克林南伯格說，熱浪的自然因素當然有很大的關係，不過，「這些人並不是因為天災而死亡。」天候因素無法解釋為何芝加哥有數百名獨居者死亡，他們的家門深鎖，窗戶封死，沒有朋友、家人和鄰居，也沒有得到公家單位或社群團

體的協助,「這個情況一點也不自然。」

　　這個觀察使我想起卡喬波在 2016 年《衛報》的訪談中,談到孤獨會在社群中蔓延的現象。卡喬波說,「假設你和我是鄰居。我基於某些原因變成一個孤獨的人⋯⋯突然陷入孤獨狀態,可能使我以比較謹慎、防備的態度對待你,並把你視為潛在威脅,而你也有發現這一點。於是我們之間比較容易產生負面的社交互動。」卡喬波說,這樣過了三、四年之後,「由於互動經驗不太愉快,使你到職場工作時,連帶比較可能和別人以負面的方式互動。」[24]

　　這種惡性循環會整體性的降低我們與他人連結的能力,全世界的社群和政府也逐漸發現,這個現象已經成為問題。為了解決這個問題,許多城市、州省和國家開始刻意創造更多的共同空間,讓彼此不相識的人基於共同的興趣、需求或目的聚在一起。這種空間包括傳統的公園、學校、綠地和圖書館,也就是卡內基所說的「人民的宮殿」。哥倫比亞首都波哥大(Bogota)率先在周日和例假日的上午七點到下午兩點,封閉一百二十二公里長的市區車道,讓民眾在那裡騎自行車、散步或從事其他的休閒娛樂活動。結果,這個城市有四分之一的民眾每個星期會到這裡活動。其他的都市和城鎮則設置友誼與聊天長椅,來防止孤獨的侵襲。英國有幾個城鎮的警察局把一些公共長椅指定為「歡迎和我聊天」椅,這

些長椅上放了一個標示牌「歡迎和我聊天」椅，假如你不介意有人來和你打招呼聊天，歡迎來坐在這裡。這個做法的概念是，讓人們藉機表達樂於和陌生人互動的意願，讓連結發生。[25]

政府可以採取幾個重要的做法，來對抗孤獨的威脅，包括了解政策對人際連結的影響，並使其發揮最大效用；提供研究經費，找出孤獨的成因；創造有助於解決孤獨問題的公共願景、策略與聯盟。雖然政府擁有指揮與動員社會力量的獨特地位，但終極的解決方案還是要仰賴所有人意識到，我們都有可能被孤獨找上，但我們也有能力預防它發生。根據我在安德魯颶風發生後親自觀察到的情況，我們透過聚在一起互相幫忙、建立友誼與彼此關心，來發揮這個能力。

1992 年 8 月的那個早晨，時速三百二十公里的陣風與暴雨侵襲邁阿密，我和家人躲在客廳抱在一起。透過釘在窗戶上的木板之間的狹小縫隙，我們可以看到殘磚破瓦被風捲起，棕櫚樹被吹彎，彷彿在向暴風雨哈腰鞠躬。風暴停息後，我們冒險跑到屋外，發現外面的世界好像經歷過戰爭一樣。電線桿被折斷，屋瓦殘破，魚被風吹到樹枝上，螃蟹散落在地面上，即使我們家距離海邊超過一公里。就和無數的南佛羅里達居民一樣，我們過了好幾周停水、停電，電話不通的日子。所幸，我們的房子沒有被吹垮。安德魯颶風在佛

羅里達州造成超過十六萬人無家可歸。那個景象令人心生孤
獨淒涼之感。

　　然而，有些好事卻因為災難而發生。災民突然開始聚集
起來。多年來幾乎不互動的隔壁鄰居，開始幫忙彼此清理家
園。我們的一個鄰居幫我們找來一台推土機，把我家院子裡
一棵倒下的大樹清走。家園沒有受損的一些居民，從布勞沃
德郡開一小時的車，送食物和水給我們。安德魯颶風在南佛
羅里達創造了一股強大的連結感。一個社群在這個原本非常
疏離的區域誕生了，互助把人們凝聚在一起，友誼遍地開
花，孤獨感消失無蹤。

　　安德魯颶風使只要我們給它機會就會自然形成的人際連
結過程，加速發生。家人、朋友和素不相識的人在彼此的陪
伴下，度過有意義的時光。我們慢慢知道彼此的姓名和人生
故事。我們會互相請求協助和提供支援。我們互相分擔財務
損失的沮喪，分享重建家園的快樂。

　　我們鼓起勇氣互相認識，向陌生人展現發自內心的善
意，反之亦然。儘管沒有和所有人變成好朋友，但透過互相
關懷、協助和陪伴，我們之間產生了有意義的連結。我們獲
得了勇氣與自信，對人類的博愛精神也更有信心。我們一起
變得更堅強了。

　　不過，不需要等到發生災難時，才開始互相認識與幫

助。身為社群的一分子，我們需要在危機還沒有完全形成時，學習如何保有互相關懷與協助的精神。在災難解除之後，我們也必須努力抵抗回歸只顧自己的傾向。社群不只能在群體感到焦慮時提供重要資源，在個人領域也是如此。它也能提升我們的生活品質與人類經驗。

8　親師協力
陪伴螢幕世代走出數位迷霧

「和平是生命之美……和平是孩子的微笑，母親的慈愛，父親的喜悅，家人的團聚。」──梅納罕・比金（Menachem Begin），諾貝爾和平獎得獎感言

「有些事你永遠要記住：你比你所想的更勇敢、更強壯、更聰明。更重要的是，即使我們分開了，我永遠與你同在。」──克里斯多夫・羅賓（Christopher Robin），「小熊維尼尋找羅賓」（*Pooh's Grand Adventure: The Search for Christopher Robin*）

　　我們今天再怎麼努力在國家和社群裡強化人際連結，人類的未來還是掌握在孩子手中。因此，所有人需要教導孩子，如何建立一個連結更緊密、更有同情心的世界。

　　只要花一點時間和幼兒相處，就會明白人際接觸對他們的生存有多麼重要。嬰幼兒除了需要大人滿足他們的生理需求，與父母、手足及親朋好友的情感連結，對他們的發展也至關重要。他們需要人抱，喜歡坐在大人的腿上聽故事，還要你聽他說所有他覺得開心和不開心的事。從嬰兒期到青春期，孩子會面對許多複雜但能帶來收穫、痛苦但能帶來學習的社交難題。他們成長的每一步，都需要有人出手幫忙，並給予考慮周到的指引。我們雖然身為大人，但這不代表我們一定能夠回答他們所有的問題。

　　現今社會的劇烈變化，影響著孩子的生活。我們的孩子在成長過程中，不斷被成名、致富和地位至上的訊息轟炸，善意、誠實和品格只能靠邊站。在社交科技盛行的年代，孩子心裡掛念的是好友和按讚的數字。然而，為孤獨所苦的青少年和年輕人的比例，也來到史上最高點。

　　有位母親深知這些適得其反與有害的訊息，需索的代價是什麼。這位母親名叫蘿拉・塔穆斯（Laura Talmus），她是致力於終結青少年社交孤立的組織「超越差異」（Beyond Differences）的執行董事。塔穆斯和她的丈夫艾斯・史密斯（Ace Smith）為了紀念女兒創立了這個組織。他們的女兒莉莉在 2009 年過世，當時只有十五歲。

　　莉莉的故事雖然是個悲劇，但同時非常鼓舞人心，因為

她擁有一顆不平凡的心靈。莉莉出生時就有罕見遺傳性疾病亞伯氏症候群（Apert syndrome）。但她同時天生是個快樂的孩子。塔穆斯透過兩種極端的記憶，幫助我看見莉莉早期人生所展現的廣闊胸懷。

塔穆斯還記得，在莉莉出生那天，當產房的醫護人員看到莉莉不尋常的頭形時，所有人都面色凝重。她和丈夫後來得知，亞伯氏症候群會導致顱縫早期閉合。莉莉的幼年時期經歷了多次手術。塔穆斯回憶道，「她每次進行顱顏手術之後，就會癲癇發作。」

另一方面，「莉莉是我所見過最快樂的小孩。上過四年蒙特梭利學校之後，莉莉進入公立學校，從幼兒園上到四年級，她的表現一直很好。其他的孩子似乎沒有注意到，莉莉的外貌和他們有什麼不同之處。」

莉莉的早期童年經歷，反映出幼兒的天生同情心。我從我自己的孩子身上也觀察到，在愛心呵護下長大的幼兒，一般都會有那樣的反應。他們或許會為了分享東西而爭吵，但他們不會隨便評斷別人，除非他們受到不公平的待遇。莉莉用愛對待她的朋友，所以她的朋友也用愛回報。

但是當她上國中時，情況開始發生變化。在這個階段，外貌和社會地位突然變得很重要。莉莉的同學開始迴避她。不論她怎麼做，始終無法打入周遭的朋友圈。她總是孤身一

人，於是變得愈來愈不快樂。然後，她的學業成績開始下滑，趕不上其他人的進度。

「我開始接到莉莉從學校打給我的電話，她會躲在洗手間裡打電話給我，」塔穆斯告訴我，「她對我說，班上女同學在午餐時間都不理她。我試著幫她在放學後和周末安排一些活動，但是得不到同學的接納讓她非常傷心。」

塔穆斯強調，莉莉從來不曾直接被取笑或霸凌。她所經歷的是比較常見而且不易察覺的社交孤立。事實上，塔穆斯後來發現，幾乎每個孩子在求學階段的某個時間點，都會經歷遭人迴避的經驗。但對莉莉來說，這種痛苦後來變得難以忍受。「七年級開學時，她痛苦到央求我們讓她在家自學。我那時有種感覺，覺得她可能比我們更了解她的需求。於是我們拿出所有的積蓄，請家教老師從七年級教到八年級。」

他們請來的兩位家教老師幫助莉莉重新恢復自信和平衡。莉莉開始透過兒童顱顏協會（Children's Craniofacial Association），積極參與各種服務計劃，去接觸其他類似亞伯氏症候群的孩子。那些連結經驗對莉莉的人生產生了深遠的影響。莉莉在 2008 年為協會寫下這些個人省思：「我在國中度過的歲月，是我記憶中最難熬、也最痛苦的時光。我的同學無法接受我的真實面貌，而我的老師認為我學不會學校教的東西。我絕對不可能在我原來的學校，做我今天在這裡

所做的事。我現在知道,我和同學是平等的⋯⋯絕對不要讓任何人(包括你自己)告訴你,你不能做某件事!」

「她似乎有預感要活出最精采的人生。」塔穆斯回憶道。

莉莉向父母表示想要去上寄宿高中。塔穆斯和先生經過再三考慮和討論之後,最後答應了她的請求。他們在 2009 年搭飛機到愛荷華州,幫莉莉在學校安頓下來,並買了秋天的機票,打算在「家長歡慶周末」時來看她。但就在那個周末來臨之前,他們接到了一通所有家長都不想接的電話。莉莉在睡夢中過世了,很可能是她天生的癲癇發作造成的。

莉莉的死讓塔穆斯一家傷心不已。塔穆斯說,「有一年的時間,我常常覺得喘不過氣來。我不知道我是怎麼走過來的。到了第二年,我覺得世界是扭曲的,我無法保持平衡。」她設法重回職場,埋首於工作中,讓自己沒空想東想西。然而有時候,當她走到停車場要開車回家時,她會情緒崩潰並開始啜泣。

莉莉的告別式為塔穆斯播下了擁抱希望活下去的種子。在莉莉的告別式上,塔穆斯描述了女兒在國中的遭遇,包括她交不到朋友,以及她因為被孤立而被迫離開那所學校。一位母親當天晚上問她的兒子,「麥特,你現在還是莉莉的朋友嗎?」他說,「當然,每個人都還是莉莉的朋友。」

當麥特的母親把這番話轉述給塔穆斯聽,這番話揭露了

關於社交孤立的一個令人難過的事實。「麥特從來沒有對她不好，」塔穆斯告訴我，但是當他們結伴去看電影時，沒有人邀請莉莉。當莉莉因為孤伶伶一個人而傷心難過時，沒有任何人注意到，即使他們注意到了，也沒有採取任何行動。

莉莉過世後的那幾個月，這件事一直在塔穆斯的腦海揮之不去。「沒有人覺得自己做了什麼惡劣的事。他們只是對她視而不見，對她不理不睬。」

塔穆斯決定去找麥特，以及莉莉其他同學和玩伴。他們談到了莉莉感受到的孤獨，以及她被其他人視而不見的原因。最後決定要到莉莉之前上的那所國中，向其他的同學分享莉莉的故事。校長為他們安排了一個全校性的集會。

「我們非常緊張害怕，」塔穆斯回憶道，「禮堂裡坐滿了人。我們每個人都有上台講話，也播放了莉莉的影片。我問在場的學生，他們是否感受過類似莉莉的感覺，結果有很多人舉手。每個人都想把自己的故事說出來。」

坎德拉·盧（Kendra Loo）那天也坐在禮堂裡。她是個有自信、外向又隨和的女孩，孤獨和她沾不上邊。但是當她聽完塔穆斯說的話之後，她很驚訝的發現，原來被忽略的人會如此難過。「我沒有意識到，別人會有那種感覺，」坎德拉在事隔多年之後對我說，「我不知道有人之所以躲在洗手間裡吃午餐，是因為沒有人陪他們吃飯。我太驚訝了。而我

並沒有做任何事來幫助他們好過一點。」

　　在那次的集會上，有些學生分享他們的孤獨經歷，其他人則承認，自己（在無意中）將其他人孤立了。然後他們進行分組討論，探討要採取哪些步驟，來創造一個連結更緊密、讓更少人感到孤獨的校園。他們現在知道，假如每個人都負一點責任，設法讓周遭的人不感到孤獨，對情況會很有幫助。在那一整個學年，這些學生每周聚會一次，持續討論如何解決校園裡產生的孤獨感。

　　那就是「超越差異」的起源。塔穆斯和先生成立這個非營利組織，是為了提醒人們意識到青少年的社交孤立和孤獨現象。一開始，許多人潑他們冷水，以為這個組織聚焦的是霸凌，而當時已經有許多反霸凌的計劃在進行了。塔穆斯知道，「超越差異」的使命和反霸凌計劃不同，但同樣重要。

　　「我問那些學生，」塔穆斯說，「『請告訴我，社交孤立是什麼情況，會帶來什麼感受？』他們說，『覺得自己的本來面貌不被別人接受，覺得自己變成一個隱形人，覺得自己被別人視而不見。』」塔穆斯發現，這是一種不為人所知、但可能造成危害的經驗。「許多自我傷害與暴力行為，可以追溯到童年時期的孤獨和孤立。許多人到了成年期，依然被青少年時期的創傷刺痛。」

　　然而，成年人可能是最難接受「超越差異」想傳達的訊

息的人，卻又是最需要那些訊息的人。「父母往往以為自己很包容其他人，但事實不然，」塔穆斯如此對我說。

研究證實了這個說法。在某個調查中，有96％的父母認為，培養堅實的道德品格非常重要，而且大多數父母非常重視誠實、有愛心與可靠等特質。[1]然而，哈佛大學教育研究所進行的另一個調查，以一萬名美國的國中和高中學生為對象，調查結果指出，60％的學生認為，成就比關心別人更重要。此外，有近三分之二的人表示，父母和同儕也認為，成就比關心別人更重要。絕大多數的老師、行政人員和學校職員都認為，家長將孩子的成就視為第一優先。

「我們要如何讓大人用行動體現他們嘴巴所說的優先要務呢？」這份2014年的研究報告「我們想養育的孩子」的作者，提出了這個問題。「最大的挑戰不在於說服家長和老師，關懷他人很重要，很顯然，他們已經這麼認為了。真正的挑戰在於，讓大人『言行一致』，用行動去啟發、激勵、期許孩子在日常生活中，實踐和體驗關懷與公平，即使當這些價值觀與孩子當下的快樂或成就相牴觸時。」[2]

塔穆斯對這個挑戰了然於心。「超越差異」鼓勵父母在家裡和孩子探討友誼與同情心是什麼，提醒孩子在午餐或下課時間，邀請那些落單的同學來和自己一起坐或一起玩，去認識不同文化背景和宗教信仰的人，去和不愛說話的同學做

朋友,從善意出發,在網路上與別人互動。

　　但塔穆斯想做的,不只是成為其他父母的榜樣,更想要幫助我們的孩子成為彼此的榜樣。「人們一想到國中,就覺得這是個你必須熬過的煉獄。我們拒絕這樣的想法。我們致力於養育新一代的年輕人,他們有自信、有穩固的根基,而且不覺得自己是受害者。因此,我們需要宣揚的不只是善意,還有接納,以及一起提升所有的人。」

　　如今,「超越差異」已經進入美國的六千多所學校,提供各種課程,幫助孩子消弭彼此的分野。他們的目標是,改變將小圈子和社交排他性視為理所當然的中學文化。「我們努力打造一個讓孩子覺得自己被接納與包容的新世代,」塔穆斯說。

　　她強調,國中階段的孩子比較願意聽同儕的話。因此,「超越差異」仰賴一個由一百二十位高中生組成的董事會來運作,這些受過訓練的高中生會到各個國中去,以同儕的身分與國中生對談,討論什麼是社交孤立及如何打敗它。

　　這些國中生學習到,要為對待他人的方式負起責任,也看見了社交孤立在身體、情緒和心理層面造成的影響。所有的國中生都知道被排斥的痛苦是什麼滋味,而「超越差異」幫助他們明白,只要團結起來,就可以預防這種痛苦發生在任何人身上。

　　坎德拉加入「超越差異」的青少年董事會並成為領導者之後，充分吸收了這些觀念。例如，透過她接受的訓練，她知道肢體語言對溝通的影響有多大。只要稍微把身體向前傾，就能讓對方感受到，她想更仔細的聆聽他所說的話。與人對話時，一定要直視對方的眼睛。在交談的過程中給予簡短的評語來回應對方，讓他知道你有聽進他說的話，尤其要展現對所有參與對話的人的尊重——這些只是她學到的青少年溝通引導的一部分技巧。

　　我和坎德拉對話時，她已經高中畢業，正在就讀大學，但她從「超越差異」學到的東西，依然對她發揮影響力。「學習如何與其他人連結，涉及大量的自省工作。我從『超越差異』學到的一切，幫助我在大學找到我的族人，『超越差異』給了我終身受用的技能。現在別人都認為我可以和任何人對談，我也學會如何讓別人知道，我是他們可以聊事情的對象。」

　　坎德拉的故事最令我印象深刻的部分是，當她參加塔穆斯那場集會時，她本身並沒有孤獨的困擾，但她很高興自己因此覺醒。她告訴我，參與「超越差異」的人來自各種背景，有些人從來不曾覺得孤獨，而另一些人時常感到孤獨。這些人聚在一起，在學校打造一個連結更緊密的社群。他們都知道，他們還有很多事情要做，為自己的人生創造更強韌

的人際連結。

教導孩子認識人際關係

不論是好是壞，社會接納是我們非常在意的事，這是個不爭的事實。我們都希望被別人接納，希望屬於某個願意互相支持的朋友圈，我們的孩子也是如此。然而，健康的社交關係的重要性，往往被校園生活、運動、學業成績、生活中的雜事和家庭壓力淹沒了。身為家長的我們需要提醒自己，教導孩子了解社交世界，和他們的學業成績一樣重要，而且此二者緊密交織在一起。

2002 年，心理學家羅伊・博梅斯特（Roy Baumeister）與珍・特溫格（Jean Twenge）發表了三個小型研究的結果，[3] 探討社會歸屬與學業成績的關係，得到的結果頗令人玩味。[4] 研究的受試者為大學生，隨機分為三組。他們先完成一份（假的）人格測驗，並被告知，這個人格測驗可以預測未來。「孤單終老」組的人被告知，人格測驗的結果預測他們非常可能會孤單一輩子。「擁有歸屬」組的人被告知：他們很可能擁有一輩子的支持網絡，包括穩定的婚姻和長久的友誼。第三組人的測驗結果預測，他們會遇到很多像是骨折之類的意外事件，需要經常出入醫院的急診室，但完全沒

有提到他們的社交生活。研究之所以納入這個「不幸控制」組，是為了將「預期中的身體痛苦帶來的苦惱」與「預期中的社交孤立帶來的苦惱」區別開來。

所有的受試者在知曉自己的命運之後，立刻接受一套標準化的智力、閱讀與記憶力測驗。

這個研究的結果之所以引人注意，是基於幾個理由。被預測一生沒有朋友的人，不論男女，在智力測驗與複雜的學力測驗的表現都很差。相較於其他兩組人，「孤單終老」組的受試者的答題數明顯少很多，而且花比較長的時間回答問題。他們在簡單的閱讀和記憶測驗的表現不受影響，但研究者發現，「他們在智力測驗……需要回想複雜的題目段落的高難度問題……以及邏輯推理測驗的表現，呈現顯著且大幅度的下滑。」

另一個引人注目的發現是，「預期中的身體痛苦」完全不影響受試者的分數。「不幸控制」組的分數和「擁有歸屬」組的分數都一樣高。唯有面臨社交孤立的可能性時，受試者的內心苦惱才會干擾他們的邏輯推理思考。另外，在「孤單終老」組中，即使是得知預測結果後仍保持樂觀且自信的人，他們的測驗分數仍然下降了。

這些研究顯示，社會排斥造成的傷害比父母和教育者所以為的更嚴重。當我們的孩子覺得其他同儕在迴避自己，他

們會開始為自己的社交問題擔憂，而沒有心思好好學習。

　　研究者推測，隱藏社交苦惱所花的精力（包括對於未來可能發生的社交孤立，所產生的恐懼和自卑），可能會削弱思考歷程需要動用的心智功能。這些測驗衡量的是，人們對未來可能發生的孤立狀態做出的反應。一想到真實發生在像莉莉這樣的孩子身上的社會排斥可能造成的影響，實在令人心驚。或許正是基於這個原因，莉莉在覺得自己遭到同學迴避之後，才開始出現學業趕不上別人的狀況。

　　社會學家派翠西亞・阿德勒（Patricia Adler）與彼得・阿德勒（Peter Adler）在寫《同儕力量》（*Peer Power*）之前，[5] 花了八年的時間在住家附近的十多所學校，密集觀察美國前青少年期的孩子的生活。他們的研究描述了這個階段的孩子複雜且不斷變化的同儕文化，而且往往發生在父母沒有察覺的地方。友誼和小圈圈有時候會形成、有時候會瓦解。團體的領導者會嘗試使用各種方法來維持自己的權力與人氣。這個年紀的孩子有時會發現，自己在某一天突然被同儕排斥，儘管不會掀起軒然大波，卻會造成當事人內心巨大的創傷，而他們完全不知道自己為何突然被其他人踢出團體。這個年紀的孩子會有一個由高而低排列的人氣排行榜，影響孩子對自己的看法，以及他們如何與人互動。

　　影響這個階段的孩子的傷害性行為，包括惡意的謠言和

侮辱、威脅要斷絕關係、被排除在遊戲或對話之外，或是公開質疑與挑戰。

對當事人來說，他人的譏諷與攻擊通常是毫無來由的，他們完全不知道為什麼會發生這種事。在這個混亂的競爭關係中，友誼可能會被扭曲，導致真正的連結被破壞，孤獨開始滋長。

其他的研究顯示，[6] 在孩子的成長過程中，人氣的重要性會隨著年紀而改變。在小學低年級階段，友誼是最重要的，大約到了五年級時，人氣（或是社會地位）開始變得比較重要。人氣的重要性在國中階段（十二到十五歲）會持續上升，在高中階段則保持平穩。

當然，這些孩子同時要面對青春期、第一次愛上某個人（談戀愛或是暗戀），以及變得獨立。各種變化同時發生，導致許多孩子迷失了自己的身分認同與歸屬。

問題是，大人該怎麼幫助這些孩子呢？

我們知道，這是個可能大好大壞的階段。就和成人一樣，當年輕人覺得自己被孤立，憂鬱、焦慮和睡不好的風險就會提高。[7] 這一切可能對他們的健康和在校表現造成很大的負面影響。所幸，只要有大人的支持，有好榜樣可以學習，情況就會大幅改善。

2007 年，有個調查以四萬二千多名十一歲到十七歲的

青少年為對象，[8] 結果發現，相較於那些父母的態度冷漠或控制欲強的孩子，若孩子有關係緊密的家人與關愛支持的父母，他們往往覺得自己的社交關係比較圓融，有比較高的自信心，比較少遇到學業方面的問題。這份研究報告在《小兒科》（*Pediatrics*）期刊發表，作者寫道，「家庭生活『平凡』的一面，像是一起聊天、一起吃晚飯，以及知道孩子有哪些朋友，是很重要的事。」

鄰居也很重要。若鄰居之間會關照彼此的孩子，在這種環境下長大的青少年會有比較圓融的社交能力。衡量指標為：他們對老師和鄰居是否尊敬、和同儕是否處得來，以及他們願意花多少力氣來同理和解決衝突。我們的社交村（social village）涵蓋了老師、年輕的領導者，以及家族親戚，確實能幫忙我們養大孩子。

心理學家溫奇經常為孩子遭到霸凌或孤立的家長做諮商。他說，所有大人要做的第一件事，是尊重與承認孩子在乎的事情其實非常重要。

大人在安慰孩子時，最常說的一句話是，「別人的想法一點也不重要。」

溫奇的反應是什麼？「錯了！你可能希望別人的想法不會傷人，但它就是讓人很受傷。」

回想一下艾森伯格利用線上遊戲 Cyberball 所做的研

究，溫奇說，被排擠的人大多覺得心情很煎熬，他們感受到的情緒包括憤怒與悲傷。即使排擠你的人屬於某個仇恨團體，或者只是開玩笑，都不會改變情況。換句話說，即使我們知道排擠是假的，仍然會同樣痛苦。

溫奇說，人類「天生會因為被排斥而感到痛苦，即使我們後來發現，排斥我們的人是我們鄙視的人，或根本沒有人排斥我們，心中的痛都不會改變。所以說，當孩子遭到排斥時，他們一定會受傷，而告訴他們不該感到難過，其實是一個錯誤的舉動。」

這個出於善意的舉動可能使孤獨的孩子覺得更難受，溫奇說，「因為他們現在會想，『我不應該感到難過，但我的心裡就是很難過，這代表什麼意思？』」溫奇認為，我們需要在孩子感到難過的時候提醒他們，這世上還有人重視並接納他們，不論那些人屬於不熟的朋友圈、學校社團或社群團體，或是他們最喜歡的家庭成員。

「你要在孩子心情低落的那天，邀請那樣的朋友到家裡來，讓他陪孩子一起玩，隨便做什麼都好。然後孩子會想起，『等等，我歸屬於某個團體。』」

此外，溫奇說，不要忘了提醒孩子，你很關心他們。「聆聽他們說話，陪在他們身邊，提醒他們，有人疼愛你。」

孩子在數位時代的連結

　　科技的影響為教養兒女增添了一個令人望之生畏的面向。青少年一天平均花超過六個半小時的時間,透過螢幕裝置從事媒體娛樂,包括看影片及使用社交媒體。[9]這不包含在八個小時的睡眠和六到八小時的上學時間之內。因此,他們幾乎沒有時間、或只有很少的時間,可以進行不受打擾、不用螢幕裝置的面對面互動。這種情況必須改變。然而,要知道我們該改變什麼並不容易,遑論如何改變。這個情況是否處理得當,會對孩子造成非常大的影響,因為童年和青少年時期是我們為社交技能與社會認知打基礎的階段。

　　為了理解我們該如何處理孩子使用科技產品的情況,我去向「孩童心智中心」(Child Mind Institute)的國家與外展計劃(National Program and Outreach)資深總監大衛・安德森(David Anderson)請益。

　　安德森的工作一直與孩子有關,包括主辦夏令營,以及為寄養與收養孩童做諮商。他是受過訓練的醫療人員,他設計了一些透過學校提供的服務,以及一整套提供家庭使用的資源。他在「孩童心智中心」為因各種心理健康問題而感到困擾的孩子與家長,規畫了多種資源。

　　雖然有些專家警告,網路和電玩遊戲對孩子的社交發展

有明確且迫切的危害，但安德森把問題看得更細。他表示，假定所有的孩子都會因為社交媒體與科技而受害，是錯誤的看法。許多孩子表示，社交媒體其實給予他們更多與人連結的機會，讓他們找到自己歸屬的社群。同時，安德森認為科技對某些族群的孩子確實有害，包括行為與心理健康問題的高風險族群，以及發展遲緩的孩子。

歸根究柢，不是所有的螢幕裝置對所有的孩子都有相同的影響。每個孩子有不同的需求，被社交媒體傷害的難易程度也不一。家長在為孩子規定使用螢幕裝置的時間限制時，必須考慮到那些個別差異。

安德森說，大多數的孩子使用智慧型手機和電腦的目的，是為了減輕壓力、放鬆、玩樂與進行社交連結。對某些孩子來說，他們用傳訊息來取代打電話。此外，由於科技已經徹底融入現代生活中，孩子其實需要對數位文化有某種程度的熟悉，才能拉近與同儕的距離。科技已經變成了他們的共通點。

不過，孩子手裡並沒有科技使用說明書，他們也很可能透過科技，接觸到父母師長注意範圍以外的世界。「孩子有可能無法處理他們在網路世界遇到的事物，」安德森對我說。因此，父母確實需要對孩子使用科技的情況，畫出合理的界線。「你必須注意兩件事，第一是他們在網路上都做些

什麼，第二是他們上網時間的長度。在這方面，我們並沒有一體適用的解決方案。」

　　這番話使我想起前面提到的「金髮姑娘假設」。比起適度使用螢幕裝置的青少年，長時間使用（平日每天超過兩小時）的青少年感覺到的幸福感，相對比較低。另外，同樣與適度使用螢幕裝置的青少年相較，幾乎不使用螢幕裝置的孩子，幸福感也顯得比較低。「最困難的部分是，」安德森說，「青少年有時真的受夠了螢幕裝置，但他們和朋友的溝通完全仰賴那些平台，所以他們覺得被綁住了。」

　　關鍵在於，父母要幫助孩子找到適度的使用時間長度，讓他們能夠與朋友在網路上和現實世界中都有所連結，同時不會被螢幕裝置綁住。但父母要先從自己做起，節制在家裡使用螢幕裝置的時間。

　　父母尤其需要留意幼兒的使用情況。幼兒需要與父母有視線接觸、對話和情感交流。鄧巴曾經強調，我們建立社交關係的能力，需要仰賴一些相當複雜的技能。要充分培養那些技能，孩子需要與大人有大量的接觸和直接互動。這些互動可以讓他們學會解讀自己和其他人的表情、手勢動作、心情和情感，還有如何培養同理心及提高情商。

　　與父母的互動也能幫助孩子學習，什麼是合宜的行為舉止、如何與別人相處，以及如何付出與獲得。當父母一天到

晚在用手機，而不是和孩子互動，他們就沒有盡到以身作則的責任。然後，當孩子長大之後，他們會怎麼做？他們會和他們的父母一樣，只顧著滑手機而忽略了朋友，這是一條通往孤獨的不歸路。

安德森說，對於曾經發生心理健康問題的孩子（像是憂鬱症或焦慮症），「社交媒體也會使那些症狀惡化，或是導致孩子退縮到網路世界。」極力鼓吹飲食失調行為的網路社群，可能使生病的孩子病情加重，更不知道如何與他人展開健康的人際互動，或是把自己照顧好。

然而，科技也能讓被邊緣化的孩子（像是非異性戀者）得到同儕連結，使他們不再覺得那麼孤單、焦慮或憂鬱。安德森說，假如你在學校裡找不到和你一樣的人，若能透過網路社群找到志同道合的人，就可以帶來極大的安慰。

不過，所有的家長都需要隨時掌握孩子與網路世界的關係。安德森告訴我，當孩子開始將自我價值與網路世界的按讚數混為一談，就會出現問題，尤其當他們用虛擬的人際連結，取代現實世界的人際關係。

安德森說，關鍵在於定期「檢核發展方塊」，確保孩子得到維持身心健康所需要的充足社交養分。若孩子的狀況有所欠缺，就可以建議他們重新評估螢幕裝置科技的使用情況。這些「方塊」包括：

1. **優質與適齡的面對面互動友誼。**孩子還小的時候，你是否定期安排讓孩子在學校以外的地方，和一、兩個同伴玩遊戲。孩子進入國中階段後，他們是否在放學後或是周末，和一群朋友一起消磨時間？你的孩子是否有一、兩個死黨？

2. **課外活動。**孩子是否有明顯的愛好？他們是否熱愛某種運動或是樂器？他們是否加入與藝術、自然、服務、文化，或是靈性成長有關的學校社團或是青少年團體？

3. **家人相處時間。**全家人是否規定一段不使用螢幕裝置的時間？全家人是否會一起吃飯？你們是否會在周末和節日一起聊天，從事一些實體活動？

4. **共享螢幕時間。**你是否會和孩子一起上網，幫助他們學習如何在數位世界自處？你們會一起看某個電視節目或電影，然後一起討論嗎？談論影片裡的人際關係，是學習社交技巧的好方法，因為你不是在對孩子說教。

5. **自由時間。**孩子在休息時間玩線上與線下遊戲的時數，是否保持適度的平衡？他們是否有適當的休息和安靜思考的時間？在為孩子規定時間限制時，要考慮到孩子的個人需求與性格。

6. **在校表現。**你的孩子是否參與學校的活動？是否有適當的時間和空間做作業和讀書？

　　7. 基本健康作息。你的孩子是否養成有益於身心健康的生活習慣？運動量是否充足？睡眠時間是否合乎他們的年齡所需要的？飲食是否健康，包括上學前吃早餐，以及攝取多種蔬菜和水果？是否在睡前一小時就不再使用螢幕裝置？

　　迪蘭妮・羅斯頓（Delaney Ruston）是位醫生，也是紀錄片製作人。她拍攝的「螢幕世代」（Screenagers）直接聚焦於在數位時代養育健康的孩子時可能面臨的挑戰。她在2011 年展開這個拍攝計劃，起因是她注意到自己家裡因科技使用情況所引起的爭執與緊張氣氛。她兒子想要多一點玩電玩的時間，而她的女兒總是在滑手機，使用社交媒體。「我可以預見，我的孩子即將一整天都在使用數位裝置，以及用電腦做作業。我們之間遲早會引爆重大的衝突。」

　　羅斯頓根據拍攝紀錄片時與青少年的訪談經驗，得到了一些簡單的方法，可以有效降低親子衝突。第一要務是，父母要採取合作而非高壓的管教手段。「最好的教養方式是傾聽，因為青少年很愛講話，也喜歡教別人東西，所以我們要帶著好奇心去找他們，請他們的解釋虛擬世界裡的新鮮事，或是他們在玩的電玩遊戲是怎麼玩，諸如此類的事。」

　　這種對話有很大部分要圍繞著網路世界裡的行為打轉。什麼話可以對別人說，什麼話不能說？假如有人在臉書上對你說了一些他絕不會當著你的面說的話，那代表什麼意思？

又該如何回應呢？羅斯頓對我說，「這些對話非常重要，關於在網路世界裡該怎麼與人對話，如何抱持靈活機智與善意，以及如何在衝突發生之後談論這個衝突。」而且這些對話需要從國中或更早就開始進行。

此外，父母向孩子坦白承認自己在使用科技時遇到的問題，也會有幫助。她說，「然後我們會加以演練。」例如，「我可能會告訴他們說，我試著在晚餐之後不再使用螢幕裝置，但我很難完全辦到，因為我還沒有把所有的電郵處理完。然後我可能會請他們助我一臂之力，提醒我要早點完成工作。」用例子示範並讓孩子參與，可以透過互相理解來教導孩子明白，改變行為的歷程。

就和安德森一樣，羅斯頓也發現，許多孩子其實並不想把大部分的時間花在網路。當他們有權力自行找出解決方案時，約束效果可能比父母的時間管制更好。例如，有些青少年規定，當大家一起吃飯時，所有人要把手機拿出來，放在桌上集中在一起；吃飯時間第一個拿手機來查看的人，就必須受罰，像是請所有人吃甜點。

與這些專家的對談使我清楚的知道，我們不需要採取全面性的改變，也能教導孩子如何把心思放在眼前的現實世界。假如認真執行，小小的舉動也能產生巨大的效果。

臨床心理學家史坦納阿黛爾表示，家長如果希望幫助孩

子重新找到生活的平衡點，可以試著採用一個模式，那就是參加夏令營。根據史坦納阿黛爾在《大斷裂》的描述，[10] 她這輩子一直活在夏令營裡。她從五歲開始參加夏令營，後來成為營隊輔導員，現在擔任夏令營的心理諮商師。就像烏爾斯發現戶外營隊可以提高孩子的同理心，史坦納阿黛爾認為，對於青少年來說，營隊提供了一個很重要的環境。

「若要尋找學習社交情緒素養的環境，我想不出一個比營隊更好的地方，」她最近這麼對我說。當然，不是所有的營隊都相同，營隊也不是幫助孩子培養社交情緒素養的唯一所在。不過，史坦納阿黛爾表示，夏令營模式仍然值得我們檢視，「好的夏令營具有幾個基本要素：同理心、展現真我，以及社交情緒素養。」

孩子參加夏令營時，他們可以擺脫史坦納阿黛爾所謂的「數位鎮靜劑」。「每個人都真正的面對彼此，沒有數位裝置使人分心，沒有人被排除在外。我們透過營隊互相連結──不論你喜不喜歡那個女孩，你們都要同舟共濟。」

孩子也能夠透過營隊活動，與內在的自我連結。他們不再時時刻刻查看手機，而是在穿越森林、划獨木舟，或是練習射箭時，與自己的內心連線。「就像是將你的靈魂徹底重新啟動。」

史坦納阿黛爾說，營隊輔導員也扮演了非常關鍵的角

色。他們就像是永遠挺你的兄弟姊妹,「幫助你用忠於本色的方式與人連結,面對他人,創造一個他們也能忠於本色的空間。『我們同在』的力量如此強大,足以支持所有的人。」

在這個意義上,營隊文化與追逐地位的當今文化恰好相反。我們的孩子從現今的文化學到的是,最高的位置只容得下一個人,擁有最酷炫的玩具就贏了,擁有最好的身材就贏了,能上長春藤大學就贏了。「年輕人總是透過與他人的比較,來獲得身分認同。現代的孩子最辛苦的部分是,這種比較時時刻刻都在。」

史坦納阿黛爾說,這種比較與競爭會衍生出焦慮和錯失恐懼症(fear of missing out, FOMO)。而營隊環境可以使孩子免於錯失恐懼症的侵害。孩子在營隊中可以真正做自己,以自己的真實本色與他人連結。那種連結會給孩子一種腳踏實地的感覺,幫助他們真切的面對自己的生活。

這並不是容易辦到的事。若你原本習慣用文字訊息溝通,現在卻要改成與人面對面解決衝突,你有可能會覺得很不自在。對年輕人來說,在不借助科技或表情符號的情況下,要知道如何當著某個人的面,告訴他你喜歡他,可能是一件很痛苦的事。但是當孩子有愈多時間與輔導員相處,他們就有愈多時間真實的面對彼此,孩子就愈能夠做自己,並知道如何與其他人相處。

重點不在於每位家長應該送自己的孩子去參加營隊，因為不是所有的家庭都負擔得起這筆費用。不過，與人面對面的相處，在一年當中的任何時候都很重要。所幸，參加營隊的好處可以在其他的地方複製。想像一下，假如我們設法讓孩子在固定的時間不使用螢幕裝置，那會是什麼情況。例如，如果我們在用餐時間不使用科技產品，我們就可以在吃飯時和孩子有更多優質的對話。假如孩子開睡衣派對時沒有人使用螢幕裝置，他們就更能真正的面對彼此。假如孩子參加校外教學活動時都把手機關機，他們就愈可能互相討論在旅途中發現的新鮮事物，有愈多時間和彼此相處。

健全情緒的方法

當羅斯頓在拍攝「螢幕世代」的過程中，用鏡頭對著青少年時，她在那些孩子身上觀察到他們對網路世界的情緒反應，其中有些反應是她沒有預料到的。她說，「一整天下來，他們有時情緒高昂，有時得到別人的按讚，有時感到絕望、厭世與難過。」在一整天當中，每個孩子似乎都在網路世界裡經歷了劇烈的情緒波動，有時並沒有任何事端發生，也沒有明確的原因。羅斯頓也注意到，許多孩子不知道如何管理、或甚至覺察這些微情緒。

注意到相同現象的教育者發現，這些劇烈的情緒震盪可能對孩子的學業表現和社交互動，造成巨大的傷害。因此，世界各地的學校紛紛開始推出聚焦於社交與情緒學習的課程。他們希望賦予孩子管理情緒與促進緊密連結所需要的工具（包括自信心、同理心及圓融的人際溝通技巧），同時給他們機會使用這些工具，來形成健康的人際關係，藉此幫助下一代打造一個連結更緊密的未來。

其中一個課程是耶魯大學的「情緒素養中心」（Center for Emotional Intelligence）在 2005 年推出的「RULER」，以五個英文字母代表五個重要的技巧：

- 辨識情緒（recognizing emotions）。解讀他人的表情、肢體語言、語調，以及自己的生理與認知狀態。
- 了解情緒（understanding emotions），包括原因、結果及不同情緒對思考、學習、決策與行為的影響。
- 歸類情緒（labeling emotions）。用詞彙描述各種情緒。
- 表達情緒（expressing emotions）。對不同的對象，在多元脈絡中，適當的表達情緒。
- 調節情緒（regulating emotions）。運用有益的策略促進個人成長、建立關係、提升幸福感，達成目標。

　　馬克・布雷克特（Marc Brackett）帶領團隊，設計了這套課程。他非常了解學習社交與情緒素養的必要性。他成長於 1980 年代的紐澤西郊區，小時候經常遭到霸凌，時常覺得與其他人很疏遠，被人遺忘。早年的性侵害經驗使他的創傷加劇。他在 2019 年的著作《情緒解鎖》（*Permission to Feel*）提到了這段往事。成為心理學家之後，他意識到，對於他和他的同儕（以及老師和家長）來說，他們的童年非常欠缺可以幫助他們辨識與管理情緒的工具。在他的研究中，布雷克特發現，有社交問題的孩子往往有較低的情緒智商，而情緒智商與侵略、冒險和破壞性的行為有關聯。在他擔任耶魯大學「情緒素養中心」總監期間，他和同事決定要試著在校園裡培養孩子覺察與處理情緒的能力，藉此改善社會氛圍。他們做出的成果就是 RULER。

　　布雷克特將 RULER 視為一套方法，而不是課程，因為它不只是孩子在學校學習的內容。它將這套素材與練習融入學校的學習經驗中，讓家長、老師、行政人員、教練和職員，以及學生一同參與。透過這個方法，將布雷克特所謂的「系統性方法」，帶入培養社交與情緒能力的過程中。

　　「若你返回的是有害的環境，就算有世上最好的治療方法也沒有用。假如大人不以身作則，示範健康的情緒表達方式，孩子就無法辦到，」布雷克特如此告訴我。因此，為了

改變孩子身處的環境，RULER 要幫助環境中所有的人提升辨識與管理情緒的能力。

當我剛看到 RULER 的成果報告時，我覺得它好到難以置信，因為報告指出，這套方法在同理心、社交能力、教室內的行為，以及學業表現等方面，都創造出可衡量的進步。因此，在一個秋天的早晨，我到耶魯大學拜訪布雷克特，親眼見證 RULER 的實踐情況。

我們到耶魯附近的一所公立小學參觀。一到那所學校，我立刻對下課時間走廊上的氣氛留下深刻的印象，因為這裡的每個孩子不是在嬉笑，就是在聊天。我馬上也注意到，這裡完全沒有緊張的氣氛，而是一片祥和。

布雷克特先帶我到一個三年級的班級，老師正在利用教室前方的螢幕播放一部短片。影片結束後，老師問學生，「有誰可以告訴我，影片裡的人物可能有什麼感覺？」

一個男同學說，他覺得影片裡的高中女生在洗手間裡被別人霸凌時，可能會覺得非常緊張與焦慮。一個女同學自信的舉起手說，「我認為霸凌者的心中可能也很害怕。」

其他學生紛紛發表意見，老師也不斷鼓勵他們踴躍發言，問他們是什麼原因導致片中人物產生那些情緒。是語調嗎？肢體語言？衣著打扮？假如他們在現實生活中遇到像這樣的人，他們會怎麼辦？如何幫助遇到這類問題的人？

　　我後來有機會與三位四年級的學生聊天，我問他們對
RULER 有什麼感覺。有位名叫譚雅的女孩告訴我，她剛從
紐哈芬轉學來這裡，她在前一所學校遭到霸凌，學業成績也
不理想。「來到這所學校之前，我已經完全不想去上學
了，」她說，「但是這裡的人不一樣，他們人很好，我們對
彼此都很好。」

　　她的同學卡洛斯在旁邊點頭表示同意。卡洛斯是個瘦小
的男孩，臉上的黑框眼鏡感覺隨時會滑落下來。他告訴我，
那天早上有一個同學到學校的時候心情很糟。「她一進教
室，」他說，「就對我們發脾氣。但我們猜，她應該是受到
一些挫折。或許她和爸媽吵架了。於是我們就問她怎麼了，
並試著對她溫柔一點。那堂課下課之前，她的心情就變好
了。我們也覺得很開心。」

　　他說的話讓我非常驚訝。當我小學四年級時，我根本無
法用這些孩子使用的詞彙，來描述我的感受，也沒有能力以
如此成熟的心態，去思考別人的情緒和我自己的情緒。但在
這所學校，這些孩子的表現是常態，而非特例。

　　這所學校的老師也證實了 RULER 發揮的正向影響力。
他們告訴我，他們覺得學生變得更有同理心，攻擊性降低，
彼此的友誼也變得更穩固了。這些孩子仍然會起爭執，但他
們往往會以冷靜的方式和語言溝通來處理，而不是訴諸憤怒

和肢體暴力。

　　RULER 建立在一個單純但重要的概念之上，那就是情緒的影響甚大。當我們承認情緒的影響力，以及當我們有能力冷靜的思考與形塑我們對他人和環境的反應，我們會對自己的人際關係、學校或是職場比較滿意，也會有比較好的表現。到目前為止，全世界有超過二千所學校實行 RULER。許多學校的數據顯示，這套課程有意義的改變了教室裡的情緒氛圍。[11 12 13 14 15 16 17] 布雷克特告訴我，改變後的情緒氛圍改善了社交自信與情緒智商的分數，以及攻擊性與情緒困擾。還有初步的數據顯示，學生的學業成績提升了。老師也從中受益。有一個研究指出，參與 RULER 的老師的壓力與過勞情況都獲得改善，教學投入也更積極。

　　布雷克特指出 RULER 的另一個我沒有預料到的效果：讓不同教育程度的家長獲得平等的地位。「假設我爸媽接受的教育並不多，他們因此沒有能力陪我做作業。但是當學校推行 RULER 之後，我可以回家告訴我爸媽，『我們今天在學校學了一個描述情緒的新詞，我們可以討論一下嗎？』父母就可以參與，而學生就變成了老師。」

　　布雷克特提到一個六年級生的例子。有一天，這個學生從學校的 RULER 課程學到了「疏離」這個詞。她回到家後與媽媽分享，什麼事情會使她有疏離的感覺。然後她問媽

媽，什麼事會讓她覺得疏離。她的母親是紐約市的警察，而且是轄區內唯一的女警。後來，母女倆認真的探討了這個觀念，她的母親也因此意識到，她其實覺得很孤獨，而她需要處理這個情緒。

「一個情緒詞可以開啟一個有深度的討論，」布雷克特說道。

幫助孩子培養社交能力與情緒處理能力很重要，但我們不能就此止步。形成社交聯繫的下一步，涉及積極的同情心（或是服務）。光是告訴孩子要關心別人是不夠的。要讓他們在成長過程中覺得，自己對其他人和對這個社會真的具有重要性。他們需要學習幫助他人並接受他人的幫助，因為這種學習可以教導他們明白，每個人都可以為這個世界帶來有意義的改變。

2018 年，北卡羅來納州夏洛特（Charlotte）的一所高中發生校園槍擊案。賈斯汀‧帕門特（Justin Parmenter）在那所學校任教超過二十年，在槍擊案發生之後，他決定將上述概念付諸實踐。

我透過廣播電台的訪談得知，帕門特與他教的國一學生在槍擊案發生之後所推動的同情心計劃。帕門特說，「對我來說，要解決遇害的學生與犯案者之間的衝突，最好的方法是同理心與善意。」當我聽到他推行的計劃叫做「臥底中的

善意」（Undercover Agents of Kindness，譯注：類似台灣的「小天使／小主人」遊戲），我覺得我非了解一下不可。

帕門特告訴我，這個計劃的靈感來自「健康心智中心」（Center for Healthy Minds）理查‧大衛森（Richard Davidson）與海倫‧翁（Helen Weng）在 2013 年的研究。這個研究指出，只要透過練習行善，就可以訓練人的大腦採取更有同情心的行為。事實上，在槍擊案發生之前，帕門特已經因為網路世界的衝突與霸凌行為蔓延到教室，而感到非常難過。但他知道，這些衝突的根源很複雜，尤其是青少年階段的衝突。青少年雖然有時候會彼此起爭執或互相不理睬，但帕門特認為，他們的本性並不壞。「我認為原因很可能是自我保護，而長期的自我保護導致冷漠，因為他們唯有冷漠，才不會輕易被別人傷害。」我們的孩子因為害怕受傷害，而漸漸失去了同情心，最後使許多人開始覺得孤獨、被排除在外。

帕門特心想，假如他能幫助青少年看見，友善的對待別人是一件很正常的事，一點也不奇怪，或許他們會願意不再做出惡劣的行為。「這是非常關鍵的時期，讓他們對自己與其他人的互動，以及對待彼此的方式進行反思。這類的省思有可能造成一輩子的影響。」

「臥底中的善意」的規則如下：帕門特把所有學生的名字寫在紙條上，放進一個大碗裡，然後讓每個學生抽一個名

字。他們的任務是對他們抽到的小主人做一些好事，然後寫一份「任務報告」，摘要說明這個經驗。

大多數孩子的直接反應相當好。在接下來的幾周，帕門特看到有人在考試之前，在小主人的置物櫃的門上貼上鼓勵的字條，有人送手作鬆餅或糖果給小主人，還有人把親手寫的勵志雋語或手折紙鶴放在小主人的桌子上，這一切都是為了讓同學開心。

帕門特跟我提到瑪雅的例子。瑪雅的小主人是桑妮亞，桑妮亞因為踢足球而腦震盪，下課時間不能到外面玩。瑪雅從來不曾和桑妮亞說過話，但是她決定去買冰淇淋給桑妮亞吃，並陪她留在教室裡。

另一個例子是傑夫，他抽到的小主人很容易暴怒，例如，當他遇到弄不懂的功課，就會把文件夾摔在地上洩憤。傑夫觀察到這個習性，於是從家裡拿了一顆紓壓球送給小主人，讓小主人在心情不好的時候，可以捏這顆球發洩。「我看到那個孩子現在會把紓壓球帶來學校，而且我觀察到，他處理挫折的方式真的改善了，」帕門特告訴我，「我想，原因很可能是他與另一個人產生了連結，並且發現在自己的生命中，有人了解他所經歷的事，而且想要幫助他。」

帕門特承認，不是所有的學生一開始都欣然接受這個任務。對於非常害羞及有很高的社交焦慮感的人來說，要他們

主動接近不認識的人，會讓他們非常痛苦。因此，帕門特必須設法保護這些人的匿名性，同時確保他們的小主人不被冷落。玩過幾回之後，大多數的學生會吵著要再玩下去。他們的善意舉動後來變得愈來愈有創意與貼心。他們會開始試著去了解小主人，透過其他人去了解小主人的興趣，以及自己能為小主人做哪些對他來說有意義的事。

帕門特的一些學生注意到，他們不應該只有在執行任務時，才對別人好。帕門特同意這個看法，但是他對學生說，「那的確是重點。我們不該如此，但事實似乎就是如此。你永遠不知道，當你在人際互動時稍微朝對的方向移動一點點，可能會對另一個人的人生造成什麼影響。」

自從帕門特在 2017 年展開「臥底中的善意」計劃之後，美國各個城市、甚至是哥倫比亞與密克羅尼西亞的老師都來向他請教，該如何展開這樣的計劃，讓學生有機會練習對別人好與關心別人。帕門特只希望，學生們透過這樣的經驗學到的觀念，會一直跟著他們。「長遠的目標是希望他們把這個觀念應用在其他情境中，像是當他們面對陌生人時。」

童年時期培養同情心的黃金標準，是讓孩子展現自發性的善行。這個簡單明瞭的事實之所以在我腦海中留下深刻的印象，是因為在 2012 年康乃狄克州紐敦（Newtown）的校

園槍擊案發生之後，我曾與一位遇害兒童的父親對話。遇害的孩子是七歲的丹尼爾・巴登（Daniel Barden）。

巴登天生富有同情心。每當學校的遊戲場或餐廳裡有人被冷落或心情沮喪時，他一定會注意到。其實，有許多人都注意到了。巴登的與眾不同之處在於，他會試著去幫助別人。他會走去和那個孩子說話，或是靜靜的坐在他的旁邊陪他。雖然才七歲，巴登已經知道，善意與接納的價值不一定會反映在周遭的世界裡。從來沒有人教他這麼做，他是自然而然的同理那些孤獨的孩子，然後用同情心做出回應。

當像是巴登這樣的孩子展現勇氣幫助他人時，他們的父母和師長應該要肯定這種善意，加以表揚，並且發揚光大，讓同情心延續下去。南佛羅里達的博卡拉頓高中（Boca Raton High School）是個很好的例子。這所學校回應了丹尼斯・艾斯提蒙（Denis Estimon）與他的同學所發起的計劃。

艾斯提蒙是海地移民的孩子，他在小學階段轉學到南佛羅里達州。由於他剛來到美國，還不熟悉美國的習慣和腔調，因此他在學校經常感到很寂寞，而他發現，不只有他如此。校園裡還有許多學生似乎也很寂寞，而他們所有人最孤獨的時候，是午餐時間。

為了改變這個情況，艾斯提蒙與另外三位同學展開了一個計劃，名為「我們一起吃飯」（We Dine Together）。就和

巴登一樣，艾斯提蒙和他的同伴會在午餐時間在校園裡四處尋找落單的人。他們會在那個人身邊坐下來，和他聊天，然後再採取下一個步驟。假如他們覺得那個學生有敞開接納的態度，他們會邀請他在午餐時間加入「我們一起吃飯」的行列。假如那個學生寧可獨處，也沒有關係。

我第一次和艾斯提蒙聊天時，這個計劃已經推行了一年。他們募集了五十多個學生，在午餐時間一起吃飯。有些成員告訴他，屬於某個同儕團體的感覺很好。他們也意識到，當他們加入這個團體時，同時也是在和其他不想落單的人作伴。感激的感覺是雙向的，有些人因為加入這個計劃而結交為朋友。對有些學生來說，這種支持性的互動可以讓他們對自己有比較正向的看法，不再覺得那麼孤獨。

「我們一起吃飯」非常成功，隔年就擴散到十五所學校。艾斯提蒙現在已經從高中畢業，但「我們一起吃飯」的成功讓他深受鼓舞，使他決定推動一個名叫「保持堅強」（Be Strong）的學生運動，其宗旨是在全世界推動「我們一起吃飯」計劃。

當我在 2019 年秋天和艾斯提蒙見面時，他的臉上洋溢著自豪的表情，因為有近二百五十所學校成立了「我們一起吃飯」俱樂部。他還告訴我，他最近回到博卡拉頓高中遇到的事。「有一位我從來沒見過的女士跑過來緊緊的抱住我，

然後一邊哭、一邊對我說，『我想要謝謝你，因為上星期我那個有亞斯伯格症的兒子跑來跟我說，「媽咪，媽咪，我有朋友了，我有朋友了！」這全都是因為俱樂部的成員展開雙臂歡迎他加入。』」

然後，艾斯提蒙開始談到一些比較深入的觀念。他說，「我們這個世代的人極度渴望擁有同伴，但我們應該尋找的其實是社群。『同伴』只代表你身邊有人。許多人有同伴，但不擁有真正的社群。每個人都需要社群，不論你是人氣王或是獨行俠。」

家長社群力量大

這些計劃我了解得愈多，就忍不住花愈多時間思考家長（包括我在內）在教導孩子如何與他人有更好的連結時，自己所面對的雙重挑戰。美國兒科學會及無數專家都同意，若要教導孩子建立社交與情緒管理的能力，以及培養健康的人際關係，家長以身作則是至關重要的事。然而，許多家長自己也在與孤獨奮戰。

有些家長正在承受各種壓力源，像是貧困、暴力、自己的創傷史，以及一些使養兒育女變得格外困難與孤立無援的難題。這些家長是最需要凝聚在一起、互相支持的人。當家

長擁有一個同儕團體，能夠彼此學習更好的技巧，建立互相
支持的關係，就可以大幅減輕全家人的負擔。然而，這些家
長同時也是最沒有時間或資源組成同儕團體的人。

　　前公共衛生署長大衛・薩契爾（David Satcher）醫師深
知這個情況，於是在八年前推動了「聰明無憂兒童」（Smart
and Secure Children）家長領導力計劃。這個計劃現在已經
存在於從亞特蘭大到休士頓的各種社群裡。它是一個為期十
五周的計劃，讓六到十對父母每周聚會兩個小時，相約在住
家附近的某個地點一起吃飯，可能是理髮店、教會、救世軍
服務處（Salvation Army），以及聯合勸募（United Way）的
支部。在這兩小時當中，受過訓練的顧問會引導這些家長談
論各種議題，包括孩童發展、社交與情緒健康、正向管教方
法、全家人使用媒體的情況，以及練習如何增進社交與情緒
幸福感。

　　這個專案的總監李羅伊・里斯（LeRoy Reese）告訴
我，「聰明無憂兒童」提供父母養兒育女的知識與技巧，明
顯緩和了他們的社交孤立，提升了心理健康。這些家長在各
個方面互相幫助，包括教養議題與找工作。在家長聯絡員
（曾經參加計劃的當地家長）的協助之下，計劃結束之後，
成員之間的連結仍然會延續下去。

　　「我們創造了一個持續存在的網絡，」里斯對我說。

強韌的社交連結對於任何處境的父母都非常重要，但有許多新手父母沒有意識到這一點，直到孩子出世之後才驚訝的發現，自己變得比從前更孤獨了。家長之間幾乎不談這件事，不僅是因為孤獨是個被汙名化的話題，也因為若告訴別人有了孩子之後反而更孤獨，似乎會給人不惜福的感覺。

從前的人在生孩子之後會得到很多支援，如今，在傾向於集體主義的文化中，以及家庭成員住得很近的人來說，生了孩子之後仍然會得到許多支援。這些家長擁有在地的支持與陪伴等資源。當祖父母與其他家族成員住在附近，並且參與新生兒的照顧與養育過程，所有人都會受益。

遺憾的是，許多新手父母的身邊並沒有家人或親近的朋友，遇到危機時，這種孤立狀況有可能會帶來額外的壓力。愛麗絲和我在總統日（Presidents' Day）周末假期，就遇到了這個狀況，當時我們的女兒香緹剛滿一歲。那個事件使我們意識到，我們現有的生活方式出了很大的問題。

那天早晨和平常的周六沒有兩樣。愛麗絲和我幫孩子換尿布、刷牙，並試著哄兩歲的泰嘉斯多少吃一點早餐，而香緹一邊和她哥哥開心的玩在一起，一邊狼吞虎嚥的吃東西。她在前一天夜裡睡得比平常稍微不安穩一些，但我們覺得那是因為她正在長牙的關係。到了早上的時候，她的狀況看起來並沒有什麼異狀。

　　因此，那天稍晚的時候，當我們注意到她完全不用右腿施力時，一時之間有點措手不及。當我們試著拉直她的腿，她就哇哇叫，並把我們推開。

　　我們的心情當下變得非常沉重。她是不是在和哥哥打打鬧鬧時受傷了？還是發生了更糟的情況，像是細菌感染？

　　我們把泰嘉斯交給在周末常和我們配合的保母，然後把香緹放進兒童安全座椅，驅車前往兒童醫院的急診室。我們在那裡等了幾個小時，血液檢測的結果證實她有感染的狀況，但是若沒有看到磁振造影（MRI）的報告，醫生無法判斷真正的原因是什麼。以香緹的年紀，若要做磁振造影的檢測，就必須進行全身麻醉。由於那天是國定假日的周末，醫院人手比較少，我們得知，醫院要到下周二才能為香緹安排磁振造影的檢測。要等三天？這有可能會造成致命的結果。感染有可能在那三天擴散到全身。

　　愛麗絲和我都是醫生，我們曾經醫治過數千名患者，制訂全國性的醫療政策，領導全國公共衛生政策的推行，我們看過、也協助過無數的急診患者。不過在這一刻，那些經驗一點也幫不上忙。我們只是兩個為孩子擔心受怕的父母。我們抱著又餓又害怕的女兒，在急診室待了超過八個小時。

　　我們立刻打電話給我們的家人，但他們在數千里以外的地方。比較熟的朋友大多住在其他的州，而住在附近的朋友

大多自己也有年幼的孩子要照顧。我們傳訊息給一些朋友，告訴他們發生了什麼事。但我們不想在這麼晚的時間麻煩他們，因為我們猜想，他們此時應該忙著哄自己的孩子上床睡覺。我們平常很少請朋友幫忙。在那個心亂如麻的時刻，我感到前所未有的孤獨。

我們的四周到處都是人，包括醫護人員及其他憂心的家長和他們的孩子。我們在事後相當感激他們的存在與作伴，但在當下，焦慮把我們與其他人隔絕開了。當你覺得自己失去了保護孩子的能力，那種致命的打擊所造成的影響，是其他的挑戰無法比擬的。當孩子遇到狀況時，你的恐懼會飆升到最高點，也會覺得承擔不起任何風險。

有位朋友曾經告訴我，當上父母之後，你就注定要一輩子活在愛與擔心裡。在那個晚上，那兩種感受都飆到最高點。我們對香緹的愛使我們心痛不已，同時為她的未來感到擔憂。我們覺得自己要為所有的事負起百分之百的責任，但又無力改變現狀。我們有很深的罪惡感。我竟然讓生命中最重要的人遇到這種事，這個念頭令我羞愧不已，而羞愧是最容易令人感到孤立的一種情緒。因此，即使急診室裡的其他家長都在為生病的孩子擔心，我們仍然無法與他們產生任何互動。在那種情況下，家長若能與彼此連結，就可以獲得極大的力量。只可惜，在最需要力量的時候，我們往往最難與

他人連結。事實上，我根本沒想到要從別人身上獲得力量。在那個時刻，我的孤獨感使我變得什麼也看不見。

不過以我的情況來說，這個緊急事件同時揭露了一個事實：我所選擇的以工作為主的生活方式，與我深深渴求的與他人連結的生活方式，兩者之間的鴻溝已經愈來愈大。我感受到的孤獨並非來自真正的孤立。我和家人很親近，我的社交網絡也相當廣闊。但是當我們搬到華盛頓特區居住之後，我疏於建立新的社群，任憑工作將我吞沒，以至於忽略了許多我過去最要好的朋友。事實上，我可以打電話給這些朋友，而他們也會立刻回應我的需求。不過，他們散居在其他的城市。在疏於照顧友誼這麼久之後，我實在沒有臉向他們求援，我覺得我沒有權利這麼做。

我是怎麼讓自己漂離我的「村子」這麼遠的？地理上的相隔兩地只是部分原因。我想起了擔任住院醫生期間，在我感到孤獨時，一位朋友對我說過的話。她說，「維偉克，你有朋友，但你沒有體驗過友誼的滋味。」

但這不是我在成長過程中學習到的模式。我們家雖然也沒有親友住在附近，但父母打造了一個關係緊密的朋友圈，那些人就像我和姊姊的家人一樣。那些所謂的叔叔阿姨會充當我和姊姊的保母，有時當我的父母出遠門時，他們甚至會陪我們過夜。有一次，我們全家人出車禍，導致我姊姊住

院，那些朋友立刻過來幫忙張羅食物，解決交通問題，還幫忙照顧我。當我抱著香緹坐在醫院裡，想起那個年代久遠的往事，以及我爸媽的朋友帶給我們全家人的安慰與扶持，那個回憶格外突顯出一個事實：我完全沒有類似的朋友圈。

我們那個晚上在急診室裡度過。在隔天的星期天早晨，我們得知了一個意想不到的消息：醫院在那天中午為香緹安排了磁振造影檢測。這是一群人努力的結果。

有一群醫生、行政人員和護士排除人力和流程的種種障礙，才讓我們能夠這麼快就接受檢測。我們不認識這些人，但他們明白，一個年紀這麼小的孩子如果受到感染，有可能會造成非常嚴重的後果，於是他們排除萬難，讓我們的女兒得到她需要的醫療照護。

我們在指定的時間帶香緹到影像醫學部，工作人員已經準備就緒。我們緊緊抱住香緹，他們為她注射麻藥。幾秒鐘之後，她閉上了眼睛，整個人變得軟綿綿的。接下來的一個小時，我們在走廊來回踱步，非常希望我們能陪女兒躺在磁振造影設備裡。

突然間，通往等候區的門打開了，有一群外科醫生衝進去。在他們的身後，我們看到香緹躺在推床上，仍然處於麻醉狀態。

醫生告訴我們，香緹的膝蓋上方可能有一個深處組織遭

到感染。我問他們，感染是否擴散到骨頭。假如擴散到骨頭，可能會對她的腿部生長、甚至性命造成威脅。「我們還不知道，」主治外科醫師說，「我們必須立刻把她帶到開刀房進行手術，來防止感染擴散。」

主治醫師盡可能用最溫柔的語氣說這些話，但在這樣的人生片刻，時間的流逝會突然變慢，現實世界也變得模糊不清。我一時哽咽，說不出話來。最後，我把手放在主治醫師的肩膀上，努力擠出一句，「拜託你，請照顧好我們的寶貝。」

然後他們隨即把香緹推走了。在那一刻，香緹的消失彷彿在我的心裡開了一個無底洞。眼睜睜看著我們的孩子就這樣消失在眼前，我只有一個念頭，如果能代替她進手術室，我願意放棄一切。

我和愛麗絲等了九十分鐘，在這段期間備受煎熬。我們打電話給父母和姊妹。我們彼此擁抱，還掉了不少眼淚。那是我人生中最漫長的九十分鐘。

在那漫長的等待時間裡，我想到了為人父母的我們常常陷入不知所措的困境。我們努力找出讓寶寶吃東西的方法，哄他們睡覺，教他們說話、爬行和走路，也就是父母的工作說明書中的所有平凡奇蹟，但我們也總是覺得自己什麼都不懂。在香緹身陷危機的時刻，過去種種不知所措的感覺再度

浮現，而且變得特別尖銳，因為此刻的我們迫切需要他人的支持、指引和智慧，而那種缺憾在此刻顯得格外強烈。

我再也無法假裝，我們應該用這種方式（遠離家人和熟悉的朋友圈，而且與鄰居很生疏）生活與養兒育女。我心想，假如我們能夠脫離這場惡夢，接下來一定要改變我們的生活方式。

後來，主治外科醫師終於現身。「我們即時找到了病灶，」她說，「感染應該沒有擴散到骨頭。」

這些話像是天上掉下來的禮物。我給了那位醫師一個大大的擁抱，彷彿她是我最親的朋友。而在那一刻，她確實是我最親的朋友。我們並不認識她和她的醫療團隊，但他們為我們的寶貝找回了健康。

我們不住的向醫護人員表示感謝，並大大的鬆了一口氣，然後立刻衝去恢復室看香緹。

接下來的幾天，我所有的省思，關於社群力量對於家庭的重要性，都一一得到印證。首先，我的母親和愛麗絲的母親放下一切來看我們。當她們出現在我們家門口時，泰嘉斯立刻開心的跳進她們的懷裡。整件事帶來的折磨也讓泰嘉斯承受了很大的壓力。讓這兩個孩子體會我們信賴的人帶給我們的善意與愛，是一件極其重要的事。

兩位母親能夠親自來幫忙，也讓她們鬆了一口氣。香緹

不只屬於我們，也屬於我們的家人。她們很高興能夠來幫忙。她們需要來一趟，不只是為了我們，也是為了她們自己。她們希望有人需要自己，其實我們每個人都是。

當我後來終於和好朋友聯絡時，他們也表達了關心及想幫忙的心意。每天來病房的醫生、護士與行政人員，也給了我們很多的關心和協助。有那麼一個時刻，我們的母親送食物和衣服到醫院來。醫院裡一位好心的女士拿了一盒拼圖和一些填充動物玩偶，給我們的兩個孩子玩。她在地上鋪了毯子，陪他們一起玩，兩個孩子邊玩邊笑，就像從前一樣。在周六的半夜為香緹協調安排磁振造影檢測的那位行政人員，恰好也來到病房。此外，我們的朋友也透過電話和文字訊息，詢問我們的最新情況，以及他們能幫什麼忙。

雖然我曾在急診室裡感到極度的孤獨，但是當我看著香緹病房裡上演的這一幕，我想起了一個事實：愛我們的人會出手相助，只要我們有勇氣邀請他們進入我們的生命中。情況常常是如此。

我父親曾說，向有需要的人伸出援手的時機點很重要。他的意思是，當我們看到別人需要幫忙時，要立刻出手相助，不要等到我們方便的時候再幫忙。但我現在認為，這個忠告反過來同樣適用：當我們需要幫助時，也要立刻向別人求援，不要等到最糟的時候過去時，再找人幫忙。對於那些

愛我們的人，我們應該不要怕麻煩他們，尤其當我們的家人陷入危機時。

香緹的事彷彿為我摘下了墨鏡，讓我徹底看見人際連結的光輝。因此，當我與幫助過我們的人說話時，經常感動得熱淚盈眶。這世上還有太多太多的愛與連結，我還沒有覺察到。不論是在香緹生病的那段日子，或是之後，那些愛與連結大多就在我的眼前上演。

我一直沒有發現，一些最顯而易見的例子就透過我的兩個孩子向我演示。香緹的身體康復之後，我看見泰嘉斯和香緹之間毫不掩飾的情感，以及他們在付出與接受情感的過程中，是多麼的自然與自在。香緹心情不好時，泰嘉斯會自動跑去擁抱她，當她肚子餓時，泰嘉斯會餵她吃東西，當她在他的眼前消失一段時間後，泰嘉斯會去尋找她在哪裡，當她哭鬧時，泰嘉斯會試著安撫她。泰嘉斯只有三歲，但他會出於直覺、而且毫不壓抑的做出這些善意的舉動。就和所有的孩子一樣，這兩兄妹以一種溫柔的方式提醒我們，所有人本來就應該和其他人形成連結。

人類這個群體若不是由一個個小家庭串成的大家庭，還能是什麼？我們共享這個星球，而我們的孩子會一同繼承這個地球。

我不知道擅自代表其他家長發言是否太自以為是，但是

當我想到那些我希望我的孩子在成長過程中銘記在心裡的事，我覺得我不能藏私。以下是我對未來世世代代的孩子的真心盼望與夢想：

　　親愛的孩子：

　　希望你居住在一個把人放在中心的世界裡，每個人都得到歸屬。同情心無所不在，所有人付出的善意總是換來全心全意的慷慨對待。

　　我們對你們最大的盼望，是擁有充滿愛的人生——一種衷心付出與接受的愛。要活出與他人連結的人生，要把愛放在生命的核心位置。永遠要選擇愛，這是我們的忠告。然而當你們從善意出發，與他人互動時，你們的愛人之心會得到相同的回應嗎？當你們需要支持時，其他人會伸出援手嗎？

　　現在，你們即將繼承的世界被困在愛與恐懼的拉扯之間。恐懼以憤怒、不安全感與孤獨的面貌示人，不斷侵蝕我們的社會，使所有人不再完整。因此我們教導你們明白，健康的關係只會激發愛，而不是恐懼。愛以善意、慷慨與同情心的面貌示人。它擁有療癒的力量，它使我們更完整。

　　你們此生得到的禮物當中，最棒的將來自這些關係。最有意義的連結或許只存在片刻，或許可延續終生，不論如何，每個連結將會提醒我們，要成為彼此人生中的一部分，

為彼此打氣，一起登上一個單打獨鬥無法攀登的高峰。

我們對你們的期盼是，生命中永遠有朋友，這些朋友愛你們，並使你們想起自己與生俱來的美、力量與同情心。同樣重要的是，你們也在別人的生命中扮演這樣的角色。

你們的珍貴之處，在於有能力付出和接受愛。那是你們擁有的魔法。身為父母，我們的使命是讓你們明白，沒有人能把愛的能力從你們身上拿走。

無法總是在你們感到孤獨悲傷的時候陪在身邊，令我們心痛不已，所以提供下面這個簡單的處方，來提醒你們，這個世界上有人愛你們：感到孤獨與痛苦時，把雙手放在胸口。閉上眼睛，想想在你們的一生中，曾經陪伴過你們的人，不論是在快樂喜悅的時刻，還是心情跌落谷底的時刻。在你們傷心難過時，聽你們傾訴心事的人。當你們失去自信時，對你們依然充滿信心的人。給你們擁抱、為你們打氣，以及看見你們的真實本色的人。用心深深感受他們的溫暖和善意，在內心注滿喜樂。

現在，睜開眼睛。

結語
終結孤獨

　　1978 年，我的父母海勒格里・莫西（Hallegere Murthy）
與梅特萊・莫西（Myetraie Murthy）帶著我兩歲的姊姊拉希
米和一歲的我離開英國，來到加拿大最東邊的省分紐芬蘭
（Newfoundland）的一個小鎮。身為新上任的公職醫官，父
親要負責照顧這個社群裡每一個人的健康，但是他和我母親
在當地一個人也不認識。更糟的是，我們剛抵達就遇到暴風
雪，被白茫茫的大地和寒冷刺骨的呼嘯風聲包圍。

　　我在成長過程中經常很納悶，這兩個在溫暖的南印度長
大的人，是如何在如此嚴酷的環境中存活下來的。

　　「我們和其他人形成的連結，」父親告訴我答案。

　　在酷寒的紐芬蘭，我的父母被當地人的善意和友誼融
化，這些人是他們的患者，也是他們歸屬的社群。當我問父
母會不會思鄉，他們回答說，「這裡的人把舉目無親的我們
當成家人。」

　　我的父親會在零度以下的天氣，穿上好幾層外套，到患
者家中看病。他在雪地裡長途跋涉，直到看完每一位患者。

他在診所縫合漁夫的撕裂傷，在醫院接生小寶寶，他也照料臨終病人，引導他們在家人的陪伴下，走完人生最後一程。

當地社群把這個膚色黝黑、操著奇怪口音、來自半個地球之外的一家人，視為自己的責任。他們會充當我和姊姊的保母，送漁獲和龍蝦給我們，烤餡餅給我們吃，當我們的家被埋在暴風雪之中，他們還會把我們從雪堆裡救出來。

後來，我的父母帶著這個經驗到邁阿密開了一家診所。我在那個時期開始接觸醫術，並看著我的父母和患者建立美好的雙向醫病關係。當地患者再度成為他們歸屬的社群。

我現在之所以說這個故事，是因為我意識到，這段歷史一直在我的人生中指引著我。我的父母和姊姊一直以身作則，向我演示了人際連結的療癒力量。他們的典範一直給我源源不絕的勇氣和希望。然而，目睹連結的發生，不保證我們就會過著與他人連結的生活。即使我夠幸運，有機會可以向這麼棒的榜樣學習，也不保證我不會受孤獨之苦。

有個旅程我必須自己走過，來了解我自己，以及我需要送給自己和其他人的同情心。在這趟旅程中，我必須親自體會失去連結帶來的痛苦。我花了很長的時間，才真正領會父親回答我的那句話的真正意涵。我需要對自己的生命更有洞察力，才能夠明白紐芬蘭的人「把舉目無親的我們當成家人」，是個什麼樣的奇蹟和禮物。我們為何不將彼此視為家

人？事實上，我們能夠，而且非得這麼做不可。

　　我在寫這本書的過程所遇見的人提醒了我，即使在最惡劣的處境中成長，以及在牢獄中度過數十年歲月的人，也能打造出充滿愛、服務與連結的人生。這些例子促使我相信，連結是我們的天性，是演化賦予我們的與生俱來的權利。

　　我們人生中最快樂的時刻，總是有其他人參與其中：孩子出世、找到真愛、與老朋友重聚。而我們人生中最悲傷的時刻，往往與那些連結的斷裂與喪失有關：摯愛的人離世、失戀、與好朋友無法化解的嫌隙。

　　我們現今最大的挑戰，是設法建立「以人為中心」的人生，以及「以人為中心」的世界。報紙的頭條社會議題幾乎都跟人際疏離有關，有時甚至是人際疏離直接造成的。其中有許多挑戰，是太多的人心中累積了太久的個人或集體的深層孤獨所導致的。要療癒這樣的痛苦，真誠且充滿關愛的人際關係是效果最好的解方。

　　杜蘭、瑟瑞娜與塔穆斯等人，被自己的痛苦逼得不得不面對一個根本的問題：生命中真正重要的事物是什麼？這個問題的答案透過他們的旅程，逐漸變得清晰：緊密的人際關係才是最重要的。人際關係會改善我們的健康、提升我們的表現，使我們超越分歧的意見和理念，凝聚在一起，然後以社會之力解決重大的挑戰。人際連結是我們建立其他一切的

基礎。

要創造與他人連結的人生，始於我們在日常生活中所做的決定。我們是否選擇騰出時間與別人相處？我們是否以自己的真實本色與他人互動？我們是否秉持善意去尋找同伴，並且明白，是服務他人的力量使我們凝聚在一起？

有時這很難辦到，需要勇氣。包括把自己脆弱的一面示人的勇氣、願意冒險相信別人的勇氣，以及願意相信自己的勇氣。不過，當我們打造出與他人連結的人生之後，就有可能打造一個人們互相連結的世界。在這樣的世界裡，我們能夠設計可促進人際連結的學校、職場和科技產品，也能夠使法律成為鞏固社群的力量。把善意與同情心視為神聖的價值觀，並用文化與政治反映這樣的價值觀。

當我回想我曾經照顧過的臨終病人，我發現他們從來不是透過自己的銀行存款與社會地位，來衡量人生是否有意義。他們談的是與他人的關係，包括帶給他們無限喜悅的關係、希望能更用心經營的關係，以及令他們心碎的關係。在人生中最後的那些時刻，我們只在乎最有意義的生命片段，而我們想到的全是與他人的連結。

許多人正在與孤獨奮戰。我們彼此互動的根本屬性正受到超越個人的力量影響，而且結果往往對我們不利，這些都是事實。但我也發現，與他人連結的動力無所不在，而且非

常活躍旺盛。這個動力有時會被埋藏在日常的生活與衝突的痛苦之下，但是當我們遇到危機，或是因為意料之外的善行而想起自己的本來面貌，它就會浮現。

我第一次見證這種善行是在我七歲時。有一天半夜，母親把我從睡夢中搖醒。「快起來，」她說，「我們必須趕快上車出門。」

我半夢半醒的上車，和姊姊擠在後座。父親開車載著我們一家四口前往邁阿密的露營車園區。父母在路上向我們解釋，一位名叫高登的患者剛剛過世，他與轉移性癌症奮戰了很長一段時間。他們擔心高登的太太茹絲會孤伶伶的一個人承受悲傷，所以他們想要去她家查看她的狀況。

我看到我的母親身穿印度傳統紗麗，站在露營車門邊抱著悲傷痛哭的茹絲，我永遠不會忘記那個畫面。她們的人生沒有太多共同點，但在那一刻，她們是彼此的家人；不是因為血緣關係而形成的家人，而是你為自己選擇的家人。那天晚上坐在車子裡，我瞥見了愛的不凡力量，它具有療癒及把我們凝聚在一起的力量。

致謝

　　寫這本書的過程是個意義非凡的禮物，同時也是我人生中最大的挑戰之一。人們邀請我進入他們的生命。研究者與我分享他們累積了數十年的知識。我遇見的孩子常常提醒我，善良、有同情心、而且彼此連結是人類的本性。許多人與我分享他們的人生旅程，期盼他們的故事能對別人有幫助，我對他們永遠心存感恩。雖然不是所有人的故事都被我寫進書裡，但他們每個人對於我的想法與這本書，都產生了重要的影響。他們最大的貢獻或許是，他們全體給了我對未來保持樂觀的理由。他們提醒了我，我們想要與他人連結的動力依然活躍旺盛。

　　不過，寫書的過程對我來說並不輕鬆。我在過程中對自己有更深入的了解，而那些了解不完全都是正面的。我一直認為，活出與他人連結的人生是很重要的事，但在寫書的過程中，我發現自己沒有做到這一點，因此我必須設法面對這個缺憾。這是一本以孤獨與社交連結為主題的書，但諷刺的是，在寫書過程中，我有時也會陷入孤獨與疏離的狀態。到

最後，我還是需要依靠其他人的解救。在那些失去希望的黑暗時刻，家人和朋友使我想起了自己的本來面貌。他們的愛使我不致於脫離正軌。

我的經紀人理查·潘恩（Richard Pine）說服我，若要針對我非常關切的主題與世界展開對話，寫這本書是最好的方法。若沒有理查的堅持，這本書在很早的階段就會胎死腹中。在這趟令人困惑、混亂又振奮的旅程中，他以朋友和顧問的身分，為我指引方向。出版社編輯凱倫·里諾迪（Karen Rinaldi）以有見地的反饋和愛之深責之切的態度，幫助我形塑本書的樣貌與看清事實。我很感謝她幫助我讓想法成形。

我有一個歡樂的團隊，成員個個是老靈魂。他們用了超過一年的時間，以一絲不苟的態度將本書一點一點拼湊起來。本書使用了大量的科學文獻和報紙的文章，若沒有蘿莉·弗林（Laurie Flynn）大力相助，我肯定一籌莫展。瑟瑞娜以她的才智、同理心、速度和判斷力為我加持，幫助我梳理那些研究資料（假如我二十三歲時能有她的才華的一小部分，該有多好）。史黛西·凱利許（Stacey Kalish）為我們找到許多故事，為本書的概念注入了生命。我將永遠記得她處理那些珍貴的人生故事時，所展現的同理心和關懷。劉艾米（Aimee Liu）以細膩的洞察和技巧，使本書的文字變

得更加生動。過去幾個月以來，她透過許多方法給予我寫作上的指導。我對她的尊敬和佩服與日俱增。在我寫書過程中為我打點一切的潔西卡・史考格（Jessica Scruggs），是我擔任署長時期以來的左右手，她現在是我的團隊的總幹事。我將永遠感激她的忠誠、盡心盡力與寬容。

當我在寫書過程中遇到困難，不論我的思緒多麼沒有條理，或是我的心情多麼鬱悶，我的大學室友阿克爾・帕拉尼薩米（Akil Palanisamy），以及我的好朋友麥可・高伯格（Michael Goldberg）、艾倫・卡查里亞（Allen Kachalia）與馬克・伯曼（Mark Berman）總是樂於傾聽我的想法，並給我建議。桑尼・奇修里（Sunny Kishore）與戴維・邱克許（Dave Chokshi）是我過去幾年來的模合兄弟。對我來說，我們刻意打造的羈絆，清楚演示了要如何營造一個與他人連結的人生。

有太多良師益友的人生故事與對話給了我寫書的靈感，他們在我的生命中展現了不可或缺的連結力量，包括霍伊・佛曼（Howie Forman）、安・金（Ann Kim）、米麗安・烏多（Miriam Udel）、達凡・沙亞（Davang Shah）、拉尼・彭里亞（Raani Punglia）、席爾帕・拉歐（Shilpa Rao）、梅若迪絲・尼爾曼（Meredith Nierman）、納茲林・貝默（Nazleen Bharmal）、拉布・拉札克（Rab Razzak）、印都・

邱加尼（Indu Chugani）、莎拉・赫威茲（Sarah Hurwitz），以及沙亞（Shah）與薛斯（Sheth）家族，族繁不及備載。我深深感謝所有人的智慧、耐心與愛。

寫書需要仰賴一個村子的人的協助。我的村子以我意想不到的方式不斷擴大，涵蓋了艾比咖啡店（Abe's Cafe）的員工。我在那裡完成本書大部分的書稿，當我在那裡工作了十個小時之後，店員經常會帶著鼓勵的微笑，多給我一份我最愛的珍珠粉圓。當我為了趕上截稿日而趕工時，我非常感謝有保母、鄰居和親戚幫忙我們帶小孩。另外，還有優步和來福（Lyft）的司機提供的故事，其中一些人的故事被呈現在本書中。他們的美好故事經常使我想起人際連結的療癒力量。我們真的需要彼此。

我也要感謝岳母希薇亞・陳（Sylvia Chen）、岳父陳勇明（Yong-Ming Chen，音譯）和小姨子蜜雪兒（Michelle）的包容。當我們到加州探望他們時，我總是在餐桌上或是在咖啡店裡寫作。我非常感激他們的耐心和支持，以及讓我有機會享用美味的中國菜和鳳梨酥。

我的母親、父親和姊姊是最早啟發我並給我指引的人。他們是我最初的老師，教導我何謂社交連結的力量。他們以謙卑的方式，默默的教導我如何建立與他人連結的人生。一想到我在寫作低潮時，經常擺個臭臉，以暴躁的態度和他們

說話，就覺得有點不好意思。他們從不回嗆我，也從不離棄我。他們以溫柔的方式提醒我，愛在順境和逆境的樣貌。它堅定不移，而且永遠仁慈。我的家人一直都是、而且永遠將是我的靠山，並且向我展現什麼是真實的人際連結。我的姊夫阿密特（Amit）、祖母莎羅吉妮（Sarojini）和叔叔泰密亞（Thammiah）也是我的好榜樣，他們以堅定不移的支持和信心給我祝福。

最重要的，我想要感謝不論遇到人生的大小事，始終是我的摯友、有智慧的顧問和終身伴侶：我最親最愛的妻子愛麗絲。當我為寫書奮鬥時，她承擔了大部分家裡的責任，在沒有得到太多支援的情況下，處理孩子周末的遊戲時間，應付幼兒的哭鬧。然而，即使在時間和精力上做出了種種犧牲，愛麗絲還是在這本書的每個環節幫我，包括構思主題、鼓起勇氣寫書、闡述問題、為訪談絞盡腦汁、分析科學文獻，以及無數次的改稿。當我讀最後的成品時，我在裡面看到了她增添的字句，以及被她修改得更加清晰的概念。還有我們一起去見的書中人物，我們後來都很欣賞和喜愛那些人。這本書的每一頁裡都可以看見她的精神和參與。打從我們在十年前初識之時開始，我們就一直是合作夥伴，一同創造組織、運動、概念和理想。本書也不例外。它是我們共同努力的成果，為了我們的孩子和後代子孫，創造一個更有

愛、更良善的世界。

　　我的兩個孩子泰嘉斯和香緹雖然還小，但他們給了我源源不絕的寫作動力。當我們遇到難題，不知道該如何處理書中的某個主題時，愛麗絲和我經常想到他們。假如他們長大後讀到這本書，什麼樣的概念能夠幫到他們？什麼樣的概念有助於創造出他們應該擁有的世界？當我剛開始下筆時，泰嘉斯還不會說話，香緹才剛出生。當我在本週終於完成這本書時，泰嘉斯已經能夠在某個早晨問我，「爸爸，你的書寫完了沒？」當我回答他「寫完了！」，我心中的興奮難以言喻。泰嘉斯和香緹，媽媽和我為你們寫了這本書。我們永遠愛你們。

維偉克・莫西

華盛頓特區